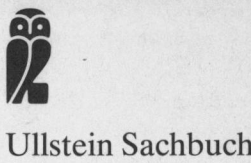

Ullstein Sachbuch

W0088329

Die Mönche von New Skete

Wer kennt schon seinen Hund?

Ein Ratgeber
für die artgemäße
Hundeerziehung

Mit einem Vorwort
von Ulrich Klever

Ullstein Sachbuch

Sachbuch
Ullstein Buch Nr. 34175
im Verlag Ullstein GmbH,
Frankfurt/M–Berlin
Amerikanischer Originaltitel:
How to Be Your Dog's Best Friend
Übersetzt von Walter Brumm

Ungekürzte Ausgabe

Umschlagentwurf:
Hansbernd Lindemann
Unter Verwendung einer Abbildung
vom Ullstein Bilderdienst, Berlin
Alle Rechte vorbehalten
Mit freundlicher Genehmigung des
Hoffmann und Campe Verlages, Hamburg
© 1978 by The Monks of the Brotherhood
of Saint Francis, Inc.,
New Skete Monastery,
Cambridge N. Y. 12816
© 1981 by
Hoffmann und Campe Verlag, Hamburg
Printed in Germany 1992
Druck und Verarbeitung:
Clausen & Bosse, Leck
ISBN 3 548 34175 6

4. Auflage Oktober 1992
Gedruckt auf Papier mit
chlorfrei gebleichtem Zellstoff

Die Deutsche Bibliothek –
CIP-Einheitsaufnahme

Wer kennt schon seinen Hund?:
Ein Ratgeber für die artgemäße Hunde-
erziehung / die Mönche von New Skete.
Mit einem Vorw. von Ulrich Klever.
[Übers. von Walter Brumm]. –
Ungekürzte Ausg., 4. Aufl. –
Frankfurt/M; Berlin: Ullstein, 1992
    (Ullstein-Buch; Nr. 34175:
    Ullstein-Sachbuch)
    Einheitssacht.: How to be your dog's
    best friend <dt.>
    ISBN 3-548-34175-6
NE: Klever, Ulrich [Vorr.]; New Skete
Monastery <Cambridge, NY>; EST; GT

Inhalt

Vorwort

Erkenne deinen Hund wie dich selbst

Die Wüste Sketis, das ägyptische Natrontal, war das Zentrum altchristlichen Mönchtums. Bis zu hundert Klöster hat es dort gleichzeitig gegeben. Deshalb haben die Franziskanermönche ihr Kloster New Skete genannt. Es liegt in den Bergen des Staates New York. Während die alten Sketis-Mönche fromme Schriften verfaßten, kam aus New Skete ein Hundebuch. Die Mönche haben es geschrieben »vor allem mit der Hoffnung, daß auch Sie durch die Wechselwirkung mit Ihrem Hund etwas über sich selbst erfahren mögen. Ein besseres Verstehen Ihres Hundes mag Ihnen Einblick in Ihre eigene menschliche Natur geben, und was genauso wichtig ist, es soll das Gefühl von Verantwortlichkeit schärfen, die wir als Menschen haben, nicht bloß für unsere Mitgeschöpfe, sondern auch für einander und für die ganze Schöpfung«.
Ich zitiere diese Sätze deshalb, weil ich sie für so wichtig halte und man sie bei der Lektüre vielleicht flüchtig überlesen könnte. Sagen sie doch auf den ersten Blick nichts greifbar Praktisches zur Hundeerziehung, und ein eifriger Freund von Gebrauchsanweisungen, der schnell zur Sache kommen möchte, könnte sie für ein Stück aus einer Sonntagspredigt halten. Also doch eine fromme Schrift?
Stellen wir es gleich vorweg klar: Dieses Buch ist kein Abrichtungs-, Ausbildungs- oder Sitz-Platz-Komm-Fahrplan. Es ist aber genausowenig ein frommes Bruder-Hund-Brevier. Dieses Buch ist – Sie werden es selbst feststellen – schlicht einmalig. Während ich dieses Vorwort schrieb, beneide ich Sie, den Leser dieses Buches ein wenig. Sie haben noch vor sich, was ich hinter mir habe: das Entdecken von Erkenntnissen, viele Aha-Erlebnisse, die Bestätigung von Vermutungen und eine ebenso spannende wie besinnliche Lektüre. Dafür habe ich Ihnen, nach bisher zweimaliger Lektüre – beim ersten Mal gespannt schnell, beim zweiten Mal langsam, genau, mit Notizzettel – eine Menge voraus: Ich weiß vielmehr als vorher über Hunde, ich habe Dinge gefunden, die ich in anderen Hundebüchern nicht gelesen und in meinen eigenen

Büchern nicht geschrieben habe. Und manches ist mir erst durch die Lektüre bewußt geworden, und ich praktiziere es jetzt mit meinem Hund.

Dabei bin ich eigentlich ja ein Hundeprofi. Ich habe Zoologie studiert, mich mit der Verhaltensforschung schon befaßt, als sie noch Tierpsychologie hieß, und habe ein halbes Dutzend Hundebücher geschrieben, von denen drei sehr erfolgreich waren und sind. Ich lebe seit sechzehn Jahren mit einem oder auch zwei Hunden zusammen, wobei jeweils der Tod eines Hundes für eine gewisse Zeit unseren »Familienverband« verkleinert. Das Wort »Zusammenleben« stimmt so, wie es da steht: wir – meine Frau und ich – sind bis auf wenige Wochen Reisen in dieser langen Zeit – Tag und Nacht mit unseren Hunden zusammen.

Seit dieser Zeit versuche ich in meinen Büchern und Artikeln dafür einzutreten, den Hund wie einen Hund zu sehen und nicht wie eine Art besseren Menschen, der nur zufällig vier Beine und ein mehr oder weniger dichtes Fell hat. Denn »die älteste Freundschaft der Welt« besteht leider aus einem doppelten Mißverständnis: Der Mensch sieht im Hund eine Art Mensch (oder Kind) und denkt überhaupt nicht daran, daß der Hund im Menschen eine Art Hund sieht. Denn die meisten normalen Hundefrauchen und -herrchen, die ihre Lieblinge mit einer Liebe überhäufen, die völlig unnatürlich und im Grunde auch keine Liebe ist, wissen nichts von der Natur des Hundes. Neben diesen Hunde-Hätschel-Haltern gibt es die Sklavenherren, die ihren Hund unterdrücken und so sein Selbstbewußtsein gebrochen haben. Sie sind nicht besser als die Leute mit dem Natürlichkeitswahn, die glauben, ein Hund sei dann am glücklichsten, wenn er den ganzen Tag herumstromern kann und in der Nacht im Freien sein muß. Dieser Irrglaube macht einen Hund genauso kaputt und neurotisch wie das Leben an der Kette oder neben Menschen her, die im Hund nur eine »nützliche Sache« sehen, die ihr Haus, Hab und Gut bewacht.

Wie die Versachlichung ist auch die Vermenschlichung etwas Böses und Grausames: Sie negiert und nimmt die natürliche Veranlagung des Hundes. Sie enthundlicht ihn.

Auch wenn es mir schwerfällt, hier und jetzt vom menschlichen Verstand zu sprechen, da es um mangelndes Verständnis vieler Hundebesitzer geht, ist es notwendig. Ein Hund hat, obwohl er keine Lyrik produziert oder sich gefühlsduselig benimmt, ein viel differenzierteres Gefühlsleben als die meisten Menschen. Das ist keine sentimentale Behauptung eines alten Hundenarren, sondern hat einen biologischen Grund. Gefühl entsteht im Zwischenhirn, das die Wissenschaft das »alte«, ursprüngliche Gehirn nennt. Bei uns Menschen hat sich die Großhirnrinde stärker entwickelt und uns den Verstand, präziser vielleicht den Intellekt gegeben. Doch vor lauter Intellekt vergessen wir zu oft unser Gefühl. Hunde- und Menschengehirn sind im Prinzip ähnlich gebaut, doch wir nutzen unser Zwischenhirn im Gegensatz zum Hund immer weniger. Daher haben wir auch so wenig Einfühlungsvermögen, daher geht unsere biologische Uhr vor oder nach, daher haben wir weitgehend die Kräfte verloren, denen alle mit der Schulwissenschaft nicht meßbaren Vorgänge, Fähigkeiten und Wahrnehmungen zugrundeliegen. Daher behandeln wir »unsere besten Freunde« so falsch, und deshalb, glaube ich, leiden auch so viele Hunde unter dem Zusammensein mit uns Menschen.

Doch was wissen wir Menschen vom Wesen des Hundes?

Die Verhaltensforschung ist eine relativ junge Wissenschaft, die aus der allgemeinen Psychologie hervorgegangen ist. Während wir reichlich Facharbeiten über das Verhalten von Ratten, Bienen oder Graugänsen haben, ist das Wesen des Hundes kaum erforscht worden. Erst die Arbeiten von Eberhard Trumler und Erik Zimen in Deutschland wie von Michael W. Fox in Amerika haben unser Wissen erheblich erweitert. Sie haben übrigens auch mit dem Mythos vom bösen, großen Wolf aufgeräumt, vor dem wir alle Angst haben und der nun einmal der Vorfahr unserer Hunde ist. Da diese Forscher ihre Erkenntnisse in populären Büchern vorlegten, verbreiteten sie sich auch unter interessierten Hundebesitzern und fanden Eingang in allgemeine Hundebücher.

Ich möchte hier das Buch von Konrad Lorenz »So kam der Mensch auf den Hund« nicht vergessen, das schon 1950 denen, die wissen wollten, den Hundehorizont erweiterte.

Machen wir Bilanz: Wir haben das Mißverständnis zwischen Mensch und Hund, das zu beseitigen uns Menschen nicht mehr so schwerfällt, da wir inzwischen durch die Verhaltensforschung das nötige Wissen dazu haben. Und dann haben wir den menschlichen Egoismus, der Hunde aus Gleichgültigkeit, Strenge oder Liebe neurotisch macht. Wir projizieren zu viel von unseren Wünschen in unsere Hunde hinein und wollen uns nicht in sie hineindenken.

Für mich ist eine der wesentlichsten Erkenntnisse dieses Buches der »Blickkontakt«. Da heißt es beispielsweise: »Es ist eine gute Übung, einmal am Tag innezuhalten, die Aufmerksamkeit des Hundes zu gewinnen und ihn einfach anzusehen. Es sollte jedoch kein Starren daraus werden. Bleiben Sie einfach stehen und schauen Sie das Tier lächelnd an, ohne etwas zu sagen. Dann beenden Sie diesen Augenblick mit einem zärtlichen Tätscheln oder einem freundlichen Wort. Unverwandtes Anstarren, hart und durchdringend, kann als bedrohlich angesehen werden, also sollten Sie es vermeiden. Die Art von stummem Blickkontakt, um die es uns hier geht, ist freundlich, ruhig und von nicht zu kurzer Dauer. Ein wirklicher Austausch zwischen Tier und Mensch, getragen von einer Stimmung des Friedens und der Stille.

Dieser Blickkontakt tut nicht nur Ihrem Hund gut, er erweitert auch Ihr Bewußtsein, er ist ein Schritt zu einer Kommunikation auf der psychischen Ebene.«

Ich hatte mich schon vorher öfter stumm mit meinen Hunden unterhalten, da Blicke ein wesentliches Kommunikationsmittel im Wolfsrudel sind. Jetzt mache ich es bewußt als Übung: Meiner Hündin bereitet es schiere Wonne, und mir gibt es Momente des Glücks. Um noch etwas zum Anstarren zu sagen: Machen Sie den Versuch nie mit einem selbstbewußten, fremden Hund. Starren gehört mit zu den Drohgebärden und kann eine Rauferei einleiten. Falls Sie nicht wissen, wie man diese Drohung wieder abbaut, kann es passieren, daß Sie von dem angestarrten Hund angegriffen werden. Nach den Regeln der Hundewelt übrigens zu Recht.

Da gibt es nun eine Gemeinschaft von Mönchen, die sich das Zusammenleben mit Hunden zum Ziel gesetzt hat. Eine ideale Kombination übrigens, da das Klosterleben die Aufgabe erleichtert. Der Mönch hat sehr viel Zeit für den Hund, er ist immer für ihn da und nie fort (Mönche pflegen nicht viel auf Reisen zu sein), es ist still und ruhig, und Konzentration und Verinnerlichung gilt als Tugend im Kloster.

So wurden die Mönche von New Skete nicht nur erfolgreiche Hundezüchter und Erzieher, sondern auch hervorragende Verhaltensforscher. Da Mönche gerne studieren, haben sich die Franziskaner zunächst einmal mit den Arbeiten anderer Hundeforscher vertraut gemacht. Und dann kamen ihre eigenen Beobachtungen dazu, die in diesem Buch veröffentlicht sind. Daß sie manchmal ein wenig von dem, was wir so gelesen haben, abweichen, daß sie auf dem wichtigen Gebiet der Strömungen zwischen Hund und Mensch neu sind, hat seinen guten Grund.

Ein normaler Verhaltensforscher ist ein einzelner Mensch, der im besten Fall mit einer Gruppe von Tieren lebt, in nicht ganz so gutem Fall arbeitet er nur mit ihr und geht abends nach Hause. Oder aber er gewinnt seine Erfahrungen, die vielleicht zu Erkenntnissen werden, zunächst bei einem einzelnen Tier, seinem Hund.

Die Mönche sind eine Gruppe von Menschen, die mit einer Gruppe von Tieren lebt, wobei jeder Hund seine Bezugsperson hat. Den Mönch, mit dem er in der gleichen Zelle schläft, dem er immer folgen kann – bei Arbeiten, bei denen die Mönche beide Hände gebrauchen, befestigen sie die Leine des Junghundes an ihrem Kuttengürtel –, der mit ihm arbeitet. Daß bei einem solchen Zusammenleben sehr enge Kontakte entstehen, daß man Dinge beobachten kann, die man sonst übersieht, ist verständlich. Durch die Summierung der Gruppe erhalten die Einzelbeobachtungen allgemeinen Charakter. Ich glaube, daß dieses Buch so einmalig ist, weil individuelle Hund-Mensch-Beziehungen durch die Gruppe potenziert werden. Es entsteht eine Mensch-Hund-Meute ganz spezieller Art.

Von besonderer Art ist auch die Bescheidenheit, mit der die Mönche ihr Wissen vortragen. Sie empfehlen, sich neben diesem Buch noch zwei weitere Ausbildungsbücher zu kaufen, und zwar eines von einem Mann und eines von einer Frau geschrieben. Dazu kommt dieses Gruppenbuch. Der Gedanke, die gleichen Übungen aus männlicher, weiblicher und Gruppensicht zu vergleichen, hat sicher etwas Reizvolles. Notwendig finde ich es nicht.

In diesem Buch steht alles, was der Besitzer eines Hundes wissen muß: vom richtigen Kauf bis zur richtigen Ausbildung, vom Leben in der Großstadt bis hin zu den Gehorsamsübungen, die das Zusammenleben mit einem Hund erträglich machen, ja, für ein richtiges Zusammenleben notwendig sind. Doch diese Gehorsamkeitsübungen, die in anderen Ausbildungsbüchern das Zentralthema sind, werden hier auf eine eher beiläufige Art eingebaut, dann nämlich, wenn man durch die Lektüre überzeugt davon ist, daß der Hund gehorsam sein muß. Daß er geradezu nach Gehorsamkeit verlangt. Denn der junge Hund – das hat die Verhaltensforschung klar bewiesen – sucht und erkennt die Autorität des

Vaters an und überträgt sie auf den Rudelführer – seinen Menschen. In der Wildnis wurden Rudelführer, die keine Autorität hatten, vom Rudel zerrissen. Der Mensch ohne Autorität wird von seinem Hund mit Protest behandelt: Er gehorcht nicht, macht, was *er* will, oder bekommt Neurosen.

Wenn zum Beispiel Ihr Hund Teppiche oder Schuhe zerkaut, wenn er in die Wohnung macht, läßt man ihn allein; wenn er pausenlos bellt oder Kot frißt; wenn er aggressiv ist oder überaus ängstlich: Die Wurzel dieser Fehlreaktionen liegt bei Ihnen. Diese Wurzeln zu erkennen und den Hund wieder richtig zu orientieren, auch dabei hilft dieses Buch. Nicht mit Patentrezepten, sondern mit Hinweisen, mit praktischen Ratschlägen.

Ich halte für sehr wichtig, daß Sie dieses Buch von der ersten bis zur letzten Zeile lesen, ehe Sie es praktisch benutzen. Vielleicht sogar, ehe Sie sich einen Hund anschaffen. Es kann nämlich genausogut als Anfänger- oder Erst-Hundebuch benutzt werden wie für den Feinschliff von Hundehalterprofis. Jeder wird es auf seine Weise lesen.

Es ist ein Buch, das kein Tabu kennt oder bei bestimmten Themen wie ein Hund um den heißen Brei herumgeht. Natürlich soll man den Hund mit ins Schlafzimmer nehmen. Gerade das Zusammensein bei Nacht ist wichtig und oft die längste Zeit, in der Hund und Mensch beieinander sein können. Denn dem Hund genügt unsere Nähe, unser Da-Sein. Und einem Menschen, der sich vom Zwischenhirn aus auf seinen Hund eingestellt hat, auch. Im übrigen kommen aus dieser »geistigen« Verbindung von Hund und Herr jene, mit Meßinstrumenten und Lehrsätzen unerklärbaren Phänomene, die eine Hund-Mensch-Verbindung so schön machen können. Daß der Hund »jedes Wort versteht«, daß er weiß, was wir vorhaben, daß er genau unsere Stimmungslage bemerkt. Sie können ähnliches auch umgekehrt erfühlen.

Natürlich soll man auch seinen Hund strafen, wenn er ungehorsam ist. Doch die Strafe muß hundgemäß sein. Das lernt man genauso, wie man das richtige Liebkosen lernt oder die eine Handbewegung, mit der man einen nervösen Hund beruhigen kann. Bei einer Hündin legt man seine flache Hand unter den Magen, bei einem Rüden vor die Genitalgegend. Diese Bauchregion ist eine Stelle, die traditionell der Begrüßung und der Freundschaftsbezeugungen unter Hunden dient. Wenn sie sich dort leicht mit der Schnauze stupsen, bedeutet das, daß die Welt noch oder wieder in

Ordnung ist. Unsere Hand kann die Funktion einer Schnauze übernehmen. Und natürlich sollte man keinen Hund halten, wenn man den ganzen Tag über nicht zu Hause ist; wenn man vorhat, ihn nur draußen zu halten und nicht ins Haus zu lassen. Ein Hund braucht die Geselligkeit einer Meute (= Mensch oder Familie), er vereinsamt schneller und mit schlimmeren Folgen als zum Beispiel ein Mensch.

Die Mönche von New Skete sind so in das Wesen der Hunde eingedrungen und haben es nicht nur verstanden, sondern sich zu eigen gemacht, daß dieses Buch Passagen enthält, die aus der Sicht der Hunde geschrieben sein könnten. Es werden die Menschen so geschildert, wie die Hunde sie sich wünschen. Welche Fehler die Menschen machen und wie diese sich auf Hunde auswirken. Und wie ein Mensch beschaffen sein muß, der einen Hund hält, daß dieser Hund auf Hundeweise glücklich ist.

Sie halten ein Buch in der Hand, aus dem Sie, der Mensch, genausoviel über sich selbst erfahren können wie über Hunde. Ein Buch, daß Ihnen Wege zu sich selber zeigt und mit dessen Hilfe Sie imstande sein werden, die Natur und die Tiere für sich zu entdecken und lieben zu lernen. Wobei mit Liebe nicht jene gemeint ist, über die Konrad Lorenz schrieb: »Wer aber von menschlichen Schwächen enttäuscht und verbittert ist, seine Liebe der Menschheit entzieht und sie an Hund und Katze wendet, begeht zweifellos eine schwere Sünde. Eine soziale Sodomie sozusagen, die ebenso ekelerregend ist wie die geschlechtliche.«

Die Liebe, wie sie die Franziskaner meinen, deren Ordenspatron Franziskus die Gabe und die geistige Einstellung hatte, die Welt der Tiere mit der der Menschen zu vereinigen, veranlaßt uns damit aufzuhören »diese natürliche Welt als bloßes Ausbeutungsobjekt zugrunde zu richten und damit unseren eigenen Untergang zu programmieren«.

Dieses Buch mit dem schlichten Titel »Wer kennt schon seinen Hund?« ist nicht nur ein Hundebuch. Es ist ein Hunde-Menschen-buch, dessen Motto lauten könnte »Seit ich die Hunde kenne, liebe ich die Menschen«.

Weisham, im Frühsommer 1981   Ulrich Klever

Einleitung

In der heutigen Zeit liegt eine starke Betonung auf materiellem Wohlstand und Wachstum, doch sieht der Mensch sich mehr denn je von seinen materiellen und geistigen Wurzeln in der natürlichen Welt abgeschnitten. Der übersteigerte Wert, den unsere Gesellschaft auf Geld und Status, Mode, Wettbewerb, Leistung und Macht legt, erstickt spontane Bedürfnisse und natürliche Kreativität in jedem einzelnen von uns. Ohne Bindungen an unsere Umwelt und Geschichte aber werden wir das ohnehin labile Gleichgewicht verlieren, das unsere Zivilisation heute noch trägt.

Seit frühester Zeit sind Mensch und Hund durch Bande gegenseitiger Abhängigkeit verbunden. Mit, wie es uns heute erscheint, beinahe magnetischer Anziehungskraft haben diese zwei Arten in ihrem Überlebenskampf eine Beziehung zueinander hergestellt, die selbst noch in unserem von der Technologie geprägten Leben Bestand hat. Überwiegend haben wir inzwischen verlernt, unsere Sinne und Instinkte auf natürliche Weise zu benutzen, doch könnten wir, wenn wir die uralte Partnerschaft zwischen Mensch und Hund wieder aufnehmen, lernen, den kopflosen Wettlauf in den Untergang nicht nur dieser oder jener »gefährdeten Art«, sondern des Menschen selbst zu verlangsamen. Verlieren wir den Blick für das Wesentliche in unserem eigenen Leben, so gefährden wir gleichzeitig alles andere Leben.

Teilt man sein Leben mit einem Hund, so gehört dazu mehr als Kameradschaft und Zuneigung. Obgleich wir uns häufig nur auf unseren »Intellekt« verlassen, ist es wichtig, auch die unterschwelligen Strömungen der Kommunikation zu verstehen, die Übermittlung zuweilen widersprüchlicher Botschaften durch Körpersprache, Gesichtsausdruck, Tonfall und Blick. Ist die einseitig technologische Orientierung am menschlichen Fortschritt verantwortlich dafür, die diese wichtigen Elemente der Verständigung aus dem Leben des Menschen verdrängte? Aufmerksame und einfühlsame Beobachtung unseres Hundes kann durchaus dazu beitragen, daß wir die Befangenheit in unserer körperlichen und geistigen Enge überwinden und unseren Blick für das unverstellte Verhalten der Kreatur schärfen.

Ihr Bemühen, sich auf ein anderes Lebewesen – nämlich Ihren Hund – einzustimmen, seine Reaktionen zu lesen und Nuancen seines Verhaltens zu beobachten, wird Ihre Fähigkeiten zur Einfühlung erhöhen. Und das Gespür für die grundlegende Psychologie und die Verhaltensweisen im Spiel wie im täglichen Austausch von Empfindungen mit Ihrem Hund wird Sie auch darin schulen, toleranter mit sich selbst und anderen Menschen umzugehen.

Aufrichtige und echte Kommunikation dient als Grundlage für weiteres konstruktives Zusammenleben, und gemeinsame Erfahrung ist ein Übungsfeld sowohl für den Hund als auch für den Menschen, die ein tiefergreifendes Verständnis für soziale und individuelle Reaktionen ermöglicht. »Ausbildung« kann natürlich von verschiedenen Standpunkten aus betrachtet werden; die in diesem Buch vertretene Auffassung ist auf die Anleitung und Entwicklung der im Hunde vorhandenen Talente gerichtet, aber auch auf das Training Ihres eigenen Einfühlungsvermögens. Wer seinen Hund nur benützt, um sein Selbstbewußtsein zu stärken und einen weitgehend perfekt funktionierenden Untertan zu haben, wird in der Erziehung über die Anwendung von Gewalt und Drill nicht hinauskommen. Eine Methode, die das psychische Gleichgewicht und die vielfältigen Charakterzüge des Hundes zerstört und den Menschen seiner Phantasie beraubt.

Vielschichtige emotionale und das jeweilige Ego berührende Ebenen verbinden Hund und Halter: Oft muß ein Hund einen Verlust oder Mangel im früheren oder gegenwärtigen Leben des Halters kompensieren. Der Hund wird in gewisser Weise die Selbsterweiterung des Halters. Hundeausbilder, Züchter, Händler, Eigentümer von Hundepensionen, Tierärzte und andere, deren Leben eng mit Tieren verbunden ist, lernen bald, die komplexen Identitätsverflechtungen von Halter und Hunden zu respektieren. Diese Situation verlangt oft ein hohes Maß an Geduld und Sensibilität. Menschen, die hauptberuflich mit Tieren arbeiten, verfügen häufig über ein ungewöhnliches Maß an Einfühlungsvermögen, das sie nicht zuletzt durch Beeinflussung im Umgang mit ihren lebenden Schützlingen erhielten.

Meine eigene langjährige Erfahrung mit der Zucht, Einfuhr und

Ausbildung von Hunden und meine Funktion als Dozentin und Gutachterin haben mich ständig mit allen Bevölkerungsschichten zusammengebracht. Wenn ich diese Begegnungen miteinander vergleiche, nimmt meine Tätigkeit als Zucht- und Ausbildungsberaterin in New Skete einen herausragenden Platz ein. New Skete besitzt für die Erziehungsprogramme der Mönche eine geradezu ideale Umgebung und läßt darüber hinaus eine Harmonie mit der Natur zu. In New Skete wird ein Stil gepflegt, der die innere Einstimmung der Gemeinschaft auf natürliche und unverfälschte Lebensweise widerspiegelt. Ob dort ein Hund ausgebildet wird oder ein Mensch beraten, immer herrscht in New Skete eine ausgeglichene Atmosphäre.

Diejenigen von uns, die engen Kontakt zu Tieren haben und in ernster Sorge um unsere von Technologie beherrschten Zukunft sind, können nur hoffen, daß dieses Buch Widerhall findet. Vielleicht fällt es ein wenig aus der üblichen Reihe der »Problemlösungs-Bücher«, die in der Regel nur Patentrezepte anzubieten haben. Wir jedenfalls wollten Interesse wecken für ein humaneres Zusammenleben zwischen Lebewesen.

Helen Sherlock
Caralon-Zwinger
Ballwin, Missouri

Den Wert der Stille zu erfahren heißt der Wirklichkeit lauschen, statt sie anzuschreien: das eigene Bewußtsein weit genug zu öffnen, um herauszufinden, wie sich das Ende eines Satzes anhört, den ein anderer ausspricht, oder einem Hunde zu lauschen, bis man entdeckt, was nötig ist, statt sich im Namen der Ausbildung aufzudrängen.

Thomas Dobush, Mönch von New Skete
(9. Oktober 1941 bis 7. November 1973),
Nachlese, die Zeitschrift von New Skete, Winter 1973

Befrage nur die Tiere! Sie können es dir sagen; die Vögel auch beweisen's dir. Oder schau die Erde an! Sie lehrt es dich: Die Fische in dem Meer bezeugen's dir: Wer nur in aller Welt weiß nicht, daß Gottes Hand dies hat geschaffen, daß jedes Wesen ist in Seiner Hand, der Odem aller Sterblichen?

Hiob 12: 7–10

Ein Leitfaden für die Erziehung

1. Mythen, Mönche und Hunde

Es mag den Leser eigenartig berühren, in einem Buch von Mönchen und Hunden zu lesen. Nun, beide blicken auf eine lange gemeinsame Geschichte zurück.

Indianermythen liefern die eingängigsten Beispiele für die uralte Existenz des Hundes. Die Kato-Indianer Kaliforniens glauben, daß der Gott Nagaicho, der Große Reisende, von seinem Hund begleitet wurde, als er, Leben erschaffend, die Welt durchstreifte. Es heißt, er habe seine Freude über die Vielfalt seiner Geschöpfe mit dem kleinen Hunde geteilt. Bei den Shawnee der Algonkin-Nation, die einst den nördlichen Teil des Bundesstaates New York bewohnten, wo unser Kloster liegt, galt Kukumthena als Schöpferin, die Großmutter. Auch sie reist in Gesellschaft ihres Enkels und eines kleinen Hundes. Der Fortbestand der Schöpfung wird in diesem Mythos von keinem anderen als diesem kleinen Hund gesichert, denn jeden Tag arbeitet Kukumthena an einem großen Flechtkorb, und wenn er fertig ist, soll die Welt ihrem Untergang entgegen gehen. Doch glücklicherweise macht der Hund ihre Tagesarbeit jede Nacht wieder zunichte. Wer sich des öfteren durch einen Hundebiß um Teppich, Kleidungsstücke und Möbel gebracht sah, mag sich nur schwer davon überzeugen lassen, daß die Geschicklichkeit dieser Zähne auch ein so positives Ergebnis haben konnte. Gleichwohl ist dieser Mythos ein eindrucksvolles Beispiel für die traditionelle Wechselbeziehung zwischen Mensch und Hund.

Das Vorkommen des Hundes in der Mythologie beschränkt sich keineswegs auf nordamerikanische Indianerkulturen; vielmehr ist es weit verbreitet. Die gräko-römische Mythologie stellt Hunde in verschiedenen Rollen dar. Man denke an Hekates Hunde, die Jagdhunde der Diana und den Cerberos des Hades. Asklepios, Gott der Heilkunde, wurde als Säugling von einer Hündin genährt und so am Leben erhalten. Auch Romulus und Remus wurden von einer Hundeartigen, einer Wölfin, aufgezogen. In der ägyptischen Mythologie spielen zahlreiche Hunde eine Rolle, wie wir unter anderem von Wandmalereien wissen, aber auch von vielen Hundemumien, die im Land am Nil ausgegraben wurden.

Die persische Mythologie nennt einen Hund sogar in der Schöpfungsgeschichte; gleiches gilt übrigens auch für Überlieferungen der Azteken und Mayas. Verschiedene afrikanische Stämme, die Maoris von Neuseeland und andere polynesische Kulturen haben ebenso wie Buddhisten und Hindus in ihren mündlichen und schriftlichen Sagen und Legenden einen Platz für den Hund gefunden.

In der Literatur des Zen-Buddhismus gibt es zahlreiche Hundegeschichten. In einer wird ein Mönch in ein Spiel mit einem Hund verwickelt.

Einst besuchte ein Mönch mit seinem Bettelsack einen Hausherrn, um ein wenig Reis zu erbitten. Unterwegs wurde der Mönch von einem Hund gebissen. Der Hausherr stellte ihm diese Frage:
»Es heißt, ein Drache brauche sich nur mit einem Gewand zu bedecken, und kein Bösewicht werde jemals wagen, ihn anzugreifen. Dennoch wurdest du von einem Hund angefallen und verletzt: warum ist das so?«
Es ist nicht erwähnt, welche Antwort der Bettelmönch darauf gab.

Und in einer anderen Geschichte, einer Fortsetzung der obigen, wird die unberechenbare Natur einiger Hunde mit der Wirklichkeit gleichgesetzt:

Der Mönch kehrt heim, und wie er im Kloster seine Wunde behandelt, stellt ihm sein Lehrmeister eine weitere Frage:
»Alle Lebewesen sind begabt mit der Buddha-Natur: verhält es sich wirklich so?«
»Ja, so ist es.«
Darauf zeigt der weise alte Mann ein Hundebild an der Wand und fragt: »Ist auch dieser begabt mit der Buddha-Natur?«
Der Mönch wußte nicht, was er sagen sollte. Worauf ihm die Antwort zuteil wurde: »Gib acht, der Hund beißt.«

Wir sollten nicht die jüdisch-christliche Überlieferung übergehen, die die meisten von uns teilen, doch findet der Hund aus Gründen, die hier nicht erörtert werden sollen, in der Bibel nur gelegentlich Erwähnung, und dann gewöhnlich negativ. In dem Maße jedoch, wie das Christentum Volksüberlieferungen in sich aufnahm, kam auch wieder der Hund zu Ehren, manchmal als Symbol der Treue, manchmal nur, um der Biographie eines Heiligen Wärme und Popularität zu verleihen. Das vielleicht anschaulichste Beispiel für volkstümliche Legenden in der traditionellen christlichen Literatur ist die Geschichte vom hl. Christophorus. Es mag überraschend sein, daß er in der griechisch-orthodoxen Kirche mit dem Kopf eines Hundes dargestellt wird, sonst aber mit allen wohlbekannten Insignien eines Märtyrers ausgestattet ist, bis hin zu dem Kreuz in seiner Hand. Das Menaion oder Buch der Feiertage enthält eine kurze Biographie eines jeden Heiligen. Aus diesem Buch erfahren wir, daß Christophorus ein Abkömmling der Cynocephali war, einer legendären Rasse von Riesen mit menschlichen Körpern und Hundeköpfen. So wird er auch auf den Ikonen abgebildet. Er wurde auf wunderbare Weise bekehrt und getauft und erhielt den Namen Christophorus, was Christusträger bedeutet. Viele Heilige der orthodoxen Kirche werden mit dem Ehrentitel Gottesträger oder Christusträger versehen, der nichts anderes besagt, als daß der betreffende Heilige Gott in sich trägt, im geistigen Sinne. In der römisch-katholischen Kirche wurde der Titel hingegen wörtlich genommen, und es entwickelte sich in der Folge die Legende, in welcher der Mann (noch immer ein wenig anziehender Riese) in der Vorstellung das Christuskind durch einen reißenden Fluß trug und zum Dank in einen stattlichen Jüngling verwandelt wurde. Der östlichen Überlieferung zufolge zog er nach Syrien, um einen bösen heidnischen König namens Dagon zu bekehren. Der aber war nicht einmal von einem doch wahrhaftig furchteinflößenden hundeköpfigen Riesen zu beeindrucken. Christophorus wurde eingekerkert, und während er den Märtyrertod starb (er war nach der Überlieferung der erste, der lebend geröstet wurde: Dagon ließ ihn auf einen eisernen Thron ketten und dann ein Feuer darunter entfachen – es soll so heiß gewesen sein, daß Ketten und Thron schmolzen), gab Gott ihm in der Verklärung das Antlitz eines Menschen.

Eine andere Geschichte, wahrscheinlich rumänischen Ursprungs, schildert die Erschaffung des Hundes so: Eines Tages ging St.

Peter mit Gott im Himmel spazieren, als ein Hund des Weges kam. »Was ist das?« fragte St. Peter. Gott sagte ihm, es sei ein Hund, und fügte hinzu: »Möchtest du nicht wissen, warum ich ihn schuf?« Natürlich wollte St. Peter das wissen. »Nun, du weißt, wieviel Verdruß mir mein Bruder, der Teufel, bereitet hat . . . wie er mich zwang, Adam und Eva aus dem Paradies zu vertreiben. Die Armen waren dem Hungertod nahe, darum gab ich ihnen Schafe, damit sie Fleisch zu essen und warme Wolle hätten, sich zu kleiden. Und nun hat dieser schlechte Kerl einen Wolf gemacht, der die Schafe aufjagen und reißen soll! Zur Verteidigung schuf ich den Hund. Er versteht den Wolf zu vertreiben. Er wird die Schafe hüten. Er wird die Besitztümer des Menschen bewachen.«

Historisch betrachtet gibt es zwei Gruppen von Mönchen, die sich Verdienste um die Zucht und Ausbildung von Hunden erworben haben. Die Augustiner-Chorherren (nicht eigentlich Mönche, aber Mitglieder eines religiösen Ordens) züchten im Hospiz am Großen St. Bernhard in den Schweizer Alpen seit mehr als zwei Jahrhunderten Bernhardiner. Heute allerdings ist der Bernhardiner ein Hund für Liebhaber, denn seine Rettungsdienste zur Bergung verirrter Wanderer haben längst Hubschrauber der Bergwacht übernommen. Bisweilen gehen jedoch die Augustiner mit ihren Hunden auch jetzt noch auf die Suche nach Verunglückten. Mit dem berühmten Branntweinfäßchen freilich verhält es sich anders, als die Legende erzählt. Zwar wurde der vom Weg abgekommene Wanderer, hatte man ihn in Schnee und Eis gefunden, gewöhnlich von dem Begleiter des Suchhundes mit Branntwein gestärkt, doch trug der Begleiter das Fäßchen, nicht der Hund.

In Tibet züchteten die buddhistischen Lamas den Lhase-Apso-Terrier. Oft verschenkten die Mönche besonders schöne Exemplare dieser Rasse an hochstehende Persönlichkeiten. An zwei so weit voneinander entfernten Flecken der Erde einander so absolut ähnlichen Kulturkreisen entstanden also klösterliche Hundezuchten. Aus unserer Erfahrung können wir dazu sagen, daß sich die Aufzucht und Ausbildung von Hunden sehr gut in das klösterliche Leben einfügen läßt. Hundezucht und Ausbildung erfordern viel Arbeit, Zuneigung und Geduld, drei Voraussetzungen, die Mönche in der Regel erfüllen. Auch besitzt der Hund Charaktereigenschaften, die in vielerlei Hinsicht Ideale auch im mönchischen

Leben sind: Treue, Beständigkeit und Lernbereitschaft.

Klischeevorstellungen vom Mönch, die sich zweifellos in vielen Köpfen eingenistet haben, bedürfen einer kritischen Revision: Weder ist der Mönch jener von der Welt abgekehrte Typ, der mit gebeugtem Kopf und gefalteten Händen einen mittelalterlichen Klosterkorridor durchschreitet, noch der wohlgenährt-rotnasige, joviale Klosterbruder, der den größten Teil seiner Zeit in Weinkeller oder Klosterbrauerei verbringt. Dostojewski beispielsweise bemerkt in *Die Brüder Karamasow*, daß ein wahrer Mönch nicht mehr als das sei, was alle Menschen sein sollten.

Nun läßt sich gewiß darüber streiten, wie denn alle Menschen sein sollten... Das Zölibat etwa läßt manche Frage offen. Hier in New Skete haben wir gelernt, daß Antworten niemals einfach zu finden sind, ja, daß es bisweilen keine Antwort gibt. Eines allerdings wissen wir inzwischen, nämlich, daß Hunde unsere Erfahrung auch im Bereich sozialer Interaktion erweitern. Ihre Reaktion auf uns zeigt deutlich, wie wir sein sollten, und wie wir nicht sein sollten. In ihrer Gemeinschaft mit dem Menschen, einer Gemeinschaft, die so alt ist wie das menschliche Bewußtsein, sind Hunde in der einzigartigen Lage, dem Menschen einen Spiegel seiner selbst vorzuhalten.

Jeder, der Gelegenheit hat, Herrn und Hund zu beobachten, wird nur allzu bald Ähnlichkeiten zwischen beiden feststellen, vielleicht in kleinen Eigenheiten des Verhaltens, in aufgeschlossener Freundlichkeit oder mißtrauischer Reserve, ja sogar – und das ist oft recht amüsant – in der äußeren Erscheinung. Karikaturisten haben dieses Phänomen zu allen Zeiten gern dargestellt. Eine nähere Betrachtung des Verhältnisses zwischen Mensch und Hund gibt uns die Chance, viel über unser eigenes Verhalten zu lernen. Deshalb machen wir unsere Erfahrungen mit Hunden in diesem Buch der Allgemeinheit zugänglich, nicht nur zum Besten Ihres Hundes, sondern vor allem mit der Hoffnung, daß auch Sie aus der Gemeinschaft mit Ihrem Hund etwas über sich selbst erfahren mögen. Ein besseres Verständnis für Ihren Hund vermag Ihnen Einblick in Ihre eigene Persönlichkeitsstruktur geben, und was noch wichtiger ist: Diese Gemeinschaft sollte Ihr Gefühl für Verantwortlichkeit schärfen, die wir Menschen haben, nicht etwa nur für andere Geschöpfe in unserer Umgebung, sondern auch für einander und für alles Leben.

2. Wie New Skete zu den Hunden kam

Im Sudan lebt der streng religiöse Stamm der Nuer. Er bewohnt die Feuchtsavanne beiderseits des Nil und lebt von der Viehzucht. Aber seine Rinder bedeuten ihm mehr als eine bloße Verdienstquelle. Ställe, Halfterstricke und elektrische Weidezäune sind den Nuern fremd. Das Vieh spielt in fast allen Bereichen ihres Alltagslebens eine wichtige Rolle: Es wird für die Feldarbeit eingesetzt, ist Ernährungsgrundlage und wird deshalb mit großer Sorgfalt gepflegt. Die Nuer schlafen sogar in der Nähe ihrer Rinder. Jedes Tier hat einen Namen und eine Geschichte; beides ist jedem Stammesmitglied bekannt. Das tägliche Leben wird beherrscht von Gesprächen über das Vieh (so erscheint es wenigstens dem Außenseiter). Und so gibt es kaum einen Nuer, der nicht viele Geschichten über seine Kühe zu erzählen wüßte. Die Rinder werden sogar in einige religiöse Riten miteinbezogen, und diese Riten sind voll von Anspielungen auf das Vieh. Die Naturreligion der Nuer ist gründlich studiert worden; Anthropologen betrachten sie als eine Urform der animistischen Naturreligion. Nun könnte man fragen, was diese Lebensweise der Nuer mit den Zucht- und Ausbildungsprogrammen in New Skete zu tun hat. In mancher Hinsicht läßt sich unser Leben in New Skete durchaus mit demjenigen der Nuer vergleichen, deshalb können wir auch viele Aspekte ihrer Kultur würdigen. Auch wir betrachten unsere Tiere nicht nur als Einnahmequelle. Jeder Hund hat einen individuellen Herrn oder Ausbilder. Der Ausbilder lernt das Tier gründlich kennen. Alle Hunde werden voll in unser Leben einbezogen. Wir wollen nicht nur für ihr körperliches Wohl sorgen, sondern uns auch seelisch genau auf sie einstellen. Es ist sehr wichtig, daß man in seinem Denken Raum schafft für andere Lebewesen. Ob »primitiver Eingeborener« oder »zivilisierter Mönch«, ob Rinder oder Hunde, die Aufzucht von und das Leben mit Tieren ist eine bewußtseinserweiternde Erfahrung.

Erste Schritte

Das Kloster New Skete liegt im Hügelland in der Nähe der kleinen Stadt Cambridge im Staat New York, unweit der Grenze zu Vermont. In den ersten Jahren unserer Gemeinschaft, von 1966 bis 1969, bewirtschafteten wir eine richtige Farm. Ziegen, Hühner, Schweine, Fasane, schwarzbuntes Tieflandvieh, Herfordrin-

Das Hauptgebäude des Zwingers in New Skete

Eine Luftaufnahme von Kloster und Kirche

der und Schafe waren auf unseren Weiden anzutreffen. Ohne es damals schon zu begreifen, begannen wir uns intensiv mit der Psyche und dem Verhalten unserer Tiere zu beschäftigen, ein zunächst ausschließlich praktisches Studium. Zu dieser Zeit hatten wir schon einen Deutschen Schäferhund und dachten daran, später eine Zucht aufzubauen. Nach einem Umzug in die Gegend des Two-Top-Mountain mußten wir den allgemeinen Farmbetrieb aufgeben, weil die Höhenlage keine Landwirtschaft zuließ. Damals entschieden wir uns für den Aufbau eines professionellen Zucht- und Ausbildungsbetriebs.

Bruder Thomas Dobusch, der 1973 auf tragische Weise bei einem Autounfall ums Leben kam, interessierte sich bereits im Jahre 1966 sehr stark für Zucht und Ausbildungsprogramme. Unser erster Deutscher Schäferhund Kyr – wir hatten ihn von unserer Farm mit an den Two-Top-Mountain genommen – war ein intelligenter und temperamentvoller Rüde, der schon eine Ausbildung als Blindenführhund hinter sich hatte. Später erwarben wir eine Hündin und begannen zu züchten. Von Anfang an studierten wir sorgfältig alle erdenklichen Informationen zu diesem Thema und ließen uns von bekannten Züchtern und Ausbildern beraten.

Die Ausbildung unserer Hunde wuchs organisch aus unseren Erfahrungen. Bruder Thomas erzog die Schäferhunde dazu, in einer Gruppe im Kloster zu leben und Ruhe und Ordnung zu bewahren, die für ein klösterliches Leben wichtig sind. Im Laufe der Zeit wurden unsere Erziehungserfolge in der Umgebung bekannt und andere Hundehalter brachten uns ihre Tiere. So begannen wir, alle Rassen auszubilden. Wenn ein neuer Mönch in unsere Gemeinschaft eintrat, lernte er zunächst bei Bruder Thomas Psychologie und Technik der Ausbildung. Statt sich mit der bloßen Vermittlung von Behandlungskniffen und Techniken zufriedenzugeben (worin er ein Meister war), versuchte Bruder Thomas seine Lehrlinge eine intuitive Art des Umgangs mit Hunden zu lehren. Er betonte die Notwendigkeit, dem Tier »zuzuhören« und seine Reaktionen »zu lesen«.

Unsere Hunde leben in einer Kolonie von bis zu zwanzig Tieren unterschiedlichen Alters und Temperaments. Im allgemeinen haben unsere Zuchthunde nicht allzu viel Kontakt mit den Ausbildungshunden, dennoch sind sie gelegentlich zusammen. Bei unseren Ausbildungsprogrammen achten wir streng darauf, die Zahl der Hunde zu begrenzen, damit jedem Hund persönliche Aufmerksamkeit und Zuwendung zuteil werden kann. Wir haben zwar auch in Gruppen Gehorsamsübungen für Gebrauchs- und Begleithunde veranstaltet, bevorzugen jedoch eine mehr individuelle Methode. Unser klösterliches Leben gebietet die Wahrung einer ruhigen, zum Nachdenken anregenden Atmosphäre. Diese Stille, so meinen wir, erleichtert Menschen und Hunden das Lernen.

3. Woher stammt unser Hund?

Mensch und Hund leben seit wenigstens zehntausend Jahren in enger Gemeinschaft. Zwar wissen wir über den Ursprung des Haushundes noch immer nichts Definitives, doch steht fest, daß zur Zeit, als Mensch und Hund zusammenzuleben begannen, nur ein einziges anderes Tier vergleichbare Gebißmerkmale aufwies: der Wolf. Er gehört mit Gewißheit zu den Vorfahren des Hundes, aber möglicherweise ist er nicht der einzige. Die meisten Forscher glauben, daß der Hund in direkter Linie vom Wolf abstammt, während andere eine modifizierte Theorie bevorzugen, die den Wolf neben einem anderen nahen Verwandten nennt, der möglicherweise größere Ähnlichkeit mit unserem heutigen Haushund aufweist, dem Schakal. Die Evolution der Arten ist ein faszinierendes Kapitel, das den Rahmen dieses Buches sprengen würde. Für den durchschnittlichen Hundehalter mag es genügen zu wissen, daß alle Hunde *auch* wolfsblütig sind. Einige wichtige Grundkenntnisse über das Wolfsverhalten wird Ihnen deshalb helfen, Ihren Hund besser zu verstehen.

Noch immer gibt es viele und tiefsitzende Vorurteile gegen den Wolf. Sie kommen gerade heute wieder zum Vorschein, da Umweltschützer und Verhaltensforscher sich um die Erhaltung der fast überall stark dezimierten Wolfspopulationen bemühen und für die Wiedereinbürgerung des Wolfes in bestimmten, geeigneten Gebieten eintreten. Die Gegner solcher Bestrebungen führen zumeist an, daß Wölfe die Hochwildbestände schädigten, Schafe und andere Haustiere rissen und sogar kleine Kinder angriffen. (Tatsache ist, daß der Wolf der gesunden Arterhaltung des Hochwildes dient, indem er die alten, kranken und schwachen Tiere eliminiert.) Als Rudeltier lebt der Wolf gesellig mit seinen

Artgenossen, geht aber dem Menschen aus dem Wege, wenn er nicht schon als Welpe in Gefangenschaft aufgezogen wurde. Viele Menschen verwechseln die Jagdgewohnheiten des Wolfes mit denen des Fuchses. Während der Wolf bei seinem Rudel bleibt, ist der Fuchs ein Einzelgänger. Wölfe meiden, wenn irgend möglich, den Menschen. Unglücklicherweise verhindern die tief verwurzelten Vorurteile gegen den Wolf oft auch das Verständnis für das Verhalten des Hundes, denn Wolf und Hund sind in vieler Hinsicht gleich geprägt. Beide sind von Natur aus rudelorientiert und leiden unter langer Isolation. Beide sind Jäger, die ihre Beute hetzen, statt sie überfallartig anzuspringen, wie einige ihrer anderen Verwandten es tun. Beide unterwerfen sich der Führung eines »Alpha-Tieres«, das im Rudel für Ordnung sorgt. Beide bedienen sich eines breiten Spektrums von Körpersprache, um sich innerhalb des Rudels, aber auch mit anderen Artgenossen zu verständigen. Verschiedene Forscher haben stark ausgeprägtes Sozialverhalten in Wolfsrudeln festgestellt. So sind etwa Rudelmitglieder ohne weiteres bereit, kranke Tiere mit durchzufüttern. Diese Art der »Fürsorge« ist uns auch von Haushunden wohlbekannt.

Unterrichten Sie sich über Wölfe, wenn Sie etwas über Hunde zu erfahren wünschen. Es gibt zahlreiche Bücher über den Canis lupus, die Ihnen unschätzbares Hintergrundwissen über Ihren Hund und sein Verhalten vermitteln werden. Bücher über Wölfe zu lesen, um den eigenen Hund und sein Verhalten besser zu verstehen, ist nicht etwa ein Umweg. Wenn Sie sich über Wölfe informieren, so werden Sie feststellen, daß Sie daraus mehr über Ihren Hund lernen können als aus den gegenwärtig erhältlichen Handbüchern über Hundeerziehung. Viele der in unserem Buch beschriebenen Erziehungsmethoden stehen im Einklang mit dem, was wir über den Wolf als dem unmittelbaren Vorfahren des Hundes wissen. Die Hunde unserer Zeit gehören wie ihre Verwandten Wolf, Koyote, Schakal und Fuchs der Familie Canidae an. Diese Tierfamilie ist bemerkenswert vielgestaltig, alle gehören zur Gattung der Raubtiere, alle erjagen ihre Nahrung, sei es allein oder im Rudel; und alle sind potentiell ausbildungsfähig und lernbegabt, wenn sie von früher Jugend an unter Menschen aufwachsen.

4. Einige wichtige Begriffe

Das Rudel

Wenn wir vom Rudel sprechen, dann meinen wir damit im allgemeinen die nächsten Mitglieder der sozialen Gemeinschaft des Hundes, Menschen ebenso wie andere Hunde. Gelegentlich bezeichnen wir diese Gemeinschaft als das »Familienrudel«. Wie erwähnt, haben alle Hunde vom winzigen Malteser bis zur Dänischen Dogge den Wolf zum Vorfahren. Wölfe sind Rudeltiere. Da wir den Hund durch Domestikation seines natürlichen sozialen Lebens beraubt haben, nimmt er uns als seine neuen Rudelgenossen an. Hat der Hundehalter dies verstanden, so kann er Ausbildungsmethoden anwenden, die den Hund in der Rangordnung tiefer einstufen, ohne ihn jedoch aus dem Rudel auszuschließen.

Das Alpha-Tier

Der ranghöchste Wolf in einem Rudel ist das sogenannte Alpha-Tier. Dieser Wolf bestimmt unter anderem das Paarungsverhalten: er deckt das ranghöchste weibliche Tier, die Alpha-Wölfin. Auf diese Weise ist gewährleistet, daß sich nur die jeweils stärksten Tiere eines Rudels fortpflanzen. Der Alpha-Rüde sorgt aber auch für die Aufrechterhaltung der sozialen Struktur, ja, er greift gelegentlich sogar in Rangordnungskämpfe ein.

Alle untergeordneten Wölfe akzeptieren die Führung des Alpha-Wolfs, bis ihm diese Position von einem anderen Tier erfolgreich streitig gemacht wird. Der Domestikationsprozeß hat diese »Abwarte-Haltung« im Haushund nicht völlig auslöschen können. Probleme entstehen, wenn ein Hund nicht die entsprechende Ausbildung erhält und sich deshalb als Führer oder Alpha-Tier fühlt, oder eine Chance wittert, sich die ranghöchste Position zu erkämpfen. Für einen Hund muß deshalb eindeutig feststehen, wer die Alpha-Figur ist, nämlich Sie. Der Hundehalter muß sich also stets als Anführer verhalten, nicht, weil er herumkommandieren will, sondern weil jede Erziehung fehlschlagen muß, wenn über die Rangfolge irgendwelche Zweifel bestehen.

Blickkontakt

Das Alpha-Tier verständigt sich mit den Artgenossen im Rudel unter anderem über Blickkontakt. Die anderen Tiere respektieren diese Art der Körpersprache und lassen sich schon von einer

Drohgebärde mit den Augen von einer Beißerei abhalten. Wir betonen in diesem Buch den Blickkontakt, weil wir darin einen wesentlichen Bestandteil des Umgangs zwischen Hund und Halter sehen. Der Blickkontakt vertieft das Verhältnis und das Vertrauen zwischen Hund und Halter. Es versteht sich daher von selbst, daß wir freundlich und sanft bleiben sollen, keinesfalls den Hund drohend anstarren dürfen. Ein Respekt gebietender Blickkontakt dagegen muß fest und durchdringend sein und länger anhalten. Aber ehe der Hund in Ihren Augen lesen kann, muß er lernen, zu Ihnen aufzublicken. Die in diesem Buch beschriebenen Techniken ermuntern den Hund, aufzublicken, so daß Blickkontakt hergestellt werden kann, sei er ermunternd oder strafend.

Die Ausbildung

Der Begriff Ausbildung, wie wir ihn in diesem Buch verstehen, schließt die grundlegende Erziehung des Welpen und Junghundes mit ein. Wir behandeln die Ausbildung nicht einfach als eine Reihe von Übungen, die dem Hund auferlegt werden, sobald er ein gewisses Alter erreicht hat. Statt dessen sehen wir die Ausbildung als eine Methode an, mit dem Hund in nähere Beziehung zu treten. Zur Ausbildung in unserem Sinne gehören deshalb viele verschiedene Aktivitäten. Daher findet Ausbildung in einem Hundeleben auf vielen Ebenen statt, nicht nur in der Gehorsamsschule. In seinem Buch *Verwandtschaft mit allem Leben* hat J. Allen Boone dies gut ausgedrückt.

Um dieses Geheimnis zu verstehen, muß man zuerst den Unterschied zwischen dem Dressieren und dem Ausbilden eines Tieres begreifen. Tier*dressur* ist relativ einfach. Man braucht dazu nur ein Anleitungsbuch, ein gewisses Maß an Einschüchterungsgehabe, Zuckerbrot und Peitsche. Auf der anderen Seite verlangt die *Ausbildung* eines Tieres Intelligenz, Beobachtungsgabe, Integrität, Phantasie und geduldige Freundlichkeit des Denkens, der Stimme und der Berührung.

5. Die Auswahl des passenden Hundes

Für welche Rasse soll man sich entscheiden?

Wenn Sie den Kauf eines reinrassigen Hundes erwägen, haben Sie wahrscheinlich bereits eine Vorliebe für diese oder jene Rasse. Es

Ein Beispiel für Blickkontakt mit einem jungen Hund

ist sinnvoll, sich vor dem Erwerb zu überlegen, ob die bevorzugte Rasse zu Ihnen und zu Ihrer Umgebung paßt. Sie sollten sich daher mit jemandem unterhalten, der Erfahrung in der Haltung Ihrer Lieblingsrasse hat. Für fast alle Rassen gibt es heute Klubs, Zuchtbuchämter oder Beratungsstellen, die Ihnen gern mit Rat und Tat zur Seite stehen werden. Der Verband für das Deutsche Hundewesen, Sitz Dortmund e. V. (VDH), Schwanenstraße 30, 4600 Dortmund, kann Ihnen eine Anschriftenliste der Zuchtbuchämter und Beratungsstellen zusenden. Auch gibt es eine Fülle von Literatur, in der man genaue Angaben zu den einzelnen Rassen nachlesen kann. Auf die Frage, welche Rasse am vielseitigsten ist und am leichtesten lernt, werden Fachleute und Laien gleichermaßen subjektive Antworten geben. Auch wir haben dazu eine bestimmte Meinung, wollen sie aber nicht leichtfertig äußern, bevor wir das Problem nicht näher erörtert haben. Vorurteile über die Qualitäten eines Hundes sind bei Besitzern von Rassehunden besonders stark ausgeprägt. So sind beispielsweise viele Züchter und Liebhaber von Deutschen Schäferhunden »Schäferhund-Chauvinisten« – für sie existiert keine andere Rasse. Zweifellos sind Deutsche Schäferhunde zur Ausbildung hervorragend geeignet, weil sie für eine Vielzahl von Aufgaben verwendet werden können. Ein Beagle-Liebhaber wird zugeben, daß Beagles gern graben, aber auch betonen, daß sie niemals beißen, Mobiliar oder Teppiche zerkauen oder gar das Haus verschmutzen. Mehr oder weniger starke Vorurteile zeigen sich, wann immer die Intelligenz der verschiedenen Rassen diskutiert wird.

Alle Meinungen, die Sie als Entscheidungshilfe anhören, sollten durch direkte Erfahrung mit der betreffenden Rasse erhärtet werden. Bedenken Sie, daß manche Rassen zu bestimmten Verhaltensmerkmalen neigen; doch ist es gewöhnlich die Umgebung, in welcher der Hund lebt, die diese Züge unterdrückt oder verstärkt.

Rüde oder Hündin?

Wie der potentielle Hundehalter gewöhnlich die eine oder die andere Rasse bevorzugt, so hat er auch eine Vorliebe für das eine oder andere Geschlecht. Wenn es schon schwierig ist, zuverlässige Aussagen über verschiedene Rassen und ihre Eigenarten zu machen, so ist es noch schwieriger, eindeutige Erklärungen über männliche oder weibliche Eigenarten abzugeben. Während die

Hündinnen einer Rasse gelehrig und fügsam sein mögen, können diejenigen einer anderen selbstbewußt und schwer zu lenken sein, obwohl dies die Ausnahme ist. Im allgemeinen raten wir Anfängern in der Hundehaltung, zunächst eine Hündin zu erwerben. Hündinnen sind gewöhnlich flexibler, kleiner, in frühem Alter leichter auszubilden als Rüden. Bei vielen Rassen ist ein Unterschied im Verteidigungswillen zwischen Rüde und Hündin kaum festzustellen; bei anderen sind die Rüden deutlich mutiger, während die Hündinnen dazu neigen, angesichts einer Gefahr schwach zu werden. Zuchtberater der Rassehundvereine werden genaueres über die geschlechtsspezifischen Charakterzüge sagen können. Lassen Sie sich von einem Züchter nicht zum Kauf eines Rüden oder einer Hündin drängen, aber wenn Sie den Eindruck haben, daß er aufrichtig urteilt und Ihre Situation richtig einzuschätzen vermag, sollten Sie seinen Rat annehmen. Wahrscheinlich weiß der Züchter über die von Ihnen gewählte Rasse weit mehr als Sie und ist daran interessiert, einen Hund auszuwählen, der gut zu Ihnen paßt.

Besonders von ausländischen Züchtern werden gelegentlich durch Gebärmutterschnitt sterilisierte Hündinnen angeboten. Eine solche Sterilisation (die Operation ist gewöhnlich unkompliziert) sollte Sie nicht vom Erwerb einer Hündin abhalten, da sie den Charakter oft höchst positiv verändert. Während die angebliche Gewichtszunahme nach der Sterilisation auf einem nicht auszurottenden Vorurteil beruht, werden sterilisierte Hündinnen häufig sanfter, aufmerksamer und behalten Befehle besser.

Geben Sie nicht einem Geschlecht den Vorzug, weil Sie später züchten wollen. Solche Pläne werden selten verwirklicht, es sei denn, der Entschluß steht von Anfang an fest. Jeder Hund sollte nach den ihm eigenen Vorzügen ausgewählt werden, nicht etwa im Hinblick auf ein zukünftiges Zuchtpaar. Auch besteht die Möglichkeit, daß eines der beiden Tiere sich aus diesem oder jenem Grund als nicht zuchtfähig erweist.

Wie erwähnt, hängt die Auswahl eines männlichen oder eines weiblichen Tieres gewöhnlich von einer persönlichen Vorliebe ab. Die Rüden einer Rasse zeichnen sich im allgemeinen durch hervorstechende Charaktermerkmale aus. Natürlich gibt es immer die berühmten Ausnahmen, die die Regel bestätigen, aber im ganzen gesehen, sind Rüden lebhafter, geistig reger und haben, unabhängig von ihrer Größe – vom winzigen Zwergpudel bis zum majestätischen Schäferhund – ein stark ausgeprägtes Selbstbewußtsein, und das nicht nur, wenn es darum geht, ihr Revier zu verteidigen und zu markieren. Große Hunde können sich den Lebensbedingungen in einer Etagenwohnung ebenso anpassen, wie kleine Hunde von einem Landhaus Besitz ergreifen! Ihre Bedürfnisse konzentrieren sich auf das Alpha-Tier, den Menschen, dem sie sich körperlich, psychologisch und emotionell zugehörig fühlen. Ein harmonisches Verhältnis zu diesem Leittier in Menschengestalt anzustreben, bestimmt ihr ganzes Dasein. Bruder Thomas, der unsere Zucht- und Ausbildungsprogramme in New Skete ins Leben rief, schrieb einmal: »Man muß einem Hund lauschen, bis man entdeckt, was nötig ist, statt sich ihm unter dem Vorwand der Ausbildung aufzudrängen.«

Wo kauft man einen Hund?

Einen jungen oder auch ausgewachsenen Rassehund sollte man bei einem angesehenen Züchter kaufen. Hat man sich für eine Rasse entschieden, so erfragt man bei dem entsprechenden Rassehundverein die Namen und Anschriften der Züchter, die Junghunde und ausgewachsene Tiere verkaufen. Es empfiehlt sich, vom Züchter eine tierärztliche Gesundheitsbestätigung zu verlangen. Eine Ahnentafel (Stammbaum) ist nur von Wert, wenn sie von einem anerkannten Zuchtbuchamt ausgestellt worden ist. Verlangen Sie beim Ankauf eines reinrassigen Tieres einen amtlich ausgestellten Stammbaum und vergewissern Sie sich nach Möglichkeit, daß er wirklich zu dem von Ihnen erworbenen Tier gehört. Zuverlässigen Schutz gegen Betrug bieten fälschungssichere Identifikationsmerkmale wie Nasenabdruck, Tätowierung am Ohr oder in der Leistengegend.

Vom Züchter erworbene Tiere sind in den meisten Fällen teurer als Hunde, die in Tierhandlungen, sogenannten Handelszwingern und in Zeitungsinseraten angeboten werden, aber die zusätzliche Ausgabe lohnt sich, selbst wenn Sie sparen müssen. Die Bedingungen, unter denen Junghunde in Tierhandlungen leben, verhindern häufig eine artgerechte Sozialisation. Geht man davon aus, daß der Hund ein Rudeltier ist, so sind die Reihen von Käfigen mit eingesperrten Junghunden, wie man sie bisweilen in großen Tierhandlungen antrifft, keine annehmbare Umgebung und erst recht kein Ersatz für das Heranwachsen in einem Wurf. Unsere Erfahrungen lassen den Schluß zu, daß Verhaltensstörungen im späteren Leben von fehlender oder ungenügender Sozialisation herrühren, und legen nahe, seinen zukünftigen Hausgenossen nicht in Tierhandlungen oder Handelszwingern zu suchen. Wenn Sie von einem renommierten Züchter kaufen, profitieren Sie von dessen langjähriger Erfahrung.

Ein Hund aus dem Tierheim
In der Regel sollte man sich, trotz lobenswerter Motivation, gegen den Erwerb eines Hundes aus dem Tierheim entscheiden. Mögen im örtlichen Tierheim auch viele liebenswerte Geschöpfe ein Zuhause auf Zeit gefunden haben, zeigen unsere Fallstudien an verhaltensgestörten Hunden doch, daß viele von ihnen aus Tierheimen kamen. Oft wurden sie dorthin gebracht, weil sie »Problemkinder« waren und der geplagte Halter sich entschloß, den Hund abzugeben. Unglücklicherweise geschieht damit in vielen Fällen nichts weiter als eine Versetzung des Problemhundes von einer Umgebung in die andere. Der bloße Austausch der Umgebung kann Verhaltensstörungen nicht beheben. Die Verpflanzung eines Hundes aus seiner gewohnten Umgebung mit dem Argument, er werde auf dem Umweg über das Tierheim schließlich ein Heim auf dem Land mit viel Auslauf oder andere »ideale« Lebensbedingungen finden, ist Beschwichtigung des eigenen schlechten Gewissens und fragwürdig, sowohl dem Hund als auch dem neuen Besitzer gegenüber. Dies gilt insbesondere für Hunde, die sich selbst als Alpha-Tiere und Rudelführer fühlen. Diese für den Menschen gefährliche Sozialisation kann nur durch sorgfältige Ausbildung verändert werden.
Nun stellt sich die Frage, ob ein im Tierheim erworbener Junghund ein potentielles Problem darstellen kann. Die meisten Junghunde in Tierheimen sind Opfer unglücklicher Umstände. Sehr oft werden die Welpen während ihrer sogenannten »Angstperiode« ins Tierheim gebracht, eine Entwicklungsphase, in welcher sie für Streß und psychische Vernachlässigung besonders anfällig sind. Unerfahrene Hundehalter entwöhnen die Welpen oft viel zu früh, gewöhnlich in der dritten oder vierten Woche. Mit der Umstellung auf feste Nahrung produzieren die Welpen viel, und weil ungesunden, unangenehm riechenden Kot. Spätestens zu diesem Zeitpunkt wird der Wurf zu einer Last, statt zu einer Freude, und die Welpen beginnen ihren Reiz zu verlieren. Ergibt sich kein anderer Ausweg, ist das Schicksal solcher Welpen

besiegelt: Sie werden dem meist ohnehin überlasteten Personal eines Tierheims übergeben, das keine Zeit hat, sich über die bloße Fütterung hinaus um die Junghunde zu kümmern. So werden die Welpen gewöhnlich in einem kritischen Lebensalter vernachlässigt. Überdies ist zu vermuten, daß ein Hundehalter, der sich seiner Welpen oder auch seines erwachsenen Hundes auf diese Weise entledigt, es schon vorher an der erforderlichen seelischen Fürsorge fehlen ließ. Alles dies schafft für denjenigen, der einen Hund aus dem Tierheim aufnehmen will, denkbar ungünstige Voraussetzungen.

Sollten Sie dennoch beschließen, einen Hund aus einem Tierheim zu wählen, mögen unsere Informationen Ihnen helfen, Ihr potentielles Sorgenkind dennoch zu einem angenehmen Hausgenossen zu erziehen. Erkundigen Sie sich zuerst beim Personal des Tierheims über den sozialen Hintergrund des Hundes. Hat er in einer Familie gelebt? Ist er Kindern, Lärm, Treppen, hektischem Stadtleben ausgesetzt gewesen? Warum wurde er ins Tierheim gebracht? Wenn Sie die Hunde besichtigen, versuchen Sie jedes Tier individuell zu prüfen. Bedenken Sie, daß viele Hunde aggressiv reagieren, wenn sie in einem Käfig gehalten werden.

Interessieren Sie sich für ein bestimmtes Tier, so erbitten Sie Gelegenheit, es auf einem beaufsichtigten Areal an der Leine auszuführen. Berücksichtigen Sie, daß Sie selbst dann noch keinen unbedingt zutreffenden Eindruck vom Hund bekommen, da er sich mit einer fremden Person in einer fremden Umgebung befindet. Ist der Hund übermäßig unruhig, aggressiv oder ängstlich, so lassen Sie sich Ihre Entscheidung noch einmal durch den Kopf gehen. Versuchen Sie kühl und objektiv zu bleiben. Lassen Sie sich nicht von bittenden Augen, vom Winseln oder von extremer Anhänglichkeit des Hundes weich machen. Nehmen Sie, wenn irgend möglich, jemanden mit, der etwas von Hunden versteht und Ihnen bei der Auswahl helfen kann.

Wenn Sie eine Hündin finden, die Ihnen zusagt und sterilisiert ist, so spricht manches dafür, daß ihr einstiger Besitzer wenigstens etwas Verantwortungsgefühl für das Tier empfand. Niemals aber sollten Sie aus einer bloßen Augenblicksstimmung heraus in ein Tierheim gehen, oder gar weil Sie sich innerlich leer fühlen und darüber hinaus eine leere Brieftasche haben.

Die Wahl eines Welpen

Im Laufe unserer jahrelangen Erfahrung mit Hundekäufern haben wir festgestellt, daß es in den seltensten Fällen günstig ist, dem Käufer einen ganzen Wurf vorzuführen. Allzu oft wählt er das falsche Tier. In jedem Wurf gibt es Einzelgänger, besonders aggressive Tiere und Zaghafte. Die meisten Leute meinen, daß der Junghund, der sofort seine Gruppe verläßt und auf sie zuläuft, um am Zaun hochzuspringen, »der Hund für mich« sei. Schon häufig haben wir Leute sagen hören: »Nicht ich habe ihn gewählt, er wählte mich – er kam gleich auf mich zugelaufen, und so ist er zu mir gekommen.« Die Schwierigkeit liegt darin, daß der Welpe oder Junghund, der »gleich auf einen zuläuft«, häufig das am stärksten dominierende Tier des Wurfs ist und deshalb möglicherweise stärkere Anpassungsschwierigkeiten hat als die anderen. Kunden, die emotional empfänglich und leicht beeinflußbar sind, können dem possierlichen Treiben nicht widerstehen und lassen sich von dieser Annäherung unweigerlich bestechen. Dabei geschieht es leicht, daß sie andere Welpen übersehen, die weniger zutraulich sind. Doch könnte gerade eines von diesen Tieren das richtige für sie sein.

Wenn Sie einen Wurf besichtigen, so versuchen Sie zu erreichen, daß Sie jeden Welpen allein in einem Raum zu sehen bekommen. Dies ist der einzige Weg, um eine Vorstellung von der Persönlichkeit jedes Hundes zu erhalten. Bemühen Sie sich nicht, einen Welpen inmitten des Wurfes zu beurteilen, das ist ein so gut wie aussichtsloses Unterfangen. Es gibt verschiedene Methoden, die Ihnen helfen können, einen guten Welpen auszuwählen, der zu Ihrer Persönlichkeit und Ihrem Temperament paßt.

Schließlich können Sie auch den Züchter bitten, Ihnen bei der Auswahl des richtigen Welpen oder Junghundes zu helfen. Es gibt Züchter, die grundsätzlich darauf bestehen, die Auswahl für ihre Kunden zu treffen. In einem solchen Fall wird man Sie wahrscheinlich eingehend befragen, um in Erfahrung zu bringen, welche Anforderungen Sie an einen Hund stellen. Versuchen Sie solche Fragen aufrichtig und genau zu beantworten. Der Züchter will Sie nicht bevormunden, sondern nimmt eine zusätzliche Mühe auf sich. Viele Händler machen es sich da wesentlich leichter. Aber wenn man Sie nach Ihren Vorstellungen von und Ihren Erwartungen an einen Hund fragt, dann ist es ein sicheres Zeichen, daß man die Hunde erst nach sorgfältiger Auswahl abgeben möchte. Denken Sie immer daran, daß Sie keine Erfahrung in derartigen Entscheidungen haben. Vertrauen Sie ruhig darauf, daß der Züchter Ihnen in aller Regel kein krankes oder verhaltensgestörtes Tier aufschwatzen will. Es liegt in seinem eigenen Interesse, seine Kunden durch eine gute Wahl zufriedenzustellen. Die meisten Züchter haben Erfahrungen, den richtigen Hund an den richtigen Mann zu bringen.

6. Einige Bemerkungen zu den Ursprüngen der Hunderassen

Neufundländer lieben das Wasser, Stöberhunde apportieren gern, Dackel scheinen keinen größeren Genuß zu kennen, als ein Beet umzugraben und Huskies tollen lustvoll im Schnee. Eine verblüffend große Zahl sonst gebildeter Menschen weiß nichts von dem ursprünglichen Zweck, für den die Hunderasse gezüchtet wurde, der ihr Vierbeiner angehört. In einer Zeit, in der immer mehr Leute sich für Ahnenforschung interessieren und damit ihren eigenen »Ursprüngen« nachspüren, bleiben so manchem Hundehalter die Ursprünge seines Hausgenossen verborgen. Kenntnisse über Herkunft und Aufgabe der von ihnen bevorzugten Rasse können Ihnen jedoch helfen, Ihren Hund besser zu verstehen und eventuell sogar Verhaltensprobleme zu lösen.
Die Vielzahl der Hunderassen wird in Rassengruppen unterteilt, die in der Literatur nicht immer ganz einheitlich wiedergegeben werden. In Deutschland unterscheidet man im allgemeinen zehn Rassengruppen. Zur ersten gehört die Gruppe der Nordlandhunde, darauf folgen die Spitze, die Pinscher und Schnauzer, die Terrier und deren Sonderformen, die Doggen, die Treibhunde, die Hirtenhunde, die Schäferhunde, die Windhunde und schließlich die Jagdhunde, bei denen man noch zwischen den Untergruppen der Laufhunde, Vorstehhunde, Apportierhunde und Stöberhunde unterscheidet. Obwohl sie rassengeschichtlich verschiedenen Abstammungsgruppen zuzuordnen sind, faßt man Pudel sowie Klein- und Zwergformen in einer weiteren Gruppe zusammen.
Nicht immer erklären diese Kategorien die ursprüngliche Funktion einer Rasse, und umgekehrt übernehmen manche Gebrauchshunde in unserer Zeit ganz andere Aufgaben als die, für die sie ursprünglich gezüchtet wurden. So arbeiten relativ wenige

Deutsche Schäferhunde in ihrer ursprünglichen Funktion als Begleiter von Schafhirten. Die allgemeine Vorstellung von dieser Rasse hat sich von der ursprünglichen Funktion dieses Hundes so weit entfernt, daß die meisten Menschen den Deutschen Schäferhund automatisch den Wach- oder Polizeihunden zuordnen. Erinnert man sich dann der Deutschen Schäferhunde, die als Blindenhunde oder Lawinensuchhunde Dienst tun, so beginnt man etwas von der ernormen Aufgabenvielfalt zu ahnen, die diese Hunderasse bewältigen kann. Ähnlich verhält es sich mit vielen anderen Rassen. Zuweilen bedarf es eingehender Nachforschungen, um die *raison d'être* einer gegebenen Rasse festzustellen.

Der Einwand, daß die ursprüngliche Rassenfunktion Ihres Hundes nicht mehr existiert, ist kein Grund, das genetische Erbe Ihres Hundes zu verleugnen. Auch Neufundländer werden nur noch selten zur Rettung Ertrinkender eingesetzt (außer an der Küste Frankreichs, wo sie noch immer Verwendung finden), aber sie sind hervorragende Leibwächter, Schutz- und Begleithunde. Ein Deutscher Schäferhund, der in einem Ballungsgebiet lebt, wird kaum Gelegenheit haben, Schafe zu hüten, aber als Wachhund und Babysitter leistet er gute Dienste. Der Barsoi wird keine Gelegenheit mehr haben, Wölfe zur Strecke zu bringen, schon gar nicht in einer Welt, in der der Wolf bereits in naher Zukunft auf der Liste der gefährdeten Arten erscheinen wird, dafür ist der Barsoi ein äußerst repräsentativer Weggenosse, eine Augenweide für Ästheten. Huskies und anderen Schlittenhunden wurde eine kräftige Vorderpartie angezüchtet, um schwerbeladene Schlitten zu ziehen. Kein Wunder, daß mancher städtische Polarhundeigentümer seine liebe Not hat, diesen Hund bei Fuß zu halten.

Es würde den Rahmen dieses Buches sprengen, den Ursprüngen, dem Arbeitsbereich und der Geschichte einer jeden Gebrauchshunderasse nachzugehen. Aber es ist eine gute Idee, sich ein Buch über die von Ihnen bevorzugte Rasse zu besorgen, und, wenn Sie eine Rassenmischung haben, herauszubringen, um welche Kombination es sich handelt, selbst wenn es dazu notwendig sein sollte, zwei oder mehr Bücher zu erstehen. Manche öffentlichen Bibliotheken haben Bücher über die bekannteren Rassen. Für die weniger verbreiteten Rassen gibt es zumeist Vereine und Klubs, deren Beratungsstellen und Zuchtbuchämter bereit sind, Informationsmaterial zu verschicken und Auskünfte zu erteilen.

Sobald Sie die Geschichte Ihres Hundes und seiner Rasse kennen, nehmen Sie sich Zeit, um darüber nachzudenken, was Sie tun können, um den genetisch bedingten Anlagen und Interessen Ihres Hundes gerecht zu werden. Seien Sie jedoch nicht überrascht, wenn seine Reaktionen vielfach anders ausfallen, als sie erwarten. Viele Vorstehhunde verdienen diesen Namen kaum noch, und die meisten Cockerspaniel haben die Lust am Aufstöbern einer Waldschnepfe gänzlich verloren, von ihrer fast sprichwörtlichen Vorliebe für das Wasser ganz zu schweigen. Allgemein läßt sich sagen, daß Rassen, die sich großer Beliebtheit und Verbreitung erfreuen, infolge von Massenzüchtungen viele ihrer ursprünglichen Charakteristika verloren haben.

Dennoch ist es wichtig, die ursprüngliche Bestimmung einer Hunderasse zu kennen, wenn man einen ihrer Vertreter erwirbt. Wir hatten einmal einen Labrador-Retriever, der geradezu hysterisch sämtliches Hausmobiliar anfraß und trotz intensiver Bemühungen unsererseits nicht stubenrein wurde. Während der Hund bei uns war, nahmen wir ihn mit in den Wald. Sofort änderte das Tier sein Verhalten, und wenn wir von einem Ausflug heimkehrten, war der Hund ruhig und sanftmütig. Da sein Besitzer leidenschaftlicher Jäger war, schlugen wir ihm vor, er solle den Hund für die Jagdarbeit abrichten lassen. Von nun an lebte der Hund in seinem Element und war schon nach kurzer Zeit nicht wiederzuerkennen. Von Hausbeschmutzung und neurotischem Benagen von Gegenständen war bald überhaupt nichts mehr zu merken, nachdem der Hund zum ständigen Jagdbegleiter seines Herrn geworden war.

7. Wie man einen Stammbaum liest

Millionen Menschen ergründen heutzutage ihre Vergangenheit, erforschen ihren Familienstammbaum. Ahnenforschung war noch nie so populär wie in unserer Zeit. Wir sind fasziniert von scheinbar unerklärlichen Talenten oder Neigungen, körperlichen Merkmalen, bestimmten Vorlieben oder Depressionen unserer Ahnen und versuchen deshalb, möglichst viel über sie in Erfahrung zu bringen. Obgleich Umwelteinflüsse einen wesentlichen Anteil an dem haben, was wir sind, können sie niemals vermehren oder vermindern, was bereits in uns ist.

Ein Hund im Haus ist quasi ein weiteres Familienmitglied. Auch hier bestaunen wir alles, was dem neuen Hausgenossen durch Erbgut und Umwelteinfluß mitgegeben worden ist. Ein Bastard kann eine Überraschung sein – eine großartige Bereicherung des Familienlebens oder eine neurotische Nervensäge. Ein reinrassiger Hund vermittelt uns eine bessere Vorstellung davon, was uns erwartet. Die Kenntnis der Rassengeschichte ist eine unschätzbare Hilfe für den, der sich auf seinen Hund einstellen möchte. Noch besser ist die Kenntnis der unmittelbaren Vorfahren des in die engere Wahl genommenen Hundes.

Die meisten Menschen interessieren sich für die Ahnentafel ihres Hundes, wissen aber nichts rechtes mit den Zahlen und Abkürzungen anzufangen. Nehmen wir als Muster die Ahnentafel eines unserer Hunde. Die erste Seite dieser Ahnentafel verrät uns den eingetragenen Namen: New Sketes Nasha von der Lockenheim. Darunter sehen wir ihre Registriernummer vom A. K. C. (American Kennel Club) sowie ihren Rufnamen: »Natasha«.

Diese Informationen bedürfen keiner Erläuterung. Wenden wir uns nun Natashas Eltern und Großeltern zu.

Ihr Vater, Elko, ist ein großer, stattlicher Schäferhund von lichtbrauner Färbung mit schwarzem Sattel. Er hat eine ausgezeichnete, ausgeglichene Persönlichkeit und ist intelligent, feinfühlig und bisweilen ein wenig eigensinnig. Er liebt es, sich vor jedem, der zuschauen will, in seinem Auslauf zu produzieren. Dann stolziert er, einen Stock oder Ball im Maul, in seinem Zwinger herum. Er scheint sich ohne jede Anstrengung zu bewegen. Er duckt nicht und kennt keine Scheu, ist aber auch nicht übermäßig aggressiv. Mit anderen Worten, er ist umgänglich und dennoch eine Persönlichkeit.

Elkos Vater, der amerikanische und kanadische Champion Hein von der Lockenheim, C. D., ROM, war ein vorzüglicher Zuchtrüde. Seine Nachkommen sind als Begleithunde sehr gefragt, und viele werden zu Blindenhunden ausgebildet. Die Abkürzung C. D. hinter Heins Namen verrät, daß er in der amerikanischen Gehorsamsschule den ersten Rang in einer Reihe fortschreitend schwieriger Intelligenzprüfungen erreicht hat. Eine kurze Erklärung dieser Bezeichnungen folgt am Ende des Kapitels. Der Titel ROM (Register of Merit) kann von Deutschen Schäferhunden in Amerika erreicht werden, wenn sie genug Champions hervorgebracht haben, um sich als Spitzenzuchttiere zu qualifizieren.

Natashas internationale Ahnentafel

Caralon's Elko von der Lockenheim WB931728 OFA-GS-2322-T	Ch. Caralon's Hein v. d. Lockenheim, C. D. WA696843 OFA-GS-112 American & Canadian Champion American Select 1970 Best-in-Show Dog International Working Group Winner Top Ten Producer: 1972–1973 ROM	+ Bodo vom Katzenkopf SchH I AD
		+ Hella von der Spessartheide AD OFA-GS-362
	Chickwood's Gillie OFA-GS-800 ROM	Ch. + Bernd vom Kallengarten SchH II AD V American Champion ROM
		Ch. Chickwood's Feather American Champion ROM x-rayed normal
New Skete's Bekky of Rigadoon WB553760 OFA-GS-4261	Ch. + Lex von der Vallendarer Höhe WB27457 American Champion „a"-Stempel	+ Munko von der Bimsgrube SchH III FH V „a"-Stempel
		+ Assie von Steuberturm SchH I V „a"-Stempel
	Fortriffe Rigadoon's Rhyme WB71268 OFA-GS-434	Fortriffe Rigadoon's Meteor
		Fortriffe's Liesl of Rigadoon

+ Joll aus der Eremitenklause SchH III FH AD Kkl-l V (75 times V rated) Landesgruppensieger	+ Arras vom Adam-Riesezwinger SchH III FH V
	+ Perle aus der Weingegend SchH I V
+ Alma vom Katzenkopf SchH I AD Kkl-l V	+ Harald vom Haus Tigges SchH III AD Kkl-l V AmCh 2×AmSelect
	Ellen vom Sieghaus SchH I
+ Harald vom Haus Tigges SchH III AD Kkl-l (near ROM) American Champion V (31 times) Dual American Select	+ Hein vom Richterbach, Intern. Champion SchH III CACIB ROM V, Belgien V–A
	Elwira vom Ekeiplatz SchH III
+ Cora von der Spessartheide SchH I AD Kkl-l V	+ Alex vom Schwanbergsblick SchH I
	+ Paula vom Sieghaus SchH I V
+ Watzer vom Bad Melle SchH III V	+ Axel von der Deininghauserheide SchH III DPH FH V–A Bundessieger
	+ Imme vom Bad Melle SchH II V
+ Carin vom Rassweilermühle SchH III FH V	+ Kuno vom Jungfernsprung SchH III FH V
	+ Cora von der Silberweide SchH III FH V
Ch. Llano Estacado's Aquairendal American Champion	Ch. Axel von Poldihaus American Grand Victor Champion ROM
	Waldeslust's Nena
Waldenmark's Zita	Waldenmark's Kip
	Waldenmark's Inga
+ Klodo aus der Eremitenklause American Champion ROM SchH III Jugendsieger	+ Arras vom Adam-Riesezwinger SchH III FH V
	+ Halla aus der Eremitenklause SchH III FH V–A
+ Janka von der Bimsgrube SchH II SG	+ Veus vom Starrenburg SchH III FH V–A Bundessieger
	+ Gustel von der Bimsgrube SchH I V
+ Jörg von der Moselmündung SchH III SG	+ Hein vom Richterbach, Intern. Champion SchH III CACIB ROM V, Belgien V–A
	+ Centa von der Pfaffenau SchH III V
+ Centi von Pelzgraben SchH III FH G	+ Cralo v. Segelsberg SchH III FH V
	+ Frei v. Escherdamm SchH III V
Ch. Mil-Mar's Faro, C. D. American Champion	Red Rock's Gino, C.D. American Grand Victor Champion ROM
	Ch. + Dunja v. Wiederautal American Champion
Fortriffe's Britta	Nether-Lair's Mighty Max C.D.
	Ch. Fortriffe's Altair American Champion
Ch. + Bernd vom Kallengarten SchH II AD V American Champion ROM	+ Watzer vom Bad Melle SchH III V
	+ Carin v. Rassweilermühle SchH III FH V
Fortriffe's Driad of Rigadoon	Ch. Cato of Fieldstone American Champion
	Ch. Fortriffe's Altair American Champion

Natashas Mutter, Bekky, ist ein wunderschönes Exemplar von einer Deutschen Schäferhündin. Sie ist mittelgroß, lichtbraun mit schwarzem Sattel und sanft abfallender Rückenlinie. Noch feinfühliger und vielleicht lebhafter als Elko, ist sie äußerst intelligent und wie Elko sehr gutmütig im Umgang mit Kindern. Ihre Schönheit und Anmut würden ihr in jeder Zuchtschau hervorragende Chancen einräumen.

Der große Adel ihres Ausdrucks macht Bekkys Stamm, Rigadoon, zu einer unserer bevorzugten Abstammungslinien. Um diesen Zug zu erhalten, müssen wir in der Zucht selektieren, da eine falsche Kombination etwa schwache Ohren oder ein schlechtes Gebiß hervorbringen kann. Elkos unverwüstliche Gesundheit, die für Heins Abkömmlinge ebenso typisch ist wie ihr vitales Temperament, ist für jeden Fachmann beeindruckend.

Elko hat den genetischen Faktor, der für die Weitervererbung langstockhaariger Deutscher Schäferhunde verantwortlich ist. Bekky hat diesen Faktor nicht, darum wird es in diesem Wurf keine langstockhaarigen Welpen geben, weil dazu beide Eltern das entsprechende Gen besitzen müssen. Einzelne Tiere aus dem Wurf können das Gen jedoch von Elko erben und an spätere Nachkommen weitergeben.

Elko und Bekky brachten einen gesunden Wurf von fünf Rüden und vier Hündinnen hervor. Wir wählten Natasha als die gelungenste Mischung zwischen beiden Elterntieren, um die Wesenszüge, die wir in ihren Stämmen bewundern, weiterzuzüchten.

Wie sich zeigte, besitzt Natasha eine sehr wache Intelligenz, verbunden mit einer natürlichen Lern- und Leistungsbereitschaft. In der Gehorsamsschule und beim Apportieren über Hürden erwies sie sich als leicht lenkbar und von rascher Auffassungsgabe. Sie hängt sehr an einer bestimmten Person, was typisch für die meisten Schäferhunde ist, zeigt aber dennoch ein gewisses Bedürfnis nach Unabhängigkeit, das eindeutig von ihrem Vater herrührt.

Natasha hat bei uns mehrere Male geworfen, und wir waren mit ihrem Nachwuchs stets sehr zufrieden. Mit einem Rüden gepaart, der aller Wahrscheinlichkeit nach Langstockhaarigkeit hätte vererben müssen, erbrachte der Wurf dennoch keine langstockhaarigen Jungen. Damit wußten wir, daß Natasha das betreffende Gen nicht von ihrem Vater geerbt hat, weil andernfalls wenigstens ein langstockhaariger Welpe hätte im Wurf sein müssen.

Die genaue Kenntnis ihrer Eltern gab uns eine gute Vorstellung, was wir von Natasha erwarten durften. Dies ist ein Punkt, der auch Sie interessieren sollte. Fragen Sie den Züchter Ihres Hundes nach den Eltern. Erkundigen Sie sich genauso nach den Schwächen wie nach den Stärken. Sie haben es mit einem lebendigen Wesen zu tun, nicht mit einem perfekt funktionierenden Roboter. Sind die Eltern lebhaft oder lethargisch, eigensinnig oder folgsam, feinfühlig oder eher robust, und wie stark sind oder waren diese Eigenschaften ausgeprägt? Versuchen Sie, sich den Rüden und die Hündin in einer häuslichen Umgebung vorzustellen. Wenn einer der Elternteile eine Neigung zum Bellen hat, so wissen Sie, daß Sie, entsprechend Ihrer Wohnbedingungen, bei Ihrem Hund vielleicht etwas dagegen tun müssen. Mit solchen Hintergrundinformationen wird es Ihnen leichter fallen, die Persönlichkeitsentwicklung Ihres Hundes zu beurteilen, während Sie mit Verständnis und pädagogischen Maßnahmen flankieren müssen, die im Einzelfall benötigt werden.

Zurück zu Natasha. Sie ist von insgesamt freundlicher, doch verteidigungsbereiter Wesensart, und, wie wir es von Bekky und Elko erwarten können, sind ihre Jungen ausgezeichnete Familienhunde, einige arbeiten aber auch als Diensthunde. Einer ihrer Söhne, Apollo, tut bei der US-Zollbehörde an der mexikanisch-amerikanischen Grenze Dienst, wo er geschmuggelten Rauschmitteln nachspürt. Diese Art der Diensthundeausbildung macht sich in der Regel die Apportierfreudigkeit der meisten Hunde zunutze. Auch hier erkennt man die Bedeutung der Gene: Appollos Mutter war eine geradezu begeisterte Apportiererin.

Nehmen wir uns wieder Natashas Ahnentafel vor. Auf der zweiten Seite finden wir Elko und seine Vorfahren, beginnend von der oberen linken Ecke, sowie Bekky und ihre Eltern, beginnend von der linken Mitte der Seite. Die Ahnentafel zeigt uns die A. K. C.-(American Kennel Club) Registriernummern, beginnend mit W unter jedem Namen. Dieser Buchstabe steht für »Working« und bedeutet, daß Natashas Rasse, der Deutsche Schäferhund, zur Kategorie der Gebrauchshunde zählt.

Wir sehen, daß beide Großväter von Natasha Champions sind, und daß Hein, wie bereits erwähnt, den Titel C. D. erworben hat. Außerdem wurde er bei der Nationalen Rassehundzuchtschau für Deutsche Schäferhunde zum »Select Dog« gewählt, was in etwa dem Deutschen Titel des Bundessiegers entspricht. Nur wenigen

Schäferhunden wird im Wettkampf mit den anderen Champions aus ganz Amerika diese Ehre zuteil.

Aus der Ahnentafel geht ferner hervor, daß Elko und Bekky, ebenso wie ihre Eltern, auf Hüftgelenkdysplasie untersucht worden sind. Die O.F.A.-Bescheinigungsnummer unter einem Hundenamen bedeutet in der internationalen Ahnentafel, daß das Hüftgelenk des betreffenden Rassehundes von der *Orthopedic Foundation for Animals* geröntgt und bescheinigt worden ist. Sie werden bemerken, daß Elko, Bekky, Hein, Gillie und Rhyme eine O.F.A.-Nummer haben. Auch Natasha hat auf der ersten Seite der Ahnentafel eine O.F.A.-Nummer. Bekkys Vater, Lex, und seine Eltern stammen aus Deutschland, wo für die orthopädische Röntgenuntersuchung auf Hüftgelenkdysplasie (H. D.) ein »a«-Stempel gegeben wird, wenn das Tier für die Zucht geeignet ist. Obwohl auf diesem Gebiet viel Forschungsarbeit geleistet wurde, ist der Ursprung der vorwiegend bei den größeren Rassen anzutreffenden Hüftgelenkdysplasie noch nicht eindeutig geklärt. Es scheint jedoch sicher, daß es sich bei dieser Krankheit um einen Erbschaden in Form einer Hüftgelenksverformung handelt. Daher sind Hunde mit angeborener H. D. für die Zucht ungeeignet.

Die dritten, vierten und fünften Generationen sind größtenteils deutsche Stämme. Ein Name erscheint sowohl in der dritten Generation auf der Seite des Vaters, wie auch in der vierten Generation auf der Seite der Mutter. Das ist eine Form von Linienzucht mit Ch. (Champion) V + Bernd vom Kallengarten, ROM, ein Hund, dem die Züchter wegen seiner hervorragenden Vererberqualitäten viel zu verdanken haben. Sein Enkel, Ch. Yonkallas Mike, ROM, ist einer der wenigen Hunde, die zweimal als Sieger aus der Nationalen Rassehundzuchtschau hervorgingen.

Wir sehen, daß viele der aus deutscher Zucht stammenden Hunde das Symbol + vor den Namen haben; nicht wenige haben außerdem eine V-Wertnote, während andere mit SG oder G gekennzeichnet sind. Das Symbol + verrät uns, daß der Hund bei der Ankörung oder Zuchttauglichkeitsprüfung einer strengen Bewertung unterzogen wurde. Wenn wir Kk1-1 finden, wissen wir, daß dieser Hund in die Körklasse 1 (von zwei Körklassen) für die Zucht eingestuft wurde. Die Bezeichnungen V = vorzüglich, SG = sehr gut und G = gut sind Wertnoten, die nach der

Zuchtschauordnung bei den Zuchtgruppenwettbewerben verliehen werden. Die Titel Landesgruppensieger, Jugendsieger und Bundessieger werden alljährlich von den Landesverbänden der Rassezuchtvereine, beziehungsweise vom VDH auf der Bundessieger-Zuchtschau verliehen. Die Abkürzung FH steht für das Fährtenhundzertifikat. Fährtenhundeprüfungen können nur von den Landesverbänden der Gebrauchshundevereine oder den Landesgruppen der Rassezuchtvereine durchgeführt werden.

Das Schutzhundzertifikat findet sich auf Ahnentafeln verschiedener Gebrauchshunderassen. Bei den Leistungsprüfungen für ausgebildete Schutzhunde werden entsprechend dem jeweils sukzessiv gesteigerten Schwierigkeitsgrad SchH I, SchH II und SchH III verliehen. Leistungsprüfungen werden als örtliche Prüfungen der Gebrauchshundevereine oder Ortsgruppen der Gebrauchshunderassezuchtvereine veranstaltet. Nähere Einzelheiten über die Prüfungsordnung, wie auch über alle mit Zuchtschauen zusammenhängenden Fragen, können Sie bei den Gebrauchshundevereinen oder beim VDH erfahren.

Schließlich finden wir in einigen Fällen die Abkürzung AD. Sie bezeichnet die erfolgreich bestandene Ausdauerprüfung, die aus einem 20-km-Dauerlauf neben dem Fahrrad besteht.

Hunde sind am glücklichsten, wenn sie tun können, was eine generationenlange Selektion in ihnen entwickelt hat. Von einem Bluthund kann man Entschlossenheit und Ausdauer erwarten, vom Retriever Schnelligkeit und Sehvermögen vom Basenji, Afghanen und Irischen Wolfshund. Verhaltensmuster, das heißt Reaktion auf äußere Anreize, sind weitgehend vererbt. An Ihnen ist es, die richtige Wahl zu treffen und Ihrem Hund eine möglichst artgerechte Lebensweise zu ermöglichen.

8. Die richtige Ausbildung

Es gibt verschiedene Methoden, einen Hund auszubilden. Sie können es anhand von Büchern selbst tun, oder Sie können einem Verein oder Klub beitreten und mit ihrem Hund eine Dressurschule besuchen. Die bei weitem beliebteste Methode ist die Eigenausbildung mit oder ohne die Hilfe von Büchern. Vielleicht lesen Sie dieses Buch, weil auch Sie Ihren Hund selbst ausbilden möchten. Es mag das erste Buch sein, das Sie in Ihrem Wunsch nach Selbsthilfe über Hundeausbildung lesen, oder auch das zehnte.

Handbücher zur Ausbildung können eine große Hilfe sein, und es ist möglich, seinen Hund allein auszubilden. Für manche ist es aus finanziellen oder anderen Gründen sogar der einzig mögliche Weg.

Hundeausbildung anhand von Lehrbüchern

Sind Sie gezwungen, Ihren Hund allein mit Hilfe von Büchern auszubilden, versuchen Sie es mit folgender Methode. Besorgen Sie sich zwei oder drei Bücher über die Erziehung und Ausbildung von Hunden. Lesen Sie zum Beispiel dieses Buch und zwei andere. Alle drei Bücher werden wahrscheinlich dieselben Grundübungen behandeln, wenngleich es nur sehr wenige Anleitungen gibt, die praktische Ratschläge für Problemverhalten geben, wie wir uns bemüht haben, es in diesem Buch zu tun. Versuchen Sie nicht, Ihren Hund mit dem offenen Buch in einer Hand und der Leine in der anderen zu erziehen. Daraus kann nichts werden. Fangen Sie damit an, daß Sie ein Buch von vorn bis hinten durchlesen. Lesen Sie darauf das zweite Buch durch. Vergleichen Sie die Methoden, und denken Sie anhand dessen, was Sie über Ihren eigenen Hund wissen, darüber nach. Das dritte Buch kann gelesen werden, während Sie sich mit der Ausbildung befassen, aber am besten ist es, alle drei zu lesen, bevor man die Leine hervorholt und die Arbeit mit dem Hund beginnt.

Nach dieser Methode begannen wir in New Skete unsere Hunde auszubilden. Anfangs hatten wir keine Verbindungen zu anderen Ausbildern, und später machten wir bisweilen die Erfahrung, daß erfahrene Ausbilder ihre Techniken nicht verraten wollten. Andere hatten sich auf eine bestimmte Ausbildungsmethode festgelegt und waren weder fähig noch bereit, verschiedene Techniken zu kombinieren. So lasen wir jedes Buch mit kritischer Aufmerksamkeit und wandten die Techniken selektiv an.

Wenn Sie in der Nähe Ihres Wohnortes keinen Klub oder Verein haben, der eine Grundausbildung mit dem Abschluß der Begleithundprüfung bietet, oder wenn Ihnen das Vereinsleben nicht zusagt, brauchen Sie dennoch nicht zu resignieren. Sie können Ihren Hund auch nach theoretischer Anleitung sehr gut ausbilden. Machen Sie es sich nur zur Pflicht, mehr als ein Buch über Hundeausbildung zu lesen. Denken Sie über die Techniken und die einem Buch zugrunde liegende »Philosophie« nach, und vergleichen Sie die Inhalte Ihrer Lektüre miteinander. Es gibt auch eine Anzahl kynologischer Zeitschriften, in denen immer wieder lesenswerte Beiträge zu Fragen der Erziehung und Ausbildung veröffentlicht werden. Eine Auswahl findet sich am Ende dieses Buches. Es könnte sich für Sie lohnen, die eine oder die andere zu abonnieren, und wenn es nur für das Jahr ist, in dem Ihr Hund in die Grundschule geht. Die Hundeausbildung ist ein noch in der Entwicklung begriffenes Gebiet, und kein einzelner Autor kann alle Fragen erschöpfend beantworten.

Dressurschulen

Die Dressurschule auf dem Übungsgelände eines Vereins oder in einer der – selteneren – privaten »Hundeschulen« ist eine weitere beliebte Ausbildungsmethode, die sich für viele Hundehalter empfiehlt, vor allem, wenn sie einen jungen Hund ausbilden möchten. Haben Sie einen Welpen erworben, den Sie frühzeitig ausbilden lassen möchten, so erkundigen Sie sich beim Ausbildungswart des für Sie in Frage kommenden Vereins. Manche Ausbilder werden Ihnen raten, mit der Gehorsamsschule zu warten, bis der Hund sechs, sieben oder acht Monate alt ist. Für manche Hunde liegt ein solcher Dressurbeginn jedoch zu spät, da seine Verhaltensmuster zu dieser Zeit bereits fixiert sind. Lassen Sie sich nicht ohne weiteres mit dem Bescheid: »Tut mir leid, Ihr Hund ist einfach noch zu jung« abfertigen. Erkundigen Sie sich nach den Möglichkeiten einer Ausbildung im »Welpen-Kindergarten«. Solche Kindergärten sind in der Bundesrepublik rar (in Österreich dagegen gibt es schon eine ganze Reihe).

Als Züchter und Ausbilder wissen wir, daß die Erziehung schon im Alter von drei bis vier Wochen beginnen kann. Bei einem drei Wochen alten Welpen lassen sich Gehirnströme messen, die sich in nichts von denjenigen ausgewachsener Hunde unterscheiden. Der Ausbilder in einem Welpen-Kindergarten wird bereit sein, im zweiten oder dritten Lebensmonat mit Ihrem Hund zu arbeiten.

Haben Sie einen älteren Hund, so steht dem Beitritt in einen Verein Ihrer Wahl zur Teilnahme an der Gehorsamsschule oder dem Besuch einer privaten Hundeschule nichts entgegen. Melden Sie Ihren Hund aber nur an, wenn Sie die Gewißheit haben, daß Sie auch das gesamte Ausbildungsprogramm absolvieren können. Das bedeutet, Sie müssen sich auf eine Kursdauer von etwa acht bis zwölf Wochen einrichten. Versäumnisse werden Ihren Hund gegenüber den anderen Teilnehmern zurückfallen lassen, also nehmen Sie die Kursstunden ernst und versuchen Sie, rechtzeitig zur Stelle zu sein. Da der Ausbildungswart mit einer größeren Zahl von Personen arbeiten wird, hat er vielleicht nicht genug Zeit, sich auf jeden Teilnehmer individuell einzustellen. Versuchen Sie deshalb, eine kleine Gruppe von fünf bis zehn Mitgliedern zu finden, mit der Sie das Programm privat aufarbeiten. Die meisten Gehorsamsschulen beginnen mit einer Einführungsstunde ohne Hunde. Hier werden die Hundehalter auf den Kurs vorbereitet und die teilnehmenden Hunde registriert, Impfbescheinigungen überprüft und dergleichen mehr. Während des Einführungsgesprächs werden manche Ausbilder Bemerkungen über ihre ethischen Vorstellungen vom Verhältnis des Menschen zum Hund im allgemeinen und von der Arbeit mit Hunden im besonderen machen. Versäumen Sie nicht, sich dazu Notizen zu machen, die Sie zu Hause nachlesen und überdenken können. Die Einführungsstunde ist nicht weniger wichtig als die Übungsstunden mit den Hunden, vielleicht ist sie sogar wichtiger. Wenn ein Ausbilder niemals etwas sagt, was auf ethische Prinzipien schließen läßt und nichts darauf hinweist, daß er auch die Probleme in der Beziehung Mensch/Tier überdacht hat, sollten Sie es sich gründlich überlegen, ob Sie sich und Ihren Hund diesem Ausbilder anvertrauen wollen.

Die Suche nach einem guten Ausbilder bzw. Ausbildungswart ist eventuell mühevoll, lohnt sich aber unter allen Umständen. Die erste Übungsstunde sollte Ihnen bereits eine Vorstellung von der Qualität des Ausbilders geben, und wenn sich bei Ihnen Zweifel an seiner Grundhaltung einstellen, lohnt sich ein Wechsel auch noch zu diesem Zeitpunkt.

Sprechen Sie persönlich mit dem Ausbilder, bevor Sie sich durch Beitritt oder Entrichtung der Kursgebühr festlegen. Sie können Ihren Hund zu diesem Vorgespräch mitbringen, aber bitten Sie nicht um eine Bewertung oder eine Übungsstunde, sofern Sie nicht bereit sind, für individuelle Beratung und Ausbildung zu bezahlen. Ihr Informationsbesuch sollte kurz sein. Stellen Sie sich und Ihren Hund vor. Versuchen Sie, das Engagement des Ausbilders an seiner Arbeit abzuschätzen. Treffen Sie eine Verabredung, bevor Sie gehen. Vielleicht bietet sich Ihnen die Möglichkeit, eine Übungsstunde nur als Zuschauer zu beobachten. Achten

Sie darauf, wie der Ausbilder mit den Hunden und deren Besitzern umgeht. Ermutigt er (oder sie) die Halter? Wie faßt er (oder sie) die Hunde an? Nimmt er (oder sie) sich die Zeit, Fragen zu beantworten? Sind seine (oder ihre) Anweisungen laut, klar, leicht verständlich? Sehen die Hunde und ihre Halter gelangweilt aus?

Hüten Sie sich vor Ausbildern, die mit der Zahl der Hunde prahlen, die sie ausgebildet haben, oder die versuchen, mit großen Gruppen von zwanzig oder mehr Hunden allein fertig zu werden. Ein guter Ausbilder wird darauf achten, daß eine Übungsgruppe möglichst nicht mehr als fünfzehn Teilnehmer umfaßt und für größere Gruppen einen Assistenten haben. Sollten Sie den Eindruck gewinnen, daß ein Ausbilder im Umgang mit den Hunden leicht handgreiflich wird, diskutieren Sie mit ihm. Die Ausbildungsmethoden schließen körperlichen Zwang mit ein, der jedoch auf das unbedingt erforderliche Mindestmaß beschränkt bleiben sollte. Dennoch sollten Sie nicht überzogen reagieren, wenn der Ausbilder extrem aggressive Hunde körperlich diszipliniert, insbesondere dann nicht, wenn der anwesende Hundehalter sein Tier nicht unter Kontrolle bringen kann. Der Ausbilder ist verantwortlich für die Sicherheit der an den Übungen teilnehmenden Hundehalter und ihrer Tiere. Tut der Ausbilder etwas, was Sie nicht verstehen, fragen Sie zunächst, bevor Sie sich empören.

Hingegen sollten Sie in Fällen von besonderer Grausamkeit einfach das Übungsgelände verlassen und diese Gehorsamsschule vergessen. Das gilt, wenn etwa ein Ausbilder einen Hund am Würgehalsband vom Boden abhebt und »hängt«, einen Hund am Ende der Leine herumwirbelt, mit Fußtritten traktiert (außer um eine wirkliche Beißerei zu beenden), einen Hundehalter beleidigt oder sich beharrlich weigert, Fragen zu beantworten. Aber ziehen Sie keine übereilten Schlüsse und verlangen Sie Aufklärung, bevor Sie etwas unternehmen.

Erwarten Sie in der Gehorsamsschule nicht zuviel persönliche Aufmerksamkeit. Wenn Sie das Glück haben, einen Ausbildungswart zu finden, der Wert auf kleine Gruppen legt, können Sie sicher auf individuelle Betreuung hoffen, aber in den meisten größeren Gruppen, deren Übungspensum innerhalb einer bestimmten Zeit bewältigt werden muß, kann der Ausbildungswart sich Einzelpersonen nicht allzu ausführlich widmen. Machen Sie sich klar, daß Sie und Ihr Hund so etwas wie ein Gespann sind, das in einer Klasse arbeitet. Unsere Kunden berichten, daß der Mangel an individueller Zuwendung der stärkste Nachteil innerhalb eines derartigen Unterrichts ist. Hundehalter, die viel persönliche Beratung benötigen oder wünschen, sollten sie in einer großen Gruppe nicht erwarten. Dazu kommt, daß manche Ausbilder, obschon durchaus geschickt und geübt in der Vermittlung grundlegender Gehorsamsübungen, wenig oder keine Erfahrung in der Diagnose komplizierteren Hundeverhaltens haben und zur Abhilfe gelegentlich falsche Gegenmittel vorschlagen.

Seien Sie nicht entmutigt, wenn Ihr Hund in der Gehorsamsschule versagt und die Begleithundprüfung nicht besteht. Machen Sie sich nichts daraus. Es bedeutet keineswegs, daß Ihr Hund nicht lernfähig ist. Wie viele Kinder, haben manche Hunde mit der gegliederten Methode der Gehorsamsschule größere Schwierigkeiten; oft benötigen sie einfach eine individuelle Ausbildung. Versuchen Sie einen Ausbilder zu finden, der gegen Entgelt bereit ist, mit Ihrem Hund allein zu arbeiten. Oder verlassen Sie sich doch darauf, Ihren Hund nach sorgfältig studierten Ausbildungsanleitungen selbst zu erziehen. Zehn Prozent aller Hunde, die wir in New Skete zu sehen bekommen, haben in der Gehorsamsschule versagt. Die meisten zeigten dagegen kein Problemverhalten im individuell gestalteten Ausbildungsprogramm.

Individuelle Beratung und Ausbildung

Individuelle Hundeausbildung ist die dritte und zweifellos kostspieligste Methode, die sich gleichwohl wachsender Beliebtheit erfreut. Die individuelle Ausbildung Ihres Hundes läßt sich oft mit einem längeren Urlaub oder mit Geschäftsreisen verbinden, wenn Sie Ihren Hund sowieso in Pensionen geben müssen. Es gibt private Hundeschulen mit angeschlossener Hundepension. Vergewissern Sie sich zuvor aber sehr sorgfältig, wie es um die Einrichtung des von Ihnen ausgewählten Betriebes steht, und lassen Sie sich die Ausbildungsarbeit mit einem erfahrenen Hund vorführen. Verlangen Sie genaue Auskunft darüber, was Ihr Hund lernen wird. Bestehen Sie darauf, die Unterbringung der Hunde in der Pension zu sehen und achten Sie sehr genau auf den Zustand der dort einquartierten Tiere und der Zwinger, in denen sie gehalten werden. Stellen Sie Anzeichen von Vernachlässigung oder gar Verwahrlosung fest, sollten Sie andernorts einen geeigneten Ausbildungsplatz suchen.

Viele Hundehalter stellen die durchaus nicht unberechtigte Frage, ob ihr Hund ihnen denn auch gehorchen wird, wenn er von einem fremden Ausbilder wieder nach Hause kommt. Die Antwort lautet im allgemeinen – ja, wenn Sie bei dem bleiben, was der Ausbilder Ihrem Hund beigebracht hat.

Wenn Sie Ihren Hund nach Ablauf der Ausbildungzeit abholen, wird Ihnen der Ausbilder vielleicht demonstrieren wollen, was der Hund inzwischen gelernt hat, und zwar ohne, daß der Hund von Ihrer Anwesenheit weiß. Dies kann für Sie in zweierlei Weise hilfreich sein. Zum einen wird Ihnen die Literatur, die Sie gelesen haben, ins Gedächtnis gerufen und Sie haben Gelegenheit, jemand anderen mit Ihrem Hund arbeiten zu sehen, was von großem Wert für Sie sein kann. Zum anderen wird es dem Hund erlauben, seine Leistungen zu zeigen, ohne von der Wiedersehensfreude abgelenkt zu sein.

Alles in allem ist individuelle Ausbildung derjenigen in der Gehorsamsschule mindestens ebenbürtig, und viele Ausbilder ziehen sie der Gruppenarbeit vor. Obgleich sie infolge der arbeitsintensiven Ausbildung und der Pensionskosten nicht unwesentlich teurer ist, wird sie von vielen Hundehaltern bevorzugt.

Abschließend sei noch gesagt, daß Problemhunde mitunter besser auf eine Ausbildung reagieren, wenn sie sich nicht in ihrer gewohnten Umgebung befinden.

Beratung für Hundehalter

Tiefsitzende Verhaltensprobleme des Hundes können jedoch nicht einfach durch einen Kursus in der Gehorsamsschule gelöst werden. Zwar mag Ihr Hund die Befehle Platz, Sitz, Fuß, Bleib versiert befolgen, aber weiterhin am Wohnzimmerteppich kauen, im Garten graben oder die Hühner des Nachbarn jagen und töten. Besonders im Fall aggressiven Verhaltens sollten Sie versuchen, individuelle Beratung zu finden.

Ist es schon schwierig, eine Gehorsamsschule mit einem guten Ausbilder aufzutreiben, so ist ein guter Berater für Hundehalter noch schwerer zu finden. Viele Hundebesitzer wenden sich an den nächsten Tierarzt. Dies mag zweckmäßig sein, wenn der Tierarzt sich im Hundeverhalten auskennt und Zeit für ein Gespräch hat. Aber viele Tierärzte können sich einfach nicht die Zeit nehmen, die nötig wäre, um schwierige Verhaltensprobleme zu diagnostizieren. Einige Tierärzte haben jedoch in ihren Akten die Anschriften von Ausbildern, die Hundehalter in Problemfällen beraten. Es ist möglich, daß Sie mehrere Tierärzte werden anrufen oder aufsuchen müssen, ehe Sie einen finden, der weiß, wo ein geeigneter Berater zu finden ist. In New Skete spezialisieren wir uns unter anderem auf diese Art von Ausbildung. Die Beratung von Hundehaltern ist ein in Entwicklung begriffenes Gebiet, das immer mehr an Bedeutung gewinnt. Glücklicherweise nimmt die Zahl derer zu, die sich in der Beratung von Hundehaltern ausbilden. Vor zehn Jahren war es nahezu unmöglich, einen professionellen Ausbilder oder Tierarzt zu finden, der sich mit Ihnen zusammengesetzt und ausführlich diskutiert hätte, warum Ihr Hund beißt, kaut, gräbt, winselt, andere Tiere tötet, das Haus beschmutzt oder Radfahrer und Autos verfolgt. Ratschläge in solch komplizierten Angelegenheiten wurden beim Hinausgehen zwischen Tür und Angel des tierärztlichen Ordinationszimmers erteilt oder von Bekannten am Kaffeetisch. In zehn Jahren wird individuelle Beratung von Hundehaltern vielleicht schon die Regel sein und nicht die Ausnahme.

Vergegenwärtigen Sie sich aber auch, daß Ausbilder nicht unfehlbar sind. Sie ringen mit Problemen, die sie herausfordern und verwirren. Oft werden sie mit Hunden konfrontiert, deren Verhaltensprobleme sie nicht lösen können. Eine sinnvolle Arbeit ist also nur in Gemeinschaft mit dem Hundehalter möglich.

9. Das Lob in der Hundeerziehung

Die Bedeutung des Lobes in der Hundeerziehung wird ebenso oft verkannt wie mißverstanden. Wir fragten Hundehalter, was sie tun, um ihre Hunde zu loben. Hier sind einige Antworten:

Leckerbissen, die er mag. Dann tätschle ich ihm den Kopf und die Schultern.
Ich reibe meine Hündin ordentlich ab. Dann wälzt sie sich am Boden, und wir haben unseren Spaß.
Man kann einen Hund soviel streicheln, wie man will, aber nichts kommt einem guten Knochen gleich.
Ich rede »Babysprache« zu meinem Hund, dann streichle ich ihm den Kopf, während er vor mir sitzt.
Mein Hund stößt mich die ganze Zeit an, um gelobt zu werden, also

endet es damit, daß ich ihn neunundneunzig Prozent der Zeit streichle.

Ich spende nie ein Lob. Duke kommt her und holt es sich! Ich weiß nicht, wie oft ich mir morgens meine Tasse Kaffee über den Schoß geschüttet habe, wenn er mir mit der Schnauze den Ellbogen stößt, oder wie oft ich abends meine Zeitung nicht lesen konnte, weil er um Aufmerksamkeit bettelte.

Ist ein Lob wirklich notwendig? Ich meine, gutes Futter und ein warmer Platz zum Schlafen, ist das nicht alles, was sie brauchen?

Sie ist erst drei Monate alt. Ich weiß, daß sie viel Ermutigung und Lob braucht, aber wenn ich sie anrühre, gerät sie außer sich und macht alles naß.

Die Kinder spielen den ganzen Tag mit Yalk, aber er möchte eine andere Art von Aufmerksamkeit, und die kriegt er von mir. Ich weiß nicht, wie ich es erklären soll, aber wir reden, und das ist anders als mit den Kindern. Er ist den ganzen Tag draußen und spielt, aber nach dem Abendessen kommt er ganz still herein, und wir unterhalten uns.

Mehrere Probleme kennzeichnen diese Antworten: Methoden des körperlichen und verbalen Lobes; Verwechslung von Leckerbissen mit Lob; Hunde, die ständig um Aufmerksamkeit und Lob betteln; Eigentümer, die den Wert des Lobes nicht erkennen, und Hunde, die zu heftig auf Zuwendung reagieren oder sogar aufdringlich werden. Zu unserer Überraschung haben wir festgestellt, daß viele Hundehalter Lob für ein Problem halten – loben sie den Hund, so fühlen sie sich selbst besser und der Hund sieht glücklich aus, tun sie es nicht, machen sie sich für späteres Fehlverhalten des Hundes verantwortlich.

Stellen wir als erstes klar, daß Lob *absolut notwendig* ist. Es ist der Eckstein jeder erfüllten Halter-Hund-Beziehung, nicht etwa ein überflüssiges Getendel oder eine zusätzliche Belohnung für »gutes Benehmen«. Unglücklicherweise aber verstehen die meisten Menschen unter Lob nichts anderes als Bestechung, um dem Hund gutes Benehmen abzuschmeicheln. In einer guten Beziehung zwischen Besitzer und Hund aber entspringt das Lob praktisch einer Grundeinstellung zum Tier, einer Art mit ihm zu leben. Es ist der am weitesten verbreitete Fehler, Lob einfach als Belohnung zu betrachten. Belohnungen haben einen Platz in der Hundeausbildung, aber sie sind nicht der wesentliche Teil des Lobes.

Körperliches und verbales Lob

Man kann einen Hund auf zweierlei Weise loben: körperlich und verbal. Beides richtig zu dosieren, verlangt viel Fingerspitzengefühl. Jeder Hund erwartet für verschiedene Aktionen verschiedene Arten von Lob. Während die meisten Hundehalter meinen, körperliches Lob bedeute, ihren Hund zu tätscheln oder zu streicheln, dehnen nur wenige den körperlichen Kontakt über Kopf und Schulterregion aus (siehe Kapitel 22 über Massage). Andere klopfen ihren Hund, wie sie einem guten Freund auf Schultern und Rücken schlagen mögen, und manche wiederum streicheln ihren Hund, als wäre er eine Katze. Im allgemeinen mögen Hunde körperlichen Kontakt, aber sie schätzen kräftiges Schlagen und Klopfen ebensowenig wie ziehende und zerrende Bewegungen.

Körperliches Lob muß der Situation angemessen sein. Wir hatten einmal eine Kundin, die ihren Hund bei uns ausbildete. Jedesmal, wenn der Hund sich automatisch setzte, was zu der Dressur »Kommen mit Sitzen« gehört, brach die Frau in überschwengliches Lob aus. Sofort sprang der Hund wieder auf, tanzte herum, sprang an ihr hoch und wußte sich vor Fröhlichkeit nicht zu lassen. Vermeiden Sie es, Ihren Hund zur falschen Zeit und wegen jeder Kleinigkeit mit Lob zu überhäufen. Bemühen Sie sich, vor allem körperliches Lob der Situation angemessen zu spenden.

Hunde brauchen verbales Lob mindestens ebensosehr, wenn nicht mehr, wie körperliches. Welche Bedeutung die Stimmfühlung für den Hund haben kann, wird von Laien oft unterschätzt. In den frühen Tagen unserer Hundestudien lasen wir viel über die Rolle, die die Klangfarbe der Stimme im Umgang mit Hunden spielt. Aber kein Buch vermittelte, was wir erfuhren, als wir Helen Sherlock von Caralon Kennels mit ihren Hunden sprechen hörten. Gewöhnlich ist sie von einer großen Zahl Deutscher Schäferhunde umringt, die alle ihre Aufmerksamkeit suchen. Helen ist von Haus aus äußerst redegewandt, und für ihre Hunde gebraucht sie ein eigenes Idiom.

Inmitten ihrer Vormittagsarbeiten kann Helen sich unmöglich damit aufhalten, jedem einzelnen Hund körperliche Zuwendung zu erteilen. Aber während sie umhergeht, füttert, Wasser bringt, die Zwinger säubert, gelingt es ihr, jeden Hund mit einzubeziehen. Jeder fühlt sich individuell angesprochen. Sofort fühlen sich die Hunde ermuntert und richten ihre Aufmerksamkeit auf ihre

Herrin. Da dies ihre erste Reaktion nach dem morgendlichen Erwachen ist, beginnen sie den Tag aufnahmebereit und gelöst.

Helen Sherlocks Methode ist einfach: Sie sagt ein paar einleitende Worte, dann fügt sie den Namen des Hundes ein. Denken Sie daran, daß es häufig schwierig ist, die Aufmerksamkeit Ihres Hundes zu gewinnen, wenn Sie zuerst den Rufnamen gebrauchen. Versuchen Sie es mit ein paar fröhlichen Einführungsworten.

Helen Sherlock spricht Slang und den Jargon der örtlichen UKW-Sender, weil ihr beides geläufig ist und weil diese Sprache kräftige Stakkatogeräusche mit klaren Tonkontrasten in kurzen Silben gestattet. Viele Menschen haben Hemmungen mit einem Hund zu reden. Sie finden es ungebildet, kindisch oder erniedrigend. Manche dieser steifen Zeitgenossen unterdrücken ein verlegenes Lächeln, wenn sie uns spontan in einen Redeschwall über einen unserer Hunde ausbrechen hören, der meist nur ein Wortgeklingel über die guten oder schlechten Eigenschaften des betreffenden Tieres ist. Alle guten Ausbilder animieren ihre Hunde, indem sie in fröhlichem, munterem Ton reden, zärtliche Redewendungen gebrauchen und den Hund häufig beim Namen nennen. Es gibt bekannte Ausbilder, die verbales Lob zum Schwerpunkt ihrer Ausbildungsmethoden und ihres täglichen Umgangs mit den Hunden machen. Sollten Sie Hemmungen verspüren, zu einem Hund zu reden, so versuchen Sie in Abwesenheit des Hundes eine Rolle zu spielen. Was würden Sie zu dem Hund sagen, wenn Sie ein Gespräch führen könnten?

Leckerbissen zur Belohnung – ja oder nein?
Die Verwechslung von Lob mit Belohnung führt leicht dazu, daß ein Hund ausschließlich mit Leckerbissen abgespeist wird. Die Hersteller von Hundenahrung profitieren von dieser Verwechslung. In farbigen Anzeigen und Werbespots wird systematisch verbreitet, daß Lob und Belohnung durch Leckerbissen dieselbe Wirkung erzielen. Das hat dazu geführt, daß die Medien diesen Irrtum in ihren redaktionellen Teil übernehmen.

Leckerbissen können den Lerneifer eines Hundes ohne Zweifel steigern, dennoch sollte man nicht übertreiben. Bei der Begleithundprüfung ist dieses Mittel beispielsweise nicht erlaubt. Hunde, die betteln, an ihren Bezugspersonen hochspringen, Nahrung stehlen, auf Küchentische steigen oder sich in anderer Weise schlecht benehmen, sollten niemals Leckerbissen erhalten, bis ihr

Fehlverhalten korrigiert ist. Neurotische Hunde können mit ihrer Bettelei ausgesprochene Quälgeister werden, und genau diese Entwicklung gilt es zu unterbinden.

Wir sind nicht prinzipiell gegen die Belohnung mit Leckerbissen, doch werden damit oft nur die Schwierigkeiten in der Beziehung zwischen Halter und Hund zugedeckt.

Verweigerung von Lob

Manche Hundehalter akzeptieren den Wert des Lobes nicht oder stehen ihm sogar mit Vorurteilen gegenüber. Einer unserer Kunden erklärte sogar kategorisch: »Hunde brauchen kein Lob. Es verdirbt sie und macht, daß sie ihren Herren gegenüber aufsässig werden.«

Ein anderer Hundehalter wollte von uns allen Ernstes wissen, ob wir seinen Cockerspaniel dazu abrichten könnten, sich auf ein Husten seines Herrn hinzulegen. Der Mann erklärte, daß er »vollständige Kontrolle« über seinen Hund wünsche und daß er sich die Mühe ersparen wolle, dem Spaniel einen Befehl zu erteilen. Er meinte, eine Art Räuspern oder Husten solle anstelle des gesprochenen Befehls ausreichen. Er demonstrierte uns seinen Wunsch mit einem bedeutungsvollen Räuspern. Er lobte den Hund niemals, weder verbal noch durch ein Streicheln oder Tätscheln. »In unserer Familie hatten wir viele Hunde«, erzählte er, »und keiner von ihnen mußte alle zwei Sekunden umarmt werden.« Seine Kinder saßen während des Gesprächs steif, still und verschüchtert dabei, ohne etwas beizutragen. Bei einer Gelegenheit wagte die Frau ihrem Mann zu widersprechen, wurde aber sofort mit einem drohenden Blick zum Schweigen gebracht. Wir erklärten, daß Hunde Handzeichen und gesprochene Befehle benötigen, um eindeutig zu verstehen, was von ihnen verlangt wird. Die obskure Husten-Idee war nicht zu verwirklichen, schon gar nicht, weil die Beziehung zwischen Hund und Halter bereits tiefgreifend gestört und durch inzwischen neurotisches Verhalten des Hundes belastet war. Glücklicherweise ist dieser selbstherrliche Typ des Hundehalters äußerst selten.

Soziale und genetische Probleme

Wie bereits erwähnt, leiden manche Hunde unter sozial oder auch genetisch bedingten Verhaltensstörungen. Verschiedene Hunde des Alpha-Typs verlangen ständig Lob und Bezeugungen von

Zärtlichkeit, bedrängen und stupsen ihre Besitzer, springen an ihnen hoch, winseln und machen ihnen das Leben schwer, bis sich endlich alle Aufmerksamkeit auf sie konzentriert. Dieser Typ scheint stets im Mittelpunkt stehen zu wollen. In dem Augenblick, da Zuwendung entzogen wird, wie es häufig der Fall ist, wenn Besuch kommt oder der Besitzer ans Telefon gerufen wird, wird dieser Hund das »Aufmerksamkeitsspiel« beginnen. Dann werden auch Besucher bedrängt und gestupst, zuweilen in die Genitalregion, bis sie nachgeben und den Hund tätscheln. Der Hund will sich nicht niederlegen, und wenn er isoliert wird, wird er wahrscheinlich ein Stuhlbein anknabbern, oder auf andere Art Schaden anrichten. Häufig hat der Hundehalter das Tier emotional zu stark aufgeladen, indem er das »Aufmerksamkeitsspiel« mitgespielt hat. Das Problem kann nur gelöst werden, wenn der Hund die Grundlektionen aus der Gehorsamsschule, Kommen, Sitzen und Liegen auf Befehl, so lange übt, bis sie einwandfrei beherrscht und befolgt werden. Lob darf in dieser Phase nur als Anerkennung für ausgeübte Kommandos gespendet werden. Urinieren als Unterwerfungsgeste bei Junghunden und gelegentlich auch bei älteren Tieren ist häufig das Ergebnis zu starker menschlicher Zärtlichkeitsbezeugungen. Für diese Art des Urinierens dürfen Sie den Hund niemals strafen, statt dessen sollten Sie, bis er mehr Kontrolle über die Blase entwickelt, nur mit der Stimme loben.

Die Abkömmlinge mancher Blutlinien sind derart hyperaktiv, daß körperliches Lob zu übertrieben starken Erregungszuständen, bis hin zu heftigem Zittern und Nervosität führt. Versuchen Sie auch bei diesem Hundetyp auf verbales Lob überzugehen. Es gibt Hunde, deren Gebaren an einen Nervenzusammenbruch erinnert, wenn sie körperlich gelobt werden. Intensives verbales Lob löst gewöhnlich keine derartigen Reaktionen aus. Nervöse Hunde sollten nur dann körperlich gelobt werden, wenn sie den Befehl zum Sitzen befolgt haben und am Halsband gehalten werden. So können plötzliches Aufspringen oder andere Disziplinlosigkeiten vermieden werden.

Hunde, die viel gelobt werden, lernen die menschliche Stimme zu lieben. Sie entwickeln Vertrauen und lassen sich leichter beruhigen. Fremden gegenüber sind sie zugänglich, aber nicht aufdringlich. Hunde, die zu Gelassenheit und Selbstbewußtsein erzogen werden, streben keineswegs fortwährend nach Aufmerksamkeit.

In einer harmonischen Beziehung zwischen Hund und Halter ist gleichbleibende Zuwendung eine Selbstverständlichkeit und bedarf nicht dauernder Demonstration.

10. Strafe: Das Tabuthema

Es gibt Bücher über die Erziehung und Ausbildung von Hunden, in denen Strafe für schlechtes Benehmen überhaupt nicht erwähnt wird. Doch haben wir festgestellt, daß viele Hundehalter Probleme mit diesem Thema haben. Die Einstellung der Hundehalter zur Bestrafung ihrer Hunde läßt eine umfangreiche Skala von Emotionen und Reaktionen erkennen. Hier sind einige repräsentative Antworten, die wir im Laufe der Jahre auf die Frage erhielten: »Disziplinieren Sie Ihren Hund für schlechtes Verhalten, und wenn ja, wie?«

Ich schlage ihn mit einer zusammengerollten Zeitung auf das Hinterteil. Manchmal muß ich ihn jagen. Er weiß, wenn er etwas ausgefressen hat.

Ich schreie sie an und sage: »Nein, nein!«, und sie schleicht davon und läßt den Kopf hängen. Aber schon am nächsten Tag verrichtet sie ihr Geschäft an derselben Stelle.

Wenn ich den Hund strafte, schrien und weinten die Kinder, also gab ich es auf. Die Kinder sollten nicht denken, ich täte dem Hund weh.

Ich brauche bloß die Hand zu heben, um Queenie zu schlagen, und schon bleckt sie die Zähne. Es ist, als lebte ich unter ständiger Bedrohung.

Ich schlage meine Kinder nie, und ich schlage meinen Hund nie.

Einen unserer Hunde haben wir leider sehr oft geschlagen. Er hat das nicht verkraftet und lief uns weg. Ich möchte nicht, daß so etwas noch einmal passiert.

Wir bestrafen unseren Hund, indem wir ihm mit dem Stock eins über den Kopf geben. Es wirkt.

Schon als sie klein war, bestrafte ich meine Hündin, indem ich ihr welche hintendrauf gab. Dann, als sie ungefähr acht Monate alt war, ging ich mit ihr zur Gehorsamsschule. Der Ausbilder sagte, ich sollte ihr einen leichten Klaps auf das Hinterteil geben, um ihr das Sitzen beizubringen. Das klappte nicht bei ihr. Wenn ich ihr

Hinterteil berührte, urinierte sie. Sie dachte, sie würde gestraft. Ich
mußte eine andere Methode finden, sie das Hinsetzen zu lehren, und
blieb in den Übungsstunden hinter den anderen zurück.
Ich glaube einfach nicht an den Wert von Strafe, sei sie körperlich
oder anders. Ja, manchmal bin ich fast die Sklavin meines Hundes.
Das gefällt mir zwar nicht, aber ich kenne andere Hunde, die
geschlagen werden, und die sehen immer traurig aus.
Mein Hund betrügt, stiehlt, macht ins Haus und hat drei Leute
gebissen. Sie sagen mir, ich soll ihn disziplinieren. Gut, wo fange ich
an?
Ich brauche Buffy nur böse anzuschaun, das ist Strafe genug für
sie.
Eines Tages verlor ich die Beherrschung und gab Butch eine unters
Kinn, weil er ein Rippenstück gestohlen hatte. Danach stahl er drei
Monate lang nichts. Ich glaube, er hatte kapiert.
Auf das Hinterteil, mit einer Haarbürste.
Ein ordentlicher Tritt wirkt gewöhnlich.
Wenn er ins Haus gemacht hat, stoße ich ihn mit der Nase hinein,
und wenn er was beißt oder etwas anknabbert, stopfe ich es ihm in
den Rachen.
Meine Familie verhält sich sehr inkonsequent. Einige sind Pazifi-
sten, die lieber sterben würden, als den Hund zu schlagen. Andere
sind Tyrannen und würden das Tier quälen, wenn sie die Gelegen-
heit hätten.
Eine gute Nacht draußen im Freien bringt sie gewöhnlich zur
Vernunft. Hinaus in die Kälte!
Lassen Sie sich eins zur Warnung sagen: Sollte ein Ausbilder jemals
meinen Hund schlagen, bringe ich ihn um.
Ich sage nein, King schaut weg, und dann höre ich auf. Ich kann
nichts mehr tun, wenn ich in sein Gesicht sehe.
Ich möchte gern wissen, wann und wie ich meinen Hund strafen
soll, aber die Bücher über Hundeerziehung handeln von allem, nur
nicht davon, und ich fürchte, ich könnte etwas falsch machen. Was
genau tun Sie?
Ich weiß ums Verrecken nicht, warum Prinz nicht mit dem Kauen
aufhören will. Jeden Abend muß ich ihn deshalb verprügeln.

Einer der Gründe für die Abneigung vieler Hundehalter, über
Fragen der Disziplinierung zu sprechen, mag darin liegen, daß
kaum jemand gern seinen Hund schlägt und man dem Thema

daher lieber aus dem Wege geht. Diese ablehnende Haltung gegenüber jedweder Strafe wird noch unterstützt von Zeitungsschlagzeilen, die Tierquälerei anprangern. Einfache und wirksame Disziplinierung gegen Ungehorsam und schlechtes Benehmen wird dann leicht mit grausamer Behandlung gleichgesetzt. Eine Hundebesitzerin berichtete, daß eine überengagierte Tierfreundin ihr mit dem Tierschutzverein drohte, als sie beobachtete, wie unsere Kundin ihren Hund schlug, weil der einen anderen Hund verfolgt hatte. Derart überzogene Reaktionen wird es immer geben.

Nach unserer Erfahrung gibt es Verhaltensweisen, die je nach dem Ernst der Übertretung verbale oder körperliche Bestrafung verdienen:

Aggressionen gegen Menschen – darunter fallen übermäßiges Verbellen, Anknurren, Angreifen, Verfolgen, Schnappen und Beißen.

Hausbeschmutzung – Koten oder Urinieren im Haus.

Stehlen – Diebstahl von Lebensmitteln oder Gegenständen.

Beharrlich destruktives Verhalten – zerstörerisches Kauen, Wühlen oder Verwüstung der Einrichtung, soweit es sich nicht um eine vereinzelte Disziplinlosigkeit handelt, die dem für Junghunde typischen Übermut entspringt.

Aggressionen gegen andere Hunde – Verfolgen, Beißen und Bekämpfen von Artgenossen, gewöhnlich zwischen zwei Rüden, zuweilen aber auch zwischen einem Rüden und einer Hündin oder zwei Hündinnen.

Kein Buch kann jede denkbare Situation zwischen Hundehalter und Hund abdecken und in seine Analyse einbeziehen. Darum fühlen wir uns verpflichtet, von Anfang an zu betonen, daß Disziplinierung und Strafe niemals als integraler Bestandteil einer Ausbildungsmethode gesehen werden dürfen. Mit Belohnungen sollte man freigiebig, mit Strafe dagegen sparsam sein. Gerade die Bestrafung erfordert großes Einfühlungsvermögen in den Charakter des Hundes. Es gibt empfindliche Hunde, die sich schon bei einem strengen Wort verkriechen. Dagegen sind andere Hunde außerordentlich robust und lassen sich durch Prügel nicht so leicht aus der Ruhe bringen, ja, oft werden sie gleichgültig, je mehr man sie schlägt. Auf andere Strafen würden sie vielleicht empfindlicher reagieren. In der – auch individuell – richtigen Dosierung ist verbale bzw. körperliche Bestrafung ein wirksames Mittel, um Ungehorsam und Unarten zu bekämpfen. Sollten Sie im Zweifel sein, wie Sie Ihren Hund beim Auftreten der erwähnten Probleme zu behandeln haben, wenden Sie sich am besten an einen qualifizierten Hundeausbilder oder Tierarzt, um eine sachkundige Beratung für Ihre spezielle Situation zu erhalten (siehe auch Kapitel 8, Die richtige Ausbildung).

Wenn körperliche Bestrafung schon unumgänglich erscheint, dann sollte man wenigstens die richtige Art wählen. Wir haben mehrere Methoden entwickelt, die rohe Gewaltanwendung aussparen, sich dafür aber das Überraschungsmoment und einen gewissen dramatischen Effekt zunutze machen. Als verantwortungsbewußte Züchter und Ausbilder halten wir es für unsere Pflicht, diese Methoden im einzelnen zu erläutern, anstatt sie einfach zu übergehen, nur weil sie ein tabuisiertes Thema betreffen. Hundehalter möchten wissen, wie Sie sich im Falle eines Falles zu verhalten haben.

Es ist selbstverständlich, daß man im Umgang mit Hunden gerecht, beherrscht und konsequent auftreten muß. Die Strafe sollte dem Fehlverhalten stets unmittelbar folgen. Eine spätere Bestrafung ist wirkungslos und darüber hinaus schädlich, weil der Hund die Strafe mit der davor begangenen Tat nicht mehr in Zusammenhang bringt. Beinahe ebenso wichtig ist Konsequenz: Lassen Sie nicht je nach Laune heute etwas zu, was Sie morgen bestrafen.

Der Klaps unter die Kinnlade

Eine Methode zur Disziplinierung des Hundes ist ein Klaps oder leichter Schlag unter seine Kinnladen. Der Hund sollte angeleint sein und sitzen. Ihre Finger treffen in einer Aufwärtsbewegung die Unterseite der Kinnladen. Es ist notwendig, den Hund zuvor zum Sitzen zu bringen, indem man ihn am Halsband hochzieht oder sein Hinterteil niederdrückt, wenn er nicht gelernt hat, sich auf den Befehl »Platz!« oder »Sitz!« niederzusetzen. Diese Haltung fixiert die Aufmerksamkeit des Hundes aufwärts zu den Augen des Halters, sodaß Blickkontakt möglich ist. Blickkontakt ist ein wichtiger Bestandteil der Disziplinierung, gerade auch bei Wölfen. Schlagen Sie einen Hund niemals von oben. Ihre Hand sollte flach ausgestreckt sein, die Finger geschlossen.

Wie kräftig soll der Klaps oder Schlag sein? Eine gute Faustregel ist, daß der Klaps nicht fest genug war, wenn Sie beim ersten Mal keine Reaktion – ein Jaulen oder anderes Zeichen – bemerkt haben. Vergessen Sie nicht, eine gute Zurechtweisung wird Ihnen fünfzig weitere halbherzige ersparen. Sie können den Hund mit dieser Methode nicht verletzen oder ihm irreparablen psychischen Schaden zufügen. Der Schlag muß Entschiedenheit und Festigkeit zeigen.

Halten Sie den Hund mit der freien Hand am Halsband fest. Gleichbleibender Zug nach rückwärts sorgt dafür, daß das Tier sitzenbleibt. Halten Sie die Zugwirkung aufrecht, während Sie den Hund mit der anderen Hand disziplinieren. Der Hund muß sitzen bleiben.

Das Schütteln

Ein weiteres Mittel zur Bestrafung, meist genauso wirksam wie das oben beschriebene, ist das Schütteln. Diese Methode empfiehlt sich für unruhige Hunde und Rassen mit Hängelefzen (Bernhardiner, Neufundländer, verschiedene Boxer und Bulldoggen), bei denen ein Klaps oder Schlag unter die Kinnladen weniger wirkungsvoll wäre. Wir schlagen diese alternative Methode auch für Junghunde bis zum Alter von wenigstens sechs Monaten vor. An dieser Stelle sei wiederholt, daß Gewaltanwendung nur erlaubt ist, wenn der Hund wirklich schwerwiegenden Anlaß dazu gegeben hat. Beispiele dafür haben wir eingangs erwähnt. Keinesfalls aber darf der Hund für jedes x-beliebige schlechte Benehmen hart gestraft werden.

Wiederum muß der Hund sitzen und durch festen Griff und Zug am Halsband in dieser Position gehalten werden. Ist man sicher, daß der Hund sich nicht bewegen wird, tritt man vor ihn hin, packt ihn beidhändig zu beiden Seiten des Halses am Nackenfell und hebt ihn hoch, so daß die Vorderpfoten die Erde verlassen. Während man dem Hund in die Augen blickt, schüttelt man ihn mit raschen, kräftigen Bewegungen und läßt ihn allmählich herab. Es ist wichtig, daß Sie während dieser Prozedur ihrem Unmut auch verbal Ausdruck verleihen.

Diese Disziplinierung wird den Hund stark beeindrucken. Bei sehr sensiblen Hunden darf diese strenge Strafe daher nicht angewendet werden, weil sie einen psychischen Schock davontragen können. Wie auch bei der zuvor erwähnten Methode ist der Blickkontakt beim Schütteln wichtig. Diese Art der Bestrafung

Das Schütteln. Packen sie den Hund mit beiden Händen am Nackenfell und heben sie ihn so hoch, daß die Vorderpfoten die Erde verlassen. Stellen sie Blickkontakt her und schütteln sie ihn

eignet sich für Hunde, die aggressiv auf einen kräftigen, strafenden Klaps unter die Kinnlade reagieren, weil Gegenwehr in der Schüttelposition schwieriger ist. Wenn Sie den Hund zu beiden Seiten der Kinnladen am Nackenfell packen, achten Sie darauf, daß ein oder besser beide Daumen unter das Halsband gehakt sind, um den Hund am Ausbrechen zu hindern. Fassen Sie mit den Fingern eine gute Handvoll Nackenfell und Haut und halten Sie fest.

Bei Junghunden sollte diese Methode in abgeschwächter Form angewendet werden. Ein Junghund sollte diszipliniert werden, indem man ihn mit einer Hand beim Nackenfell packt und schüttelt. Diese Methode ähnelt der Technik, die eine Hündin gebraucht, um unter den Jungen ihres Wurfes Ordnung zu halten, Kämpfe zwischen Geschwistern zu unterbinden oder ihre Welpen zu entwöhnen. Disziplinierungsmethoden, die auf die soziale Interaktion innerhalb des Rudels zurückgehen, sind für den Hund leichter verständlich, als die üblichen Formen der Bestrafung wie Schläge oder Beschimpfungen. Auch hier zeigt sich, daß man über Instinkt- und Rollenverhalten einiges wissen muß, um sich im Zusammenleben mit dem vierbeinigen Hausgenossen ohne allzuviel Aufwand behaupten zu können.

Der Rückenwurf des Alpha-Wolfes

Diese Disziplinierungstechnik führt ihren Namen auf das Drohverhalten zurück, mit dem der Leitwolf Regelverstöße in seinem Rudel bestraft. Reicht eine der vorher beschriebenen Bestrafungen nicht aus, lassen Sie ihr den Rückenwurf folgen, und zwar nur in besonders hartnäckigen Fällen von Aggression, chronischem Jagen von Radfahrern und Autos, Beißereien mit anderen Hunden oder Wilderei.

Unmittelbar nach der ersten Phase der Disziplinierung, die in dieser oder jener der beschriebenen Bestrafungsformen erfolgen kann, wird der Hund durch den Befehl »Leg dich!« oder »Platz!« zum Niederlegen gebracht. Ist der Hund nicht für das Befolgen dieser Befehle ausgebildet, gebrauchen Sie eine der Techniken, die im Abschnitt Gehorsamsübungen genau beschrieben sind, um den Hund sofort zum Liegen zu bringen. Machen Sie das sehr abrupt und kurz. Packen Sie den Hund mit einer Hand fest beim Nackenfell, während Sie auf einem Knie über ihm kauern. Halten Sie mit der anderen Hand das Gleichgewicht und seien Sie bereit, etwaige Beißversuche zu korrigieren. Ohne das Nackenfell des Hundes loszulassen, werfen Sie ihn nun auf den Rücken. Da er schon liegt, ist es nicht viel mehr als ein Herumwälzen, aber es muß mit einer sicheren raschen Bewegung geschehen. Bei richtiger Anwendung des Rückenwurfs werden die meisten Hunde die klassische Unterwerfungshaltung aller Caniden einnehmen: Der Hund zieht die Vorderpfoten an die Brust, öffnet die Hinterbeine, legt die Ohren an, zieht den Schwanz ein und blickt ängstlich auf. Halten Sie den Hund in der Rückenlage fest, indem Sie mit Ihrer Hand in der Halsgegend gleichmäßigen Druck ausüben. Ihre verbale Bestrafung kann jetzt ruhiger sein, aber nicht weniger fest und entschieden, als sie es während der ersten Phase war. Sie nehmen die Position des Alpha-Tieres ein. Das Leittier eines Wolfsrudels pflegt seine Untergebenen bei Rangordnungskämpfen und Verstößen gegen die sozialen Gesetze mit dieser Methode zurechtzuweisen. Zwar fügt der Alpha-Wolf dem unterlegenen Tier kaum jemals eine Verletzung zu, er macht aber seinen Führungsanspruch unmißverständlich deutlich. Häufig verharrt der untergeordnete Wolf einige Augenblicke in seiner Unterwerfungshaltung und bietet dem anderen die ungeschützte Kehle, während der Alpha-Wolf den Kopf hebt und dem Gegner in die Augen blickt. Für das Überleben in freier Wildbahn ist es von entscheidender Bedeutung, daß die soziale Ordnung mit derartigen rituellen Gesten ausgekämpft wird und nicht etwa mit einer Beißerei, die das betroffene Tier so verletzen könnte, daß es für die Jagdgemeinschaft ausfällt. Nutzen Sie diese Tatsache aus, um ihren Führungsanspruch unmißverständlich zu demonstrieren. Dennoch weisen wir an dieser Stelle nochmals darauf hin, daß es viele Hunde gibt, die niemals solcher körperlichen Strafen bedürfen. Wenn Sie aber einen Hund haben, der streng diszipliniert werden muß, ist es besser, diese Bestrafung einmal wirksam vorzunehmen statt Dutzende von Malen halbherzig und entsprechend unwirksam.

Die hier beschriebenen Bestrafungsmethoden sollten niemals willkürlich und wegen geringfügigen Fehlverhaltens angewendet werden. Leider passiert es immer wieder, daß machtbesessene Hundehalter erlernte Bestrafungstechniken mißbrauchen. In der Regel ziehen sie denn auch kriecherische, neurotische Hunde heran, die jedes natürliche Verhalten verlieren. Strafe muß ebenso wie Lob sinnvoll sein. Sie muß dem Hund das Mißfallen des Halters verdeutlichen.

Die Methode der verbalen Bestrafung

Viele Hundehalter haben Schwierigkeiten, wenn es gilt, ihren Hund mit Worten zurechtzuweisen. Gelegentliches Schelten als primäre Stufe der Bestrafung ist dennoch unvermeidlich. Auch diese Form der Zurechtweisung muß unmittelbar auf das Fehlverhalten folgen, wenn der Hund sie verstehen soll. Das Standardvokabular hierfür ist zumeist recht phantasielos: »Nein, nein!«, »Pfui!« und vielleicht »Böser Hund!« ist alles, was den meisten Menschen dazu einfällt. Viele Leute haben eben, wenn auch sehr unterschiedlich geartete, Hemmungen, ihren Hund zu beschimpfen.

Eine Kundin drückte es so aus: »Loddie tut etwas, was sie nicht soll, und ich weiß genau, was ich sagen will. Ich weiß sogar, in welchem Tonfall ich es vorbringen muß. Aber irgendetwas in mir zieht sich zusammen.« Ein anderer Kunde sagte: »Wenn ich den Hund anschreie, denken die Kinder, ich täte ihm weh.« Ein weiterer Hundehalter erklärte sein Problem so: »Man hat mich immer Selbstbeherrschung gelehrt. ›Wenn du wütend wirst, laß es dir nicht anmerken. Behalte alles für dich.‹ Obwohl ich mit diesem Hund tatsächlich große Schwierigkeiten habe, sehe ich nicht, wie ich ihn körperlich oder verbal disziplinieren könnte. Ich kann einfach die Gefühle nicht ertragen, die in mir hochkommen, wenn ich zornig werde.«

Zunächst wollen wir deshalb klarstellen, daß Strafe nicht unbedingt Schockwirkung haben muß und daß Zorn und Aggression ebenso zum menschlichen Grundverhalten gehören wie das Bedürfnis nach Liebe. Geht man richtig und mit Sinn für Humor an die Sache heran, so ist Hundedisziplinierung mehr Spiegelfechterei als ernsthafte Auseinandersetzung. Das allerdings darf der Hund nicht merken. Oft müssen Hundebesitzer ihren Part als Alpha-Wolf erst trainieren. Sich als Mensch den sozialen Gesetzen eines Wolfsrudels zu unterwerfen ist ja auch etwas problematisch. Deshalb ermuntern wir gehemmte und unsichere Kunden, Situationen durchzuspielen, in denen sie ihre Hunde bestrafen müssen. Wenn ein Hundehalter erfolgreich schauspielern kann, wie er oder sie zehn Minuten vor dem Eintreffen der Gäste ein großes Geschäft mitten auf dem Wohnzimmerteppich findet, eine Beißerei zwischen seinem/ihrem Hund und dem Rivalen aus der Nachbarschaft erleben muß oder das Opfer irgendeiner anderen Katastrophe wird, die Hunde in den unpassendsten Augenblicken verursachen, tritt man derartigen Ereignissen vielleicht gefaßter gegenüber, wenn sie tatsächlich eintreten.

Der Tonfall Ihrer Stimme ist wichtig. Er sollte scharf, laut und befehlend sein. Diese Art zu sprechen ist sicher nicht jedermanns Sache. Wer sich scheut, mit der erforderlichen Dominanz aufzutreten, muß sich immer wieder seine Rolle als Alpha-Tier vergegenwärtigen.

Hunde sind kein Ersatz für Kinder

Eine Hundebesitzerin suchte Rat bei uns, weil es offenbar kein Mittel gab, ihren Pekinesen davon abzuhalten, Möbel und Teppiche anzukauen. Sie behandelte das Tier, als wäre es ein Kind, und seine Verhaltensstörungen dementsprechend wie die eines Kindes. Im Gespräch mit uns zitierte sie tatsächlich Pädagogen, die antiautoritäre Kindererziehung befürworten. Es ist hier nicht der Ort, das unbefriedigte emotionale Bedürfnis nach einem eigenen Kind zu erörtern, das häufig hinter dem Erwerb eines Hundes steht. Leider steht jedoch fest, daß in solchen Fällen eine sinnvolle Hundeerziehung kaum möglich ist. Wer gefährdet ist, sein unbefriedigtes Bedürfnis nach Kindern in seinen Hund zu projizieren oder ihn in anderer Hinsicht stark zu vermenschlichen, muß radikal umdenken lernen. Hunde sind instinktgebundene Tiere, deren Domestikation keinesfalls den Schluß zuläßt, daß man ihr Verhalten an menschlichen Maßstäben messen darf.

Versöhnung nach der Strafe

So wichtig wie es ist, eine sinnvolle Bestrafung rasch und energisch zu verabfolgen, so notwendig ist es, sich später »zu versöhnen«. Diese Versöhnung soll keinesfalls emotional aufgeladen oder rührselig sein. Nach der Bestrafung Ihres Hundes sollten Sie sich mindestens eine halbe Stunde lang passiv verhalten, nicht zum Hund sprechen und Blickkontakt vermeiden. Versuchen Sie zu diesem Zeitpunkt Blickkontakt mit Ihrem Hund herzustellen, so müssen Sie damit rechnen, daß der Hund Ihrem Blick ausweichen wird. Er wird den Blickkontakt mit Ihnen suchen, aber zu dem Zeitpunkt, der ihm selbst geeignet erscheint. Nach einer Bestrafung wird sich Ihr Hund verhalten, wie es auch sein Vorfahr, der Wolf, täte: Er wird den Kopf abwenden, zu Boden blicken oder Miene machen, sich in einen Winkel zu verkriechen. Dies ist eine natürliche Unterwerfungsreaktion, in die der von widerstreitenden Empfindungen zerrissene Besitzer sich nicht einmischen sollte. Reagiert der Hund nach einer Bestrafung wie beschrieben, begehen viele Hundehalter den Fehler, das Tier zu hätscheln und »aufzumuntern«. Bei der Annäherung seines Herrn wird der Hund vielleicht zittern oder regungslos verharren, und so dessen Schuldgefühle noch mehr verstärken.

Tatsächlich benötigt das Tier einfach eine gewisse Zeit, um sein Gleichgewicht wiederzugewinnen. Überlassen Sie den Hund einfach eine halbe Stunde sich selbst. Zeigt der Hund andererseits nach der Bestrafung keine Zeichen von Unterwürfigkeit oder Nachgiebigkeit, sollten Sie überprüfen, ob Sie energisch genug waren. Wenn Ihr Hund fünf Minuten nach der Bestrafung zu Ihnen kommt und sie anstößt, um Ihre Aufmerksamkeit zu gewinnen, war ihre Bestrafung wahrscheinlich erfolglos.

Nach einer halben Stunde können Sie sich dann mit Ihrem Hund wieder versöhnen. Gehen Sie mit ihm spazieren, spielen Sie mit ihm oder reden Sie einfach freundlich auf ihn ein. Vermeiden Sie dramatische Szenen. Einige Hunde brauchen länger nach einer Bestrafung, um ihr inneres Gleichgewicht wiederzugewinnen als andere. Sie sollten den Hund also nicht mit plötzlicher Zuwendung überfallen, sondern ihm Zeit lassen, sich der veränderten Situation anzupassen, damit er sie später überwinden kann.

Wir sind uns bewußt, daß übertrieben autoritäre Menschen die hier angesprochenen bestrafenden Maßnahmen und ebenso die nachfolgende Versöhnung mißbrauchen können. Die meisten Hundehalter neigen allerdings eher zu übergroßer Nachsicht. Deshalb sei noch einmal betont, daß Hunde in der Regel äußerst sensibel sind und es großer Feinfühligkeit bedarf, Strafe richtig zu dosieren.

11. Ernährung

Neurotisches Verhalten kann auch physische Ursachen haben! Vor einer Korrektur, aber auch vor der normalen Grundausbildung müssen wir deshalb sicher sein, daß unser Hund vollkommen gesund ist. Der äußere Anschein reicht dafür keineswegs aus. Wie auch bei Menschen macht sich bei Hunden ein gesundheitlich schlechter Zustand oft erst nach längerer Zeit bemerkbar. Die Erklärung für eine allgemein schlechte Kondition ist sehr oft in

Mangelerscheinungen, also in falscher Ernährung zu suchen. Ernährungswissenschaft ist eine umstrittene Disziplin. Deshalb ist es wichtig, Vorurteile beiseite zu lassen und dem Hund das zu geben, was er braucht, und nicht das, was die Werbung uns einzureden versucht.

Trockenfutter sollte die Grundlage der Hundenahrung sein. Bei manchen Sorten besteht die Grundsubstanz aus Sojabohnen, doch gibt es auch bessere Sorten mit einem hohen Anteil von Fleischmehl. Jedes Trockenfutter, das Sie Ihrem Hund vorsetzen, sollte wenigstens gut ein Fünftel Eiweiß enthalten, möglichst mehr. Füttern Sie Hundekuchen, so nehmen Sie eine ungebleichte Sorte und achten Sie auf die Angaben über die Zusammensetzung. Hundekuchen mit »Fleisch« enthalten in Wahrheit oft nur Fettabfälle, die bei manchen Hunden Diarrhöe verursachen können. Altes Schwarz- und Vollkornbrot bekommt Hunden hingegen ausgezeichnet.

Richtige Hundeernährung ist ein vieldiskutiertes Thema, aber im allgemeinen hatten wir Erfolg mit den besseren Trockenfuttersorten und etwas Zusatzfutter. Diesen Sorten sind vom Hersteller Vitamine und andere wichtige Nährstoffe in der notwendigen Dosierung beigegeben, dennoch kann eine ausschließliche Ernährung mit Trockenfutter Mangelerscheinungen hervorrufen. Wir schlagen vor, das Trockenfutter mit rohem Fleisch zu ergänzen, vorzugsweise Kutteln oder tiefgefrorenen anderen Innereien. Fleisch aus Dosen und Reste von Ihrem Tisch mögen sich zwar aus Gründen der Bequemlichkeit anbieten, ihr Nährwert ist aber mit dem von rohem Fleisch und Innereien nicht zu vergleichen. Gekochtes Fleisch kann, wenn es nur leicht verdorben ist, sehr schädlich sein, während faules rohes Fleisch für den Hund (er ist ein Nachkomme von Aasfressern) ein besonderer Leckerbissen ist.

Fleisch sollte nicht mehr als fünfundzwanzig Prozent der vom Hund aufgenommenen Nahrung ausmachen. Fast alle Hunde werden mit zuviel Fleisch gefüttert. Ob rohes Fleisch, Gefrierfleisch, Kutteln, Fleisch aus Dosen oder Tischabfälle – in keinem Fall sollte zu einer Mahlzeit mehr als etwa ein Tassenkopf voll gegeben werden.

Zwei kleinere Mahlzeiten sind gesünder als eine große. Eine kleinere Portion wird gewöhnlich leichter verdaut. Außerdem helfen zwei Fütterungen täglich Hungerspannungen zu verhüten, die oft Ursache für Verhaltensstörungen wie etwa chronisches Kauen sind, und unterbinden das Betteln.

Welpen benötigen von der Zeit der Entwöhnung bis zum Alter von vier Monaten drei Mahlzeiten am Tag. Der junge Hund wächst sehr rasch, und sein Magen kann keine großen Nahrungsmengen auf einmal aufnehmen. Die Fütterungszeiten müssen strikt eingehalten und werden am besten auf morgens, mittags und abends festgelegt. Die Abendmahlzeit sollte nicht später als achtzehn Uhr gegeben werden, um den Junghund vor der Nacht Zeit zum Verdauen zu lassen. Im allgemeinen benötigen Junghunde doppelt so viele Kalorien und Nährstoffe wie ältere Hunde. An Stelle des Trockenfutters als Grundnahrungsmittel kommen Haferflocken, Gerstenflocken, Buchweizengrütze und ungeschälter Reis in Betracht. Füttert man mageres Fleisch, sollte man der Mahlzeit eine bestimmte Menge tierisches Fett hinzufügen, und zwar bei Junghunden mindestens 15–20 g und bei erwachsenen Tieren mindestens 20–25 g pro 500 g Fleisch. Das Bedürfnis nach Fett ist im Winter größer als im Sommer und bei Gebrauchs- und Schutzhunden größer als bei Tieren, die ein ruhiges häusliches Leben führen.

Stellen Sie die Futtermischung für die täglichen Mahlzeiten selbst zusammen, so sollten Sie beachten, daß insbesondere junge Hunde die Aufbaustoffe Kalk und Phosphorsalze in ziemlich großen Mengen brauchen. Sie können Kalk- und Phosphorpräparate speziell für Hunde kaufen. Dieses Bedürfnis läßt sich jedoch auch befriedigen, indem man einem größeren Hund täglich einen gehäuften Teelöffel Kalkmischung gibt, die aus einem Teil phosphorsaurem Kalk, einem Teil milchsaurem Kalk und zwei Teilen gemahlener Kreide besteht. Diese Stoffe sind in jeder Drogerie und Apotheke erhältlich. Fügen Sie die Kalkmischung einer kleinen Fleischmenge bei, die sofort gefressen wird, da die Nahrung sonst rasch sauer wird. Eine entsprechende Menge Knochenmehl ist gleichfalls geeignet, den Bedarf an Kalk und Phosphor zu decken. Weitere Nahrungszusätze, insbesondere für junge Tiere, sind Joghurt, der zweimal wöchentlich dem Futter beigegeben werden kann und zur Kräftigung der Darmflora beiträgt, sowie Weizenkeime, die reich an B-Vitaminen sind.

Ausgewachsene Hunde müssen jederzeit Zugang zu frischem, lauwarmem Wasser haben. Welpen und Jagdhunde neigen dagegen zu übermäßiger Wasseraufnahme und sollten deshalb in regelmäßigen Abständen Wasser vorgesetzt bekommen. Dies gilt insbesondere dann, wenn man den Junghund stubenrein machen will. Auch nach ausgedehnten Wanderungen und längerem Aufenthalt in der Sonne muß der Hund mit Wasser versorgt werden. Bei Nacht empfiehlt es sich, den Wassernapf zu entfernen.

Verweigern Sie Ihrem Hund niemals eine Mahlzeit, um ihn zu strafen. Psychisches Verhalten und Gesundheit hängen eng zusammen. Darüber hinaus kann das Tier diese Art der Bestrafung nicht verstehen. Manch einem mag diese Bemerkung als Binsenweisheit erscheinen, doch haben wir leider oft genug mit Hundehaltern gesprochen, die ihre Hunde mit Nahrungsentzug disziplinieren wollten. Ein gleichermaßen grausames und sinnloses Unterfangen!

Leckerbissen

Viele Hundehalter belohnen ihre Vierbeiner, wenn sie in den Ausbildungsstunden ihre Sache gut gemacht haben. Diese Praxis ist gut und schön, bis Ihr Hund anfängt aufdringlich zu betteln. Besser ist es, den Hund mit verbalem oder körperlichem Lob anstatt mit Leckerbissen zu motivieren.

In Maßen ist eine Futterdressur aber dennoch sinnvoll, weil der Hund sich den Befehl besser einprägt, wenn er mit einem Brocken für seinen Gehorsam belohnt wird. Hingegen raten wir entschieden davon ab, dem Hund bei Tisch Leckereien zukommen zu lassen. Während Ihrer Mahlzeiten sollte der Hund zu Ihren Füßen oder anderswo im Speisezimmer liegen. Verbannen Sie Ihren Hund zu dieser Zeit nicht aus dem Raum. Lehren Sie Ihren Hund das Liegen auf Befehl, so daß er an der Gemeinsamkeit teilhaben kann. Es ist keine »Qual« für den Hund, Menschen beim Essen zuzusehen – für ihn ist es ein Vergnügen, miteinbezogen zu sein. Lassen Sie den Hund aber niemals am Tisch sitzen. Nach dem Essen mögen Sie ihm für gehorsames Liegenbleiben etwas geben. Er soll daraus allerdings nicht schließen, daß er ein Anrecht auf die Nascherei hat.

Wie bei uns Menschen, gibt es auch unter den Hunden geschmäcklerische Individuen. Leider ist es schwer zu beurteilen, ob der Hund sein Futter verweigert, weil er wählerisch ist, oder ob diese Appetitlosigkeit ernstere Gründe hat. Verlieren Sie nicht die Geduld. Zorn und Bitten werden nichts bewirken. Am besten stellen Sie Ihrem Hund die Schüssel hin und lassen ihn ein paar

Minuten allein. Frißt er nicht, nehmen Sie die Schüssel mit der Mahlzeit wieder weg und bieten sie ihm einige Stunden später erneut an. Versuchen Sie nicht, den Hund zum Fressen zu überreden. In extremen Fällen mag Fütterung aus der Hand erfolgreich sein. Achten Sie aber darauf, daß der Hund sich nicht daran gewöhnt. Wenn Ihr Hund das Futter verweigert, ist er vielleicht krank oder leidet beispielsweise unter einem Wetterumschlag. Vielleicht können Sie seinen Appetit mit etwas Fleisch reizen. Handelt es sich nicht nur um eine – für Ihren Hund charakteristische – wählerische Eigenart, sondern um regelrechte Nahrungsverweigerung, sollten Sie den Tierarzt konsultieren.

Wieviel sollte Ihr Hund fressen? Da es hier je nach Rasse und Größe, aber auch durch die Nahrungsverwertung des individuellen Organismus naturgemäß Unterschiede gibt, ist es schwierig, Faustregeln aufzustellen. Fangen Sie mit einer aufmerksamen Musterung Ihres vierbeinigen Gefährten an. Ist Ihr Hund schlank oder zu fett? Vertrauen Sie nicht blindlings den Angaben auf der Hundefutter-Packung. Diese Tabellen können weder den Energieverbrauch noch das Ausmaß der körperlichen Bewegung ihres Hundes berücksichtigen. Ihr Ideal sollte ein vitaler und schlanker Hund sein. Übergewicht bedeutet Mehrarbeit für den Hund, der die überzähligen Pfunde mit sich herumschleppen muß. Bei Welpen könnte Magerkeit und eine aufgedunsene Magenpartie auf Wurmbefall hindeuten. Also tut man gut daran, die Exkremente regelmäßig zu überprüfen und bei Verdacht vom Tierarzt analysieren zu lassen.

Übergewichtige Hunde bekommen gewöhnlich zuviel zu fressen und zu wenig Bewegung. Bei großen Rassen, die ohnehin durch ererbte Hüftgelenkdysplasie gefährdet sind, kann Übergewicht das Fortschreiten der Erkrankung fördern.

Ein stumpfes glanzloses, unansehnliches Fell ist oft ein Hinweis auf Mangelernährung, etwa wenn zuviel fettarmes Fertigfutter gegeben wird. Das Fett in der Nahrung versorgt die Talgdrüsen der Haare und verleiht dem Fell gesunden Glanz. Geben Sie Ihrem Hund tierisches Fett etwa in der eingangs genannten Menge. Bleibt das Fell dennoch stumpf, so versuchen Sie es mit einem Ei oder drei Teelöffeln Pflanzenöl täglich, bis das Haarkleid mehr Glanz bekommt. Rinderhack, Hüttenkäse und gekochte Eier können den Muskeltonus verbessern. Rind- und Hammel-, Pferde- und Ziegenfleisch sind als Hundefutter sehr gut geeignet,

Schweinefleisch dagegen nicht. Viele Hunde lehnen es auch ab. Zum Fleisch gehören selbstverständlich auch die sogenannten Innereien wie Herz, Leber, Nieren, Kutteln und Schlund. Der Nährwert von Lunge und Milz ist allerdings gering, und beide haben, roh gefressen, abführende Wirkung. Kutteln und andere Organe enthalten gewöhnlich ausreichend Fett, so daß Sie auf eine Zusatzversorgung verzichten können. Fügen Sie aber tierisches Fett wie angegeben hinzu, wenn Sie längere Zeit mageres Fleisch verfüttern. Noch einmal: Füttern Sie Fleisch roh. In gekochtem Fleisch, gebratenen Frikadellen und dergleichen ist der Vitamingehalt weitgehend zerstört. Wenn möglich, frieren Sie das Fleisch kurz ein, bevor es später verfüttert wird: Die Kälte tötet schädliche Bakterien. Leber sollte nicht jeden Tag gegeben werden, da sie zu Diarrhöe führen kann. Schweinefleisch muß, wenn man gar nichts anderes hat, vor dem Füttern immer gekocht werden.

Viele Hunde neigen zu Koprophagie oder Kotfressen, eine Angewohnheit, die auf Mangelernährung hindeuten oder eine Unart sein kann. In diesem Fall müssen Sie die Entleerung des Hundes überwachen und ihn danach sofort hereinrufen. Entfernen Sie anschließend den Kot, besonders dann, wenn der Hund später Zugang zu der Stelle hat. Hunde, die in Zwingern ohne Auslauf leben und unbeaufsichtigt sind, werden oft aus Langeweile zu Kotfressern. Eine weitere Ursache kann aber auch sein, daß dem Organismus des Hundes ein Enzym fehlt und das Tier den Mangel durch Kotfressen auszugleichen sucht. Geben Sie Ihrem Hund jeden Tag eine kleine Menge eines Kalkpräparates und achten Sie darauf, daß seine Mahlzeiten ausreichend tierisches Eiweiß enthalten. Roher, ungewaschener Pansen enthält viele Vitamine und viel Eiweiß, vor allem, wenn er nicht frisch, sondern erst nach einigen Tagen (ohne Tiefkühlung!) verfüttert wird. Falls keine Mangelerscheinung vorliegt, sondern das Kotfressen Ihres Hundes lediglich eine schlechte Angewohnheit ist, sollten Sie streng dagegen vorgehen. Eine Mischung aus Essig und Tabascosoße, über den Kot geschüttet, verleidet dem Hund diese Unart erfahrungsgemäß so nachdrücklich, daß man sich weitere Maßnahmen ersparen kann.

Verhaltensprobleme und Ernährung
Verhaltensprobleme Ihres Hundes können eventuell durch eine Ernährungsumstellung gelöst werden. William E. Campbell hat in

seinen Untersuchungen der Ernährung von »Problemhunden« festgestellt, daß die allgemeine Tendenz zu höherer Protein- und verringerter Kohlehydratzufuhr in zweifacher Hinsicht wirkt. Zum einen prägen sich offenbar Befehle und Signale besser im Gedächtnis ein; zum anderen sind die Hunde weniger nervös und weniger leicht reizbar gegen Umwelteinflüsse wie vorüberfahrenden Wagen, Fremden, bellenden Hunden und lauten Geräuschen. Campbell rät daher, die Ernährung mit B-Vitaminen anzureichern, um mögliche Thiamin- oder Niacinmängel auszugleichen, die oft Ursache für Hyperaktivität und Nervosität sind. Er bezeichnet die Hinzufügung des Vitamin-B-Komplexes als eine gute »Verhaltensvorsorge«. Unsere Arbeit mit Problemhunden bestätigt diese Feststellung. Da es schwierig scheint, eine für Hunde entwickelte Rezeptur des Vitamin-B-Komplexes zu finden, empfehlen wir in der Regel Präparate aus der Humantherapierung. Dabei betonen wir stets, daß dies keine »Medikamentation« ist, sondern einfache Vitaminzufuhr. Menschen, die selbst Vitaminpräparate verwenden und bewußt gesund essen, zeigen sich überwiegend aufgeschlossen für diese Überlegung, während Familien mit vom gesundheitlichen Standpunkt her nachlässigen Eßgewohnheiten häufig auch ihre Hunde falsch ernähren.

Bei Problemverhalten schlagen wir gewöhnlich vor, daß dem betreffenden Tier ab sofort keine Leckereien mehr gegeben und alle Nahrungsbestandteile, die rote Farbstoffe und/oder große Mengen Kohlehydrate enthalten, vorläufig abgesetzt werden. Wir empfehlen zwei Fütterungen am Tag, um Hungerspannungen zu vermeiden. Schließlich erklären wir unseren Kunden, wie man Etiketten und Packungen mit Hundenahrung richtig beurteilt und die Werbepsychologie der kommerziellen Hersteller durchschaut.

Wenn Sie wegen irgendwie gearteter Ernährungsprobleme einen Tierarzt konsultieren, empfiehlt es sich, den Speisezettel Ihres Hundes aus jüngster Zeit genau wiederzugeben. Nur so kann der Tierarzt sich ein zutreffendes Bild von dem machen, was Ihrem Hund fehlt.

Die Umwelt

12. Lebensräume des Hundes

In unserer durchstrukturierten Zivilisation gibt es vier von einander grundsätzlich verschiedene Umweltsituationen: Städte, Vororte, ländliche Gebiete und gänzlich »unkultivierte« freie Natur. Jeder dieser Lebensräume prägt den Hund auf eine ganz spezifische Weise. Entgegen einem weit verbreiteten Vorurteil gibt es den idealen Lebensraum für Hunde nicht. Der Irrglaube, daß kein Hund in einer Großstadt glücklich leben könne, wird täglich von Tausenden fröhlicher Vierbeiner widerlegt, die durchaus harmonisch mit Verkehrslärm, Abgasen, hastenden Menschenmengen und Raummangel existieren können. Weder garantiert ein Leben auf dem Lande ideale Umweltbedingungen, noch muß ein Hund in der Großstadt automatisch seelisch verkrüppeln.

Es geht über den Rahmen dieses Buches hinaus, alle im jeweiligen Umfeld auftretenden Probleme zu erörtern; vielmehr wollen wir die wichtigsten Fragen klären, die es in den unterschiedlichen Situationen zu beantworten gilt. Manche Hunde verbringen ihr Leben abwechselnd in allen vier Lebensräumen, andere leben ausschließlich an einem Ort. Welcher Art die Umgebung auch sein mag, der kluge Hundehalter gibt sich nicht damit zufrieden, für etwaige Verhaltensstörungen ausschließlich den betreffenden Lebensraum verantwortlich zu machen. Zwar trifft es zu, daß verschiedene Umgebungen Neurosen auslösen können, doch wird es Ihnen mit einer vernünftigen Erziehung im allgemeinen gelingen, Ihrem Hund bei deren Überwindung zu helfen.

Schrecken Sie nicht allein Ihres Wohnortes wegen vor der Anschaffung eines Hundes zurück. Hunde können fast überall zufrieden leben, wenn ihre Grundbedürfnisse befriedigt werden. Das enthebt den Hundehalter nicht der Verantwortung, sich mit der Umweltsituation seines Hundes auseinanderzusetzen und sie so gesund wie möglich zu gestalten. Die folgenden Kapitel sollen Ihnen dabei helfen.

13. Leben in der Stadt

Ist es unmöglich, in der Großstadt einen Hund zu halten? Offenbar lautet die Antwort nein, denn Zehntausende tun es. Sie besitzen Hunde aller Rassen und Größen, und nicht nur die typischen Schoßhunde. Die wachsende Kriminalität in den Ballungszentren veranlaßt viele Menschen, sich große Hunde mit »Schutzimage« anzuschaffen. Deutsche Schäferhunde etwa und Dobermann-Pinscher erfreuen sich auch in Großstädten zunehmender Beliebtheit. Es ist in einer Großstadt durchaus möglich, einen glücklichen Hund zu haben, aber es erfordert Zeit, Hingabe und Geld.

Eines der wohl hervorstechendsten Probleme ist die notwendige tägliche Bewegung für den Hund. Als Hundehalter in einer Großstadt sollten Sie sich an ein Bewegungsprogramm von mindestens einem, vorzugsweise aber zwei täglichen Spaziergängen gewöhnen. Die Länge des Spaziergangs wird dabei von der Rasse Ihres Hundes abhängen. In keinem Fall genügt es, dem Hund nur einige kurze Verdauungsspaziergänge zu gewähren. Er sollte Gelegenheit haben, seinen natürlichen Bewegungsdrang mehrmals täglich auszutoben. Da es in den meisten Großstädten strikte Vorschriften für das Anleinen von Hunden gibt, werden Sie Ihren Vierbeiner während des Spaziergangs sehr wahrscheinlich an der Leine führen müssen. Das Bewegungsbedürfnis Ihres Hundes ist wetterunabhängig. Er braucht seinen täglichen Auslauf im Sommer wie im Winter, bei schönem und bei schlechtem Wetter. Da Sie im hektischen Getriebe der Großstadt kaum die Möglichkeit haben werden, Ihren Hund einfach vor die Tür zu lassen, bleibt Ihnen die Pflicht, Ihrem Hund ausreichenden Auslauf zu verschaffen, nicht erspart. Diese Tatsache erschwert die Hundehaltung in der Großstadt natürlich enorm. Dennoch sind derartige Schwierigkeiten überwindbar. Gleichgültig, wo ein Hund lebt, er benötigt überall die gleiche Bewegung. Nur muß der Großstadthund in der Regel mit Spaziergängen an der Leine vorlieb nehmen. Bedenken Sie immer, daß gerade auch der in der Großstadt lebende Mensch unter starkem Bewegungsmangel leidet. Egal, ob Ihr Hund Sie zum »Jogging«, am Fahrrad oder auf Spaziergängen begleitet, Ihr Bewegungsbedürfnis und das Ihres Hundes lassen sich ideal koordinieren. Falls Sie das Tier neben dem Fahrrad herlaufen lassen, müssen Sie Ihre Geschwindigkeit allerdings der Kondition des Tieres anpassen. Oft ist jedoch leider schon das Radfahren mit dem angeleinten Hund in den verkehrsreichen Großstadtbezirken fast ein Ding der Unmöglichkeit.

Als großstädtischer Hundehalter sollten Sie Ihrem vierbeinigen Begleiter eine der wichtigsten Lektionen beibringen: das Apportieren. Zehn Minuten Apportierarbeit verschaffen dem Hund eine Menge gesunder Bewegung und trainieren die Muskeln besser, als einfaches Spazierengehen. Geeignete Parks oder Grünflächen, deren Betreten nicht untersagt ist, sind freilich nicht überall vorhanden, aber im etwas weiteren Umkreis wird sich bestimmt ein geeigneter Platz finden. Sie brauchen nicht gleich eine Apportierhantel zu kaufen; ein kurzer Stock oder ein alter Tennisball tun es auch. Wählen Sie jedoch einen Gegenstand, der sich leicht wieder auffinden läßt.

»Ich würde mir hier in der Stadt nie einen Hund zulegen – er würde ja niemals frische Luft bekommen!« Dieser oft geäußerte Einwand ist nicht ganz unberechtigt. Es gibt Großstädte, in denen die Luftverschmutzung beängstigende Ausmaße erreicht hat, und wo die Luft in der Wohnung gewöhnlich reiner ist, als die im Freien. Versuchen Sie für Ihren Hund die gleichen Vorsichtsmaßregeln zu treffen wie für sich selbst. Setzen Sie den Hund nicht unnötig den giftigen Autoabgasen aus. Denken Sie auch daran, daß Ihr Hund gerade in diesem Punkt benachteiligt ist, weil seine Nase sich meist auf einer Ebene mit den Auspuffrohren der Fahrzeuge befindet und er allein dadurch den Abgasen stärker ausgesetzt ist als Sie. Versuchen Sie Ihren Hund wenigstens einmal am Tag weg von Asphalt und Pflaster auf Erde und Gras zu führen, und wenn es nur ein kleiner grüner Flecken ist. Raucher sollten darauf achten, ihrem Hund niemals Tabakrauch ins Gesicht zu blasen, auch nicht im Scherz.

Gegen Lärmbelästigung sind Hunde noch empfindlicher als gegen Luftverschmutzung. Autohupen, Sirenen, startende Flugzeuge, der Überschallknall von Militärmaschinen, das stete Dröhnen des Straßenverkehrs, der Lärm von Menschenmengen – unter all dem leidet der Großstadthund noch stärker als der Mensch. Treffen Sie deshalb auch hier dieselben Vorkehrungen für Ihren Hund wie für sich selbst. Meiden Sie nach Möglichkeit Baustellen, weil der unvermittelt loshämmernde Lärm von Preßluftbohrern, Dieselmotoren und anderen Maschinen selbst den am besten ausgebildeten Hund so erschrecken kann, daß er panikartig die Flucht ergreift. Bedenken Sie, daß nicht alle Hunde das Nervenkostüm der Blindenhunde haben, die imstande sind, mit dem Streß des Großstadtlebens fertigzuwerden, weil sie durch sorgfältige Ausbildung darauf vorbereitet wurden. Müssen Sie ein Gebiet durchqueren, wo der Lärm die Grenze des Erträglichen zu überschreiten droht, halten Sie den Hund an der kurzen Leine neben sich und legen Sie ihm eine Hand an den Hals, bis der Lärm nachläßt oder bis Sie die Lärmzone hinter sich haben. Dieser beruhigende Körperkontakt kann dem Hund helfen, den Lärm leichter zu ertragen.

In den meisten Parkanlagen ist das Freilaufenlassen von Hunden nicht gestattet, aber auch dort, wo kein Verbot besteht, sollten Sie Ihren Hund nur frei laufen lassen, wenn er absolut gehorsam ist. Auch überlaufene städtische Parks und Grünanlagen können beim Hund Streßerscheinungen auslösen und seltsame Verhaltensweisen provozieren. Erlauben Sie dem Hund niemals, in einer Gruppe fremder Kinder frei herumzulaufen. Lassen Sie nicht zu, daß lärmende Kinder Ihren Hund umdrängen. Gruppen von durcheinanderschreienden Kindern haben schon oft zu Beißunfällen geführt oder verspielte Hunde zum Hochspringen ermutigt. Ein Kind, das spielerisch angesprungen wird, hinfällt und schreit, kann von einem Hund plötzlich als Beute angesehen werden, mit zuweilen tragischen Folgen.

Der Großstadthund muß jeden Tag eine große Menge fremdartiger Eindrücke verkraften. Die meisten Großstadtbewohner haben gelernt, ihre Sinneswahrnehmungen im Straßenverkehr weitgehend zu reduzieren und sich durch ein Menschengewühl zu arbeiten, ohne einzelne Gesichter zu unterscheiden. Hunde dagegen bleiben praktisch an allem und jedem interessiert, das ihnen begegnet. Auch müssen Sie mit den verschiedenartigsten Reaktionen von Passanten fertigwerden, Reaktionen, die von überschwenglicher Zärtlichkeit über Gleichgültigkeit und Furcht bis zu offenem Abscheu oder Feindseligkeit reichen. Daher ist es sinnvoll, Ihren Hund in der Ausbildung auf die Hektik vorzubereiten, die ihn erwartet. Gewöhnen Sie Ihren Hund an unbefangene Annäherungen und Liebkosungen wohlmeinender Zeitgenossen ebenso wie an Abweisung und Angstreaktionen.

Eine unangefochtene Führungsposition des Halters und Übung im Bei-Fuß-Gehen können den Hund zu einem zuverlässigen Begleiter machen, aber bedenken Sie, daß Bei-Fuß-Gehen in der Stadt immer schwieriger ist als auf Wegen im freien Gelände: Das Tier ist einfach stärker abgelenkt, und seine Nerven sind oft einer regelrechten Zerreißprobe unterworfen. Wenn Sie die in diesem Buch beschriebenen Ausbildungsmethoden zum Bei-Fuß-Gehen befolgen und in die Übungsstunden systematische Gewöhnung an Verkehr, andere Hunde, Menschenansammlungen einplanen, sollte es gelingen, Ihren Hund verkehrs- und straßensicher zu machen.

Auch die Benutzung von Fahrstühlen will trainiert sein. Gewöhnen Sie Ihren Hund zuerst daran, im leeren Aufzug zu fahren, ehe Sie ihm den Aufenthalt in einem vollen zumuten. Neigt Ihr Hund zu aggressiven Reaktionen oder zu einer Art Klaustrophobie, wenn er in ein Menschengedränge gerät, sollten Sie ihm derartige Erlebnisse ersparen. In unvermeidlichen Fällen halten Sie ihn am besten mit einer Hand an der kurzen Leine und fassen mit der anderen das Halsband, um ihn sicherer zu beherrschen. Allmähliche Gewöhnung an diese Situationen verbessern häufig die Anpassungsfähigkeit des Hundes. Kein Hundehalter sollte so töricht sein, seinen vierbeinigen Weggenossen in städtischer Umgebung frei laufen zu lassen. Die Überlebenschance eines Hundes, der sich im Zivilisationsdickicht der Stadt verirrt, ist gering. Streunende Straßenhunde sind ständig in Gefahr, unter die Räder zu geraten oder von Hundefängern gejagt zu werden. Für sie wird das Leben bald zu einer Art Guerrillakrieg, zu einem täglichen Überlebenskampf gegen die Unbill des Molochs Großstadt. Untersuchungen an streunenden, herrenlosen Großstadthunden zeigen, daß diese Tiere in bemerkenswert kurzer Zeit verwildern und eine erstaunliche Geschicklichkeit entwickeln, wenn es gilt, sich den Verfolgungen und Nachstellungen professioneller Hundefänger zu entziehen.*

Die vielfältigen Beschränkungen, die ein Großstadthund seinem Besitzer zwangsläufig auferlegt, bringen es häufig mit sich, daß das Tier allein zu Hause bleiben muß. Es ist einfach nicht möglich, den Hund überallhin mitzunehmen. Selbst wenn der Hund bequem im

* Alan M. Beck: »The Ecology of ›Feral‹ and Free-Roving Dogs in Baltimore«, in: The Wild Canids, Systematics, Behavioral Ecology and Evolution (New York, Van Nostrand Reinhold, 1975). Beck schätzt, daß in Baltimore auf neun Menschen ein herrenlos streunender Hund entfällt.

Wagen bleiben könnte, ziehen viele Halter es vor, ihn in der Wohnung zurückzulassen; denn nicht zuletzt werden sehr viele Großstadthunde auch zu Schutz- und Sicherheitszwecken gehalten. Nicht jeder Hund jedoch verkraftet eine derartige Isolierung und zeigt daher schon bald die typischen hysterischen Reaktionen: dauerhaftes Bellen, zerstörerisches Kauen oder krankhafte Hyperaktivität. In solchen Fällen ist der Streit mit den Nachbarn programmiert, da ständiges Bellen oder Winseln auch den überzeugtesten Tierfreund zur Verzweiflung treiben kann. Ein Hund, der fortwährend Möbel und andere teure Gegenstände anknabbert, wird für den Besitzer bald zur kostspieligen Last.

Überlegen Sie daher genau, in welchen Räumen sich der Hund während Ihrer Abwesenheit aufhalten darf. Es gibt Eigentümer, die ihre Hunde so erziehen, daß sie im Badezimmer auf Zeitungspapier koten, wenn sie länger allein in der Wohnung sind, also wird diese Tür offen bleiben und blockiert werden müssen. Andernfalls kann es passieren, daß der Hund die Tür im Laufe des Tages versehentlich zustößt und Sie bei Ihrer Rückkehr das Wohnzimmer beschmutzt vorfinden.

Heizungsrohre, Wasserleitungen und Entlüftungsschächte durchziehen ein Etagenhaus vom Keller bis zum Dach. Ein Hund, der in der Küche bellt, mit dem Schwanz gegen die Heizung schlägt oder im Wohnzimmer jault, wird wahrscheinlich mehrere Mitbewohner stören. Balkon oder Terrasse sind keine Aufenthaltsorte für einen unbeaufsichtigten Hund. Manche Hundehalter erziehen ihre Tiere zu regelmäßiger Entleerung auf Balkon oder Terrasse, ohne sich um die Belästigung der Nachbarn durch Gerüche und herabfallende Exkremente zu scheren. Andere benützen die Terrasse zu Ausbildungszwecken und laufen Gefahr, daß der Hund über das Geländer fällt oder springt.

Aus all dem wird wohl mehr als deutlich, daß ein Hund auf das Leben in der Großstadt sorgfältig vorbereitet werden muß, weil die teilweise widernatürliche Umgebung dem Hund große Flexibilität abverlangt. Eine Gehorsamsausbildung, die zumindest die Lektionen des Bei-Fuß-Gehens, Sitzens, Liegens und Kommens auf Befehl einschließt, ist also unbedingt erforderlich. Bemühungen um eine bessere Isolierung der Wohnung gegen den Verkehrslärm kommen nicht nur den menschlichen Bewohnern zugute, und wenn man den Hund tagsüber allein läßt, ist es manchmal hilfreich, das Radio anzulassen. Der Langeweile und Einsamkeit des Hundes kann man durch ein Programm von Spaziergängen, Übungen, Massage, Pflege und geeignete Diät entgegentreten, wie es in verschiedenen Abschnitten dieses Buches beschrieben wird. Zu erwägen wäre auch die Möglichkeit, dem Hund einen Gefährten zu geben. Denken Sie dabei nicht automatisch an einen weiteren Hund – eine Katze kann eine durchaus passable Alternative sein, vorausgesetzt, die beiden vertragen sich.

Hunde, die lange Zeit allein zubringen müssen, sollten ruhig begrüßt und verabschiedet werden. Vermeiden Sie dramatische oder ausgedehnte Abschiedsszenen und – ohnehin nutzlose – Bitten, der Hund solle nicht bellen oder Gegenstände zerkauen. Bei der Rückkehr sollte man den Hund einfach, aber zärtlich begrüßen. Übermäßig gefühlvolle Begrüßungs- und Abschiedsszenen lassen den Hund in einem Zustand emotionaler Spannung zurück. Nach dem Weggang der Bezugsperson ist der Hund noch aufgeregt, weil er gestreichelt und liebkost und möglicherweise gebeten wurde, »gut« zu sein. Der Besitzer oder die Besitzerin mag beruhigt fortgehen, während der Hund mit einem emotionalen Stau zurückbleibt. Begrüßungs- und Abschiedsszenen dürfen nicht die Höhepunkte im Verhältnis zwischen Hund und Halter sein. Wenn Sie abends, beladen mit besonderen Leckerbissen, hereingestürmt kommen, um den Hund überschwenglich zu begrüßen, mag das zwar zum Abbau Ihrer Schuldgefühle beitragen, dem Hund tun Sie damit jedoch keinen Gefallen. Der psychologische Wecker des Hundes sagt ihm, wann er mit der Rückkehr seiner Bezugsperson rechnen kann. Er bringt sich für den glücklichen Augenblick, die Leckerbissen, das Spielen in Stimmung. Verspätet sich die Bezugsperson, kann die erwartungsvolle Vorfreude des Hundes in Frustration umschlagen, die sich dann in Winseln, Jaulen oder Bellen äußert.

Wenn Sie in einer Großstadt leben und mit Problemen dieser Art konfrontiert sind, beginnen Sie sofort mit der Umstellung Ihrer Begrüßungs- und Abschiedsszenen. Eine Gehorsamsausbildung wird Ihnen helfen, Ihre Führungsrolle gegenüber dem Hund zu behaupten.

Für welchen Hund entscheidet man sich in der Stadt?
Denken Sie daran, einen jungen oder älteren Hund für das Leben in der Stadt zu erwerben, so sollten Sie sich ernsthaft mit den Charaktereigenschaften verschiedener Rassen beschäftigen. Es

mag bei oberflächlicher Betrachtung so scheinen, als eigne sich ein Deutscher Schäferhund für das Stadtleben weniger als ein Pudel. Aber das muß nicht unbedingt stimmen. Ob ein Hund ein glückliches Leben auch in der Großstadt führen kann, hängt von den unmittelbaren Lebensbedingungen ab, aber auch vom Hund selbst. Viele Züchter sind sich des wachsenden Bedarfs an Schutz- und Begleithunden in den städtischen Regionen bewußt, und es gibt bereits welche, die selektiv Hunde züchten, die widerstandsfähig gegen Lärm und Unruhe sind und sich der städtischen Umwelt anpassen können. Beispielsweise sind Deutsche Schäferhunde aus bestimmten Zuchtlinien (Caralon's Hein von der Lockenheim stammt aus einer solchen Linie) durch ihre große Anpassungsfähigkeit gut für das Stadtleben geeignet, während anderen diese Anpassungsfähigkeit völlig fehlt. Gleiches gilt für Pudel und andere Rassen. Es empfiehlt sich, diese Fragen mit einem erfahrenen Züchter zu erörtern. Ein guter Begleithund für die Stadt muß ausgeglichen sein, eine hohe Lärmtoleranz und gute Lernfähigkeit besitzen.

Andererseits sind die genetischen Manipulationsmöglichkeiten der Hundezüchter begrenzt, da die charakteristischen Merkmale einer Rasse erhalten werden müssen. Barsois sind Laufhunde, also werden sie immer eine Gelegenheit zu freiem Lauf benötigen, die in einer Großstadt schwierig zu finden ist. Malemutes, Huskies und andere Polarhunde werden sich niemals an die stickige Sommerhitze in einer Großstadt gewöhnen oder der Versuchung widerstehen können, gelegentlich ein kühlendes Loch zu graben. Während einzelne Individuen innerhalb einer Rasse gute Anpassungsfähigkeit zeigen mögen, sollten dennoch die Charakteristika der jeweiligen Rasse bei Ihrer Wahl berücksichtigt werden. Lassen Sie sich von der Größe nicht täuschen. Obwohl der Dobermann ein kraftvoller Hund etwa von der Größe eines Schäferhundes ist, bringen die meisten Dobermann-Zuchtlinien ausgezeichnete Stadthunde hervor. Der Pembrokeshire Corgi, eigentlich ein Wachhund und Viehtreiber, hat mit rund 30 cm Schulterhöhe und einem Gewicht von 8 bis 10 kg »Wohnungsgröße«, ist aber außerordentlich aktiv und braucht sehr viel Bewegung.

Um den richtigen Stadthund auszuwählen, bedarf es vor allem einer objektiven Beurteilung der jeweils rassetypischen Merkmale. Versuchen Sie auch jemanden zu finden, der in Ihrer Stadt einen Hund dieser Rasse besitzt. Dies mag mit einem Anruf beim örtlichen Rassehundverein getan sein oder etwas mehr Mühe kosten, es lohnt sich aber in jedem Fall. Sollte es an Ihrem Wohnort keinen Verein für die Rasse geben, die Sie ins Auge gefaßt haben, so erbitten Sie beim Verband für das Deutsche Hundewesen (VDH) die Anschrift des betreffenden Rassehundvereins oder Zuchtbuchamts für das Bundesgebiet. Dort wird man Ihnen gern die Anschriften von Züchtern oder auch von Haltern der gewünschten Rasse in Ihrer Stadt vermitteln.

Auch in der Großstadt ist es möglich, einen gesunden, harmonischen Hund zu haben – aber es erfordert doppelt so viel Einsatz und Zuwendung. Es ist falsch und gefährlich, einen Hund ausschließlich nach den Diensten zu beurteilen, die er seinem Herrn leistet. Ob dieser Dienst Schutz, Gesellschaft oder Statussymbol ist, die Funktion, in der ein Hund dient, sollte stets hinter der Qualität der Beziehung zwischen Hund und Halter zurückstehen. Der Hund sollte seinen Besitzer als Helfer und Führer begreifen. Der Halter sollte im Leben des Hundes die Alpha-Figur sein. Ist das Verhältnis des Halters zu seinem Hund gekennzeichnet von Rücksicht, Verständnis und Liebe, so wird der Hund ihn (oder sie) mit unwandelbarer Treue, Standfestigkeit, Respekt und Freundschaft belohnen – gleich wo er lebt.

14. Leben im Vorort

Vielleicht sind die Vororte die besten aller denkbaren Hundewelten, aber auch diese Umgebung verursacht besondere Probleme. Während Vororthunde im allgemeinen nicht so eingeschränkt, isoliert und kontrolliert leben müssen, wie ihre Artgenossen in den Städten es tun, stellt gerade die größere Freiheit den im Vorort lebenden Hundehalter vor Schwierigkeiten eigener Art.

Zwar herrscht in den Vororten zahlreicher Städte Leinenzwang, doch wird er von den Bewohnern nicht immer befolgt. Auch wird die Übertretung dieser Vorschrift in den Außenbezirken recht lax geahndet. Auf Spaziergängen wird man hier häufig Hunde beobachten können, die frei im näheren oder weiteren Umkreis ihres Zuhauses umherstreifen, aber immer wieder von selbst heimkehren. Manche Hundehalter halten dies für genug »Kontrolle« bei der Beaufsichtigung des Hundes.

Die einzig zufriedenstellende Lösung für das Problem freilaufender Hunde ist die Beschränkung ihrer Bewegungsfreiheit auf das eigene Grundstück, wenn sie nicht an der Leine ausgeführt werden. In den meisten, vor allem älteren Vorortgegenden sind die Grundstücke noch so groß, daß der Hund sich im eingezäunten Bereich durchaus genug Bewegung verschaffen und nach seinen Neigungen leben kann. Anders sieht es in Reihenhaussiedlungen und vielen Neubaugebieten mit oft winzigen Grundstücken aus. Zwischen Haus und Gartenzaun findet sich hier allzu häufig kaum noch Platz für einen bewegungshungrigen Hund, zumal die vorhandene Fläche meist noch einen sorgfältig angelegten und gepflegten Ziergarten hergeben muß. Fehlt der eingezäunte, hinreichend große Auslauf für den Hund, so ist es am besten und humansten, ihn ins Haus zu bringen, wo er hingehört und allemal besser aufgehoben ist als unbeaufsichtigt auf der Straße.

Manche Vorortbewohner versteifen sich darauf, daß ihre Umgebung Freiraum genug bietet, um den vierbeinigen Hausgenossen einfach herumstromern zu lassen. Leider sind heute auch schon sogenannte »stille« Wohngegenden mit erheblichem Verkehr belastet, eine Tatsache, die jeden verantwortungsbewußten Hundehalter davon abhalten sollte, seinen Hund unbeaufsichtigt streunen zu lassen.

Auch im Vorortbereich kann es Schwierigkeiten geben, wenn Hunde tagsüber allein gelassen werden, während die Eigentümer arbeiten. Diese Tiere werden oft entweder im Haus oder im Garten eingesperrt, wo sie ihrer Frustration dann in der bereits erwähnten Weise Ausdruck verleihen. Häufig werden sie von anderen Hunden, die außerhalb des Grundstücks frei herumlaufen, zu allen möglichen Unarten angeregt. Ein Rüde wird immer bellend am Zaun hin- und herrennen und daran hochspringen, um seinen Herrschaftsanspruch zu demonstrieren, wenn draußen fremde Hunde vorbeiparadieren. Es kommt auch vor, daß ein Hund von seinem Grundstück aus durch den Zaun den Garten des Nachbarhundes einsehen kann. Oft müssen die Anwohner dann eine ganztägige Bellorgie mit zwei oder mehr Teilnehmern ertragen. Auch ohne Stimuli von außen neigen eingesperrte Hunde dazu, fortwährend zu kläffen oder zu winseln.

Eine eigens für den Hund eingebaute Tür, die ihm freien Zugang sowohl zum Inneren des Hauses, wie zum eingezäunten Garten gewährt, kann dieses Problem häufig lösen. Ist der Einbau einer Hundetür nicht möglich, so versuchen Sie wenigstens, den Hund gegen die Reizflut der Außenwelt, etwa andere Hunde, Verkehr oder Passanten, abzuschirmen. Ein gut erzogener Hund sollte in der Lage sein, sich im Haus oder im Garten aufzuhalten, ohne bei jedem neuen Anblick oder Geräusch in wildes Gebell auszubrechen.

Unsere Kunden sind oft verblüfft, wenn wir den Einbau einer solchen Hundetür empfehlen. Sie fragen, ob ein derartiger Durchlaß nicht geeignet sei, Einbrecher zu ermutigen. Das ist nicht auszuschließen, aber auch ein Fenster oder eine gewöhnliche Haustür können Einbrecher locken. Eine kleine Öffnung, die offensichtlich für einen Hund bestimmt ist, wird von den meisten Einbrechern sicherlich nicht als Anreiz empfunden. Sie nehmen sich aus gutem Grund vor Haushalten mit Hunden in acht, und die Hundetür zeigt an, daß Ihr Besitz bewacht wird. Ist eine Hundetür eingebaut, so kann der Hund den inneren wie den äußeren Bereich verteidigen.

Gegen ein vorübergehendes Anketten des Hundes ist nichts einzuwenden, läßt man ihn jedoch den ganzen Tag an der Kette, so sind unerwünschte Folgen kaum zu vermeiden. Das Anketten eines Hundes darf immer nur eine vorübergehende Notlösung darstellen. Die ideale Vorortsituation, gleich ob die Besitzer zu Hause sind oder nicht, ist ein hinlänglich hoch und durchschlupfsicher eingezäunter Garten, mit dem Inneren des Hauses verbunden durch die erwähnte Hundetür. Sind diese Möglichkeiten nicht gegeben, so tut es auch ein kleiner Zwinger oder eine andere Art umzäunter Auslauf am Haus, vorzugsweise wiederum durch eine Hundepfoten, deshalb müssen sie regelmäßig untersucht werden, wenn das Tier längere Zeit auf Beton verbringen muß.

leicht ist natürlich betonierter Untergrund, nur schadet Beton den Hundepfoten, deshalb müssen Sie regelmäßig untersucht werden, wenn das Tier längere Zeit auf Beton verbringen muß.

Die Vorortumgebung kann einem Hund optimale Lebensbedingungen bieten. Aber der Hundehalter muß sich darüber klar sein, daß in Vororten, gerade im Verhältnis zur Bevölkerungszahl, die meisten Hunde leben. Wo aber viele Hunde leben, sind Ruhestörungen und Konflikte zwischen Hunden, aber auch zwischen Hundehaltern, nicht immer zu vermeiden. Die Vororte sind eben mit ländlicher Umgebung nicht zu vergleichen, doch wie wir im folgenden sehen werden, ist auch dort die Hundehaltung nicht ohne Probleme.

15. Leben auf dem Land

Zweifellos fühlen Hunde sich auf dem Lande außerordentlich wohl. Jedes Jahr sind Tausende von Menschen mit ihren Hunden im Urlaub. Sie reisen ans Meer, in die Mittelgebirge oder in die Alpen. Viele Kunden, die das Jahr über in der Stadt leben, haben uns von der erstaunlichen Wandlung berichtet, die ihr Hund durchmacht, sobald er sich am Urlaubsort eingewöhnt hat. Frische Luft, unverbaute Landschaft und Freiheit in sonst nicht gekanntem Ausmaß können bei einem Hund wahre Wunder wirken. Tiere, die das ganze Jahr auf dem Lande leben, erfreuen sich einer Umwelt, die dem Lebensraum ihrer wölfischen Vorfahren noch am ehesten ähnelt. Dennoch ergeben sich auch in dieser, ansonsten idealen Umgebung, gewisse Schwierigkeiten. Einige davon entstehen gerade aus der relativen Freiheit des ländlichen Lebens. Sieht man einmal von dem altvertrauten Bild des mitleiderregenden Kettenhundes, der vielerorts noch anzutreffen ist, ab, so geht die landläufige Vorstellung vom Hund auf dem Lande dahin, daß er sich nahezu ungezwungen überall dort bewegen kann, wo er möchte. Dies mag auf einige wenige Glücksfälle auch zutreffen, spiegelt aber gewöhnlich die menschliche Vorstellung von Hundefreiheit wider, die von der realen oft abweicht. Wir haben viele sorgenvolle Hundehalter aus Stadt oder Vorort sagen hören: »Was unser Hund braucht, ist eine Familie auf dem Lande, die ihn aufnehmen würde – dann könnte er den ganzen Tag herumrennen.« Das Dumme ist nur, daß der Hund selbst auf dem Lande nicht »den ganzen Tag herumrennen« kann, ohne in Schwierigkeiten dieser oder jener Art zu geraten.

William, ein fünfjähriger Labrador Retriever, und Duffy, sein einjähriger Sohn, gehörten einer Familie, die im Hügelland von Vermont lebte. Die Frau bat uns um Hilfe, nachdem beide Hunde auf dem Gelände einer etwa 5 km von ihrem Heim entfernten Farm gemeinsam ein Schwein getötet hatten. William war nicht gerade ungeübt darin, derart über die Stränge zu schlagen. Er hatte schon mehrere Haustiere getötet, darunter viele Gänse. Duffy hingegen war ein Neuling auf diesem Gebiet, dafür verfolgte er Autos mit Leidenschaft. Beide Hunde wurden am Morgen hinausgelassen und um ungefähr siebzehn Uhr ins Haus gerufen. Die Versuche, sie zurückzuholen, blieben jedoch in dem Maße erfolglos, wie es den beiden Hunden gelang, sich ihre Abendmahlzeit selbst zu besorgen. Ihre Touren wurden immer ausgedehnter. Schließlich zigeunerten sie solange herum, daß sie meist völlig erschöpft heimkehrten. Bei ihrer Ankunft pflegten beide Hunde sofort zu dem Baum zu gehen, an dem sie gewöhnlich zur Bestrafung angekettet wurden. Dort blieben sie dann den Tag über bis zum Abend an der Kette festgelegt; am Abend wurden sie wieder freigelassen, und das »Spiel« konnte von vorn beginnen. Auf die Frage, warum sie diese Prozedur hinnähmen, erklärte die Frau: »Na ja, wir wohnen auf dem Land, und ich dachte, hier könnten sie nicht viel Schaden anrichten.«

Im Hause selbst veränderte sich das Verhalten von William und Duffy auf bemerkenswerte Weise. William ließ davon ab, Duffy zu unangenehmen Eskapaden zu verleiten, und beide Hunde verbrachten einen großen Teil des Tages schlafend. Um ihnen Bewegung zu verschaffen, mußte man sie jedoch an die Leine nehmen, da die Hunde sich während ihrer Abenteuer eine bestimmte Route eingeprägt hatten und gelegentlich versuchten, ihre alten Jagdgründe aufzusuchen. Nach einigen Wochen Gehorsamsausbildung konnten die Hunde wieder auf den Hof gelassen werden und kamen ins Haus zurück, wenn man sie rief.

Sarah, eine elf Monate alte norwegische Elchhündin, lebte ebenfalls auf dem Lande. Das Grundstück ihres Eigentümers grenzte an eine Müllkippe.

Sarah entdeckte diesen idealen Spielplatz, als sie vier Monate alt war. In diesem Alter werden die meisten Junghunde allmählich selbständig und gehen im weiteren Umkreis ihres Heims auf Abenteuer aus – wenn man es ihnen erlaubt. Sarah liebte die Müllkippe und wurde von Autofahrern beobachtet, wie sie Essensreste fraß und leere Konservendosen ausleckte. Zwar wußten die Halter, wo sie sich aufhielt, es schien sie jedoch nicht zu stören, denn, wie die Besitzerin es ausdrückte: »Ich möchte, daß sie sich frei fühlt!« Sarahs »Freiheit« trug ihr bald sowohl Räude als auch eine Flohplage ein. Doch all das bewog ihre Besitzer nicht, sie von der Müllhalde fernzuhalten. Später begann sie, andere Hunde zu bedrohen, die »ihre« Müllkippe besuchten, und knurrte Autofahrer an, die ihre Wagen verließen, um Müll auszuleeren. Drohende Anrufe vom Aufseher der Müllkippe überzeugten die Hundehalter schließlich davon, daß sie die Hündin unter Kontrolle halten mußten, aber, wann immer sie der Überwachung entgehen konnte, strebte Sarah der Müllkippe zu.

Beide Fälle zeigen, wie sehr Hundehalter auf dem Land das »Freiheitsbedürfnis« ihrer Tiere mißverstehen. Die falsche Vorstellung, daß Hunde auf dem Land irgendwie ein Recht auf freies Umherstreifen hätten, ist kaum auszurotten. Oft hat dieses Mißverständnis verhängnisvolle Folgen. William und Duffy konnte nur durch eine grundlegende Gehorsamsausbildung ihr zigeunerhaftes Treiben abgewöhnt werden. Sarahs Besitzer mußten die Hündin systematisch disziplinieren, um ihr aggressives Verhalten zu korrigieren.

In beiden Fällen dauerte das einige Zeit, denn verwilderte Hunde neigen stärker dazu, ihr Revier zu markieren und fühlen sich von den eigenen Duftmarken immer aufs neue animiert. Der Urin enthält Pheromone. Diese chemischen Substanzen werden von zahlreichen Tieren ausgeschieden, nicht nur von Hunden, und als Visitenkarten zur Kommunikation mit Angehörigen derselben Spezies gebraucht. Sie sind im Urin, im Kot und möglicherweise auch im Atem enthalten. Obwohl bei Rüden weit häufiger, löst Pheromon gelegentlich auch bei Hündinnen Aggressionen aus. William und Duffy hatten mit ihren Duftnoten erfolgreich ein Territorium mit einem Radius von fünf Kilometern »abgesteckt«. Sie betrachteten das Vieh in diesem Gebiet als ihr Eigentum. Sarah begriff die Müllkippe ohne Zweifel als eine Erweiterung ihres eigenen Hofes, und als sie ausgewachsen war, begann sie die Müllhalde zu verteidigen.

Es ist notwendig, daß Hunde, die auf dem Land leben, ihr Urinieren und Defäkieren auf das Gebiet unmittelbar um ihr Heim beschränken, wie sie es gewöhnlich auch in den Vororten tun. In der Stadt wird der Kot entweder entfernt oder an bestimmten Stellen abgesetzt, die meist von mehreren Hundehaltern der Umgebung aufgesucht werden, während die im Urin enthaltenen Pheromone an Bäumen, Hausecken, Lichtmasten und dergleichen durch Überlagerung von denjenigen anderer Hunde verwischt und ihre kennzeichnenden Eigenschaften zerstört werden. Dies eliminiert wahrscheinlich ein beträchtliches Maß von Aggression zwischen Stadthunden, die überdies meist angeleint und unter der Kontrolle ihrer Besitzer sind. Auf dem Land aber kann ein Hund von einem großen Revier Besitz ergreifen und sich dann gezwungen fühlen, es täglich zu durchstreifen und gegen wirkliche oder vermeintliche Eindringlinge zu schützen.

Gelingt es dem Halter nicht, das Leben seines Hundes so zu

lenken, daß er seine Visitenkarten nur innerhalb des Hofbereichs hinterläßt, besteht kaum eine Chance, dem Streunen, der Aggression oder der Wilderei ein Ende zu setzen. Wenn irgend möglich, sollte man ausfindig machen, wohin der streunende Hund läuft. Gewöhnlich haben Streuner ein bestimmtes Ziel, mögen sie unterwegs auch verschiedene Umwege gehen. Die Anziehungskraft dieses Zieles besteht mit ziemlicher Sicherheit in Nahrung, einer Gelegenheit, mit anderen Hunden zu kämpfen oder zu spielen, oder, für Rüden, eine Hündin aufzusuchen. Gelegentlich kommt es vor, daß ein wohlmeinender Zeitgenosse aus fehlgeleiteter Tierliebe Hunde um sich versammelt, indem er Futter auslegt oder verteilt. Ein Telefonanruf kann das unterbinden. Anderen Attraktionen ist dagegen schwieriger entgegenzutreten. Ein streunender Hund kann nur durch energische Disziplinierung auf die häusliche Umgebung umorientiert werden. Dazu gehört etwa, das Tier nur an der Leine auszuführen, wenn es sein Geschäft erledigen soll.

Wenn Ihr Hund den Hühnern, Enten oder Lämmern der umliegenden Bauernhöfe nachstellt oder Rehe, Feldhasen und Fasanen wildert, müssen Sie dieselben Maßnahmen ergreifen. Wilderei ist oft schwer festzustellen, insbesondere dann, wenn der Hund außerhalb des eigenen Territoriums jagt. Er mag zu einer Meute wildernder Hunde gehören, in der zwei oder drei Tiere das Wild reißen und die anderen an der Mahlzeit teilnehmen. Wurde Ihr Hund in der Nähe eines gerissenen Tieres gesehen, so folgt daraus noch nicht schlüssig, daß er das Wild selbst gerissen hat, aber Sie sollten den Hund auf jeden Fall sofort und wirksam im häuslichen Bereich festhalten. Kein Jagdaufseher wird zögern, einen wildernden Hund zu erschießen. In den von Wildtollwut gefährdeten Bezirken kann sogar jeder freilaufende Hund erschossen werden. Es liegt auf der Hand, daß Hunde, die Weidevieh anfallen oder in Gatter eindringen, um Schweine oder Geflügel zu reißen, leicht als tollwutverdächtig angesehen werden und Gefahr laufen, kurzerhand totgeschlagen zu werden.

Der Hund ist ein Raubtier und wird sich in vielen Fällen auch entsprechend verhalten. Eine komplizierte Situation: Hundehalter, die »friedliche Koexistenz« von freilaufenden Hunden und Hühnern wünschen, verlangen viel. Die meisten Hunde fühlen sich vom gackernden und flügelschlagenden Federvieh unwiderstehlich zu einer Verfolgungsjagd provoziert. Auch hier gilt: Je früher das Tier lernt, zwischen Erlaubtem und Unerlaubtem zu unterscheiden, desto besser. Einen jungen Hund, der anfängt, Hühnern nachzujagen, sollte man deshalb an die Leine nehmen und in die Nähe einer Glucke mit Küken führen. Die wütende Glucke wird mit Geflatter und Schnabelhieben auf ihn losgehen, und diese Erfahrung genügt dem für Eindrücke noch anfälligen jungen Hund: Für den Rest seines Lebens wird er Hühner ignorieren.

Wir haben aus dem Raubtierverhalten unserer Hunde einiges gelernt. Die alte Weisheit, daß es äußerst schwierig ist, einem Hund das Wildern abzugewöhnen, wenn er erst einmal »Blut geleckt« hat, scheint zu stimmen. Einmal auf den Geschmack gekommen, werden viele Hunde zu leidenschaftlichen Wilderern, bis sie früher oder später durch die Kugel eines Jagdaufsehers enden. Die Korrektur wildernder Hunde erfordert große Mühe und läßt sich am besten mit der sogenannten Doppelblindsituation lösen, in der der Hund nicht weiß, daß er beobachtet wird. Das erfordert die Geschicklichkeit und Geistesgegenwart eines fähigen Ausbilders. Wenn Ihr Hund chronisch wildert, sollten Sie so bald wie möglich einen erfahrenen Ausbilder aufsuchen und mit ihm entsprechende Gegenmaßnahmen besprechen. Hat Ihr Hund diese Gewohnheit jedoch erst vor kurzem angenommen, so ist Bestrafung, insbesondere der bereits erwähnte Rückenwurf des Alpha-Wolfes, so früh wie möglich nach einer Jagd oder Wilderei vollstreckt, ein höchst wirksames Mittel. Gehorsamsschulung mindestens bis zur Ebene des Kommens, Sitzens und Liegens auf Befehl ist unabdingbar, um die Führungsposition des Hundehalters, allen Widerständen zum Trotz, deutlich zu machen.

Manche Ausbilder geben an, mit Erfolg Brechmittel verwendet zu haben, indem sie rohes Wildfleisch als »Jagdbeute« auslegten, das mit Brechmittel präpariert war, aber wir haben mit dieser Methode nicht viel Erfolg gesehen. Der Gebrauch elektronischer Abrichtapparate durch Amateure, um Hunden das Wildern abzugewöhnen, sollte unterbleiben, da er scharfe Beobachtungsgabe und sichere Zeitwahl verlangt. Ein solcher Apparat besteht aus einem ins Halsband eingebauten Empfangsgerät und einem leichten tragbaren Sender mit ausziehbarer Antenne und einer Reichweite von 500–800 m. Läßt der in größerer Entfernung vom Ausbilder laufende Hund sich etwas zuschulden kommen – fällt er etwa weidende Schafe an oder zeigt Aggressionen gegen andere Hunde etc. –, kann der Ausbilder ihm durch Knopfdruck einen korrigierenden Stromschlag verabfolgen, dessen Wirkung deshalb so durchschlagend ist, weil der Hund sich unbeobachtet und außer Reichweite jeder Bestrafung wähnte. Die Stärke des Stromschlages ist zudem regulierbar und kann keine körperlichen Schäden hervorrufen. Gleichwohl sollten nur kenntnisreiche Ausbilder mit der Erfahrung und dem Überblick, die allein ein Urteil erlauben, ob im jeweiligen Fall korrigierende Bestrafung notwendig ist, einen solchen Apparat verwenden.

Die meisten Hunde mit stark ausgeprägtem Raubtierverhalten verstehen sich selbst als Rudelführer, ein Charakterzug, der rasch berichtigt werden muß. Die Beziehung zwischen Besitzer und Hund bedarf einer wirksamen Neuordnung mit dem Menschen als Führer und der Beschränkung der Freiheit des Hundes auf sein unmittelbares Territorium. Im Fall von Raubtierverhalten auf dem eigenen Hof ist körperliche Bestrafung durch Schläge unter die Kinnlade oder durch Anheben und Schütteln, gefolgt vom Rückenwurf, gewöhnlich erfolgreich. Die Mithilfe von Nachbarn sollte erbeten werden, so daß sie das Problem verstehen und Sie sofort verständigen, wenn sie den Hund außerhalb seiner häuslichen Umgebung sehen. Fortlaufen, Streunen und Raubtierverhalten sind vermeidbar, wenn der ländliche Hundehalter einfach sein Tier in der Nähe behält.

Eine oft erfolgreiche und praktische Lösung derartiger Probleme besteht in der Verwendung des Hundes zur Arbeit. Hunde vieler Rassen können als Hütehunde abgerichtet werden. Die Zahl der Rassen, die als Jagdhunde brauchbar und anerkannt sind, ist größer, als viele Leute meinen. Haben Sie keinen Bauernhof, so gibt es trotzdem kleine Aufgaben, die Ihr Hund übernehmen kann. Schlittenhunde können angeschirrt und gelehrt werden, Kinder herumzuziehen. Zughunde wie Rottweiler können an Leiterwagen gespannt werden und Lasten ziehen. Die Bewachung von Kleinkindern und der Schutz des Hauses sind Aufgaben, die die meisten Hunde gern ausführen. Der Stadthund muß lernen, bei Fuß zu gehen, Lärm und Gestank zu ertragen und sich friedlich unter Fremden zu bewegen; der Vororthund muß Befehlen folgen und seinen Platz als Familienmitglied einnehmen, und auch der Landhund hat seine besondere Rolle. Der Umstand, daß er auf dem Land lebt, bedeutet nicht, daß er immerwährende Freiheit genießt, ohne Beschränkungen und Pflichten. Wie sie braucht er

Zärtlichkeit, Ausbildung und das Bewußtsein, daß er erwünscht ist und dazugehört. Mit einem Wort, der Hund muß sich einbezogen fühlen, nicht ausgeschlossen, ob er am Kurfürstendamm lebt oder auf einem Einödhof.

16. Leben im Freien

In den vorausgegangenen Kapiteln wurde wiederholt angeregt, daß Hunde mit Verhaltensproblemen sofort ins Haus genommen werden sollen. Wir sind ferner der Meinung, daß Hundehalter, die ihre Beziehung zu ihrem Hund vertiefen möchten, das Tier so vollständig wie möglich in ihr Privatleben einbeziehen sollten. Die Abschnitte über Schlafgewohnheiten des Hundes, über Unarten wie Graben, Kauen, Aggression und andere Verhaltensstörungen machen deutlich, daß der Hund als integraler Teil des »Rudels« (Familie) in die »Höhle« (Haus oder Wohnung) des Besitzers gehört, wo er unter der Überwachung des Rudelführers oder »Alpha-Typs« steht (verkörpert durch den oder die Besitzer).
Wie steht es mit dem Hund, der sein Leben im Freien verbringt? Die erste Frage, die wir dazu stellen, lautet: »Warum soll der Hund außerhalb des Hauses leben?« Wenn wir Kunden, die über Verhaltensstörungen ihrer Tiere klagen, diese Frage vorlegen, sind ihre Antworten häufig knapp und dogmatisch:

Weil ich ihn draußen haben will, deshalb.
Ihm gefällt es draußen.
Ein Hund gehört nicht ins Haus.
Wenn er drinnen ist, beschmutzt er das Haus.
Er kaut (oder scharrt, springt hoch, gehorcht nicht), wenn er drinnen ist.
Ich will nicht überall im Haus Hundehaare haben.
Er stört die Gäste, und wir haben viel Besuch.
Er braucht frische Luft und Bewegung.
Wir haben es schon mit unserem alten Hund so gehalten, und es klappte.

Gelegentlich mag es stichhaltige Gründe geben, daß man einen Hund außerhalb des Hauses hält. Es mag eine Allergie in der Familie geben oder eine ältere oder behinderte Person im Haus

92

leben. Wie jeder Hundehalter weiß, müssen bestimmte Opfer gebracht werden, wenn man einen Hund besitzen möchte. Haar auf dem Teppich und an Möbeln gehört zum Leben mit einem Hund, ebenso wie gelegentliche unangenehme Zwischenfälle. Es müßte eine höchst seltene Art von Hund sein, die vierundzwanzig Stunden hindurch frische Luft und Bewegung braucht.

Wenn Ihr Hund aus diesem oder jenem zwingenden Grund im Freien leben muß, dann geben Sie ihm einen großen Auslauf und eine gute Hundehütte. Diese sollte aus Holz, im Sommer hell und im Winter dunkel gestrichen sein. Die Farbe der Hundehütte hat einen nicht unwesentlichen Einfluß auf ihre Innentemperatur. Der Boden sollte mit einem alten Teppich ausgelegt oder auf andere Art isoliert werden. Holzwolle und Stroh sind – in ausreichender Menge – gut für Wärme. Im Freien lebende Hunde benötigen mehr Fett in ihren Mahlzeiten, sobald die Temperatur unter zehn Grad sinkt.

Am häufigsten aber lebt ein Hund aus einem von zwei Gründen im Freien: Seine Besitzer ziehen es so vor und sehen keine Veranlassung, den Lebensraum des Hundes zu verändern, oder der Hund ist versuchsweise ins Haus aufgenommen worden und hat sich als zu ungebärdig erwiesen. Ist der letztere Grund zutreffend, so hoffen wir, daß dieses Buch Ihnen bei der Bewältigung von Verhaltensstörungen helfen und dem Hund die Möglichkeit eröffnen wird, in Ihren Lebensbereich zurückzukehren. Wenn Sie einfach vorziehen oder verlangen, daß der Hund draußen bleibt, werden Sie sich wahrscheinlich nicht umstimmen lassen.

Unser Rat an Hundehalter, die sich Verhaltensproblemen gegenübersehen, ist, einen Versuch zu machen und den Hund für eine Woche ins Haus zu nehmen. Rechnen Sie damit, daß die ersten paar Tage hektisch sein werden. Lassen Sie den Hund in Ihrem Schlafzimmer schlafen. Wenn dies absolut nicht in Frage kommt, schlagen wir ein begrenztes Programm von Gehorsamsschulung im Freien vor. Bedenken Sie aber, daß für die Änderung eines Verhaltens, das auf soziale Isolierung zurückgeht, nicht garantiert werden kann, es sei denn, der Hund bliebe nicht länger aus dem Haus verbannt. Eigentümer, die absolut unerbittlich sind, wenn es darum geht, den Hund ins Haus zu lassen, selbst in begrenztem Umfang, würden vielleicht gut daran tun, den Hund wegzugeben und ein Haustier anzuschaffen, das sich dem Leben im Freien leichter anpaßt – wie etwa ein Pferd, eine Kuh oder ein Schwein.

17. Hunde können einsam sein

Man hört heute viel über verzärtelte und verwöhnte Luxushunde, aber solche Tiere sind eine Minderheit. Dr. Benjamin Hart, Professor für Veterinärmedizin an der Universität von Davis in Kalifornien, meinte, daß neunundneunzig Prozent der Hunde nicht verzogen werden. Und er fügte hinzu: »Wenn Ihr Hund Vorhänge, Teppiche und Polstermöbel zerreißt, könnte er einsam sein oder mehr Bewegung nötig haben.« Können Hunde Einsamkeit empfinden? Die stammesgeschichtlich alten Teile des Gehirns (Stammhirn), in denen sich die Zentren der primären Reizverarbeitung (Thalamus) und des Affektgeschehens (Hypothalamus) befinden, sind bei den höheren Säugetieren und dem Menschen sehr ähnlich. Alle vergleichenden Untersuchungen lassen den Schluß zu, daß es zwischen dem Gefühlsleben des Menschen und dem der übrigen höheren Säugetiere keinen qualitativen Unterschied gibt. Bei seinen Forschungsarbeiten über menschliche Einsamkeit führte der Psychologe James L. Lynch auch eine Serie von Tierexperimenten durch. Sie zeigten unter anderem, daß ein Streicheln oder Kraulen deutliche Auswirkungen auf die Herztätigkeit (Pulsbeschleunigung) von Hunden hat.

Eines der größten Hindernisse für eine gesunde Beziehung zwischen Hund und Halter ist die Einsamkeit. Hundehalter, die in ihren eigenen Aktivitäten aufgehen, ahnen häufig nicht einmal, daß ihr vierbeiniger Freund unter Isolierung leidet. Ein Beispiel dafür ist Sassy, ein Airedale Terrier. Die Hündin verbrachte die Stunden zwischen acht und siebzehn Uhr allein zu Hause. Ihre Besitzer waren berufstätig, und es gab keine Kinder in der Familie. Sassy wurde im Alter von vier Monaten gekauft. Ihre Besitzer befürchteten, ein jüngerer Hund würde nicht in der Lage sein, sich an lange Wartezeiten zu gewöhnen. »Jetzt verstehen wir, daß wir einen noch älteren, ausgebildeten Hund hätten kaufen sollen, der es gewohnt ist, sich allein zu unterhalten«, bekannte die aufgeregte Frau. Das anschließende Gespräch konzentrierte sich auf das

Alter der Hündin und weshalb dieses für die Zerstörungen verantwortlich zu machen sei, die der Hund in Abwesenheit der Besitzer anrichtete. Aber nach einer Woche Beobachtung bemerkten wir, daß Sassy auf vier- bis fünfstündige Perioden der Isolation gut reagierte, sich mit Spielzeugen unterhielt, schlief und aus dem Fenster schaute. Sie war weder angespannt noch ängstlich, wurde es aber nach sechs bis sieben Stunden. Wir konnten die Hündin durch ein Einwegfenster beobachten. Während ihre Besitzer über Sassys Mangel an Energie und Lebhaftigkeit geklagt hatten, zeigte sie sich bei uns übermütig und verspielt.

In unserem nächsten Gespräch mit Sassys Besitzern forschten wir weiter. Sassy verließ selten das Haus. Zweimal war sie in einem Wagen gefahren, das erste Mal, als sie vom Zwinger des Züchters nach Haus gebracht wurde, und das zweite Mal zu einem Besuch beim Tierarzt. Die Besitzer empfingen sehr selten Gäste, waren aber gesellschaftlich aktiv und gingen häufig abends aus, so daß Sassy wiederum allein blieb. Fragen über Spielzeiten, Gehorsamsausbildung, Apportierspielen und Balgereien beantworteten die Besitzer mit verdutzten Blicken. Die Situation wurde klar: Sassy war einsam und machte gegen Ende der langen Wartezeiten ihrer Frustration Luft. Weil man sie daran gewöhnt hatte, weder Spielzeiten noch besondere Aufmerksamkeit zu erwarten, waren ihr Eigensinn und ihre Antriebsschwäche zu Merkmalen ihres Allgemeinzustands geworden.

Wir rieten dem Ehepaar zu einer täglichen Spielzeit mit dem Hund. Zwar sprachen wir uns gegen überschwengliche Begrüßungs- und Abschiedsszenen aus, empfahlen aber eine Mahlzeit ungefähr eine halbe Stunde nach der Heimkehr. Um Sassy mit mehr Menschen in Berührung zu bringen, rieten wir zur Teilnahme an einer Gehorsamsschule, damit Sassy an Einkaufsfahrten, Ausflügen und Geselligkeiten teilnehmen könne.

Sassy erholte sich rasch, und die Zerstörungen hörten auf. Wochen später berichteten die Besitzer, daß sie nun während der Mittagspause abwechselnd nach Hause kämen, um den Hund auszuführen. Sie hätten aufgehört, sich der Karriere des Mannes zuliebe gesellschaftlich zu überanstrengen und reservierten jetzt zwei Abende in der Woche für sich selbst, um sie mit dem Hund zu Haus zu verbringen. Damit nicht genug, machten sie eine Gehorsamsausbildung mit Sassy, lehrten sie ein paar kleine Kunststücke und führten sie ihren Freunden vor, die sie nun häufiger zu sich einluden. Sie hörten auf, den Hund aus ihrem Leben auszuschließen und integrierten ihn in ihren Tagesplan.

Hunde sind gesellige Tiere und brauchen die Zugehörigkeit zu einem Rudel. Da wir sie ihres naturgemäßen Rudels – Tieren ihrer eigenen Art – und der Freiheit beraubt haben, eigene Sozialstrukturen herzustellen, müssen wir sie in *unser* Rudel aufnehmen und ihnen bei der Anpassung an menschliche Sozialstrukturen helfen. Weil so viele von uns das Bewußtsein von unserer eigenen Tierhaftigkeit verloren und in unserer Entfremdung von der natürlichen Welt keine Berührung mit dem Tierreich haben, geht unsere ursprüngliche Reaktion dahin, Tieren den Zugang zu unserer menschlichen Welt zu verwehren. Die unheilvollen alten Dichotomien von Gut und Böse, Körper und Geist, Tier und Mensch werden in den Beziehungen zwischen Hund und Halter noch immer dramatisch ausgespielt.

Viele Hundehalter sind der Meinung, ihre Schützlinge wären unfähig, sich menschlicher Gesellschaft zu erfreuen. Die Tendenz geht dahin, Hunde zu isolieren, statt sie einzubeziehen. Hunde sind aus vielen Geschäften und Supermärkten verbannt, wo sie als »Gesundheitsrisiko« betrachtet werden. In mehreren Ländern geht man bereits dazu über, Hunden den Zugang zu städtischen Parks zu verwehren, gleichgültig, ob sie an der Leine geführt werden oder nicht. Die soziale Situation unserer Vierbeiner verspricht schlechter zu werden, nicht besser. Reykjavík, die Hauptstadt Islands, und Roosevelt Island in New York, um nur zwei Bereiche zu nennen, verbieten jetzt das Halten von Hunden. Die Isolation und Verbannung von Hunden aus öffentlichen Bereichen wird zunehmen, solange die Hundepopulation zunimmt und Hundehalter mit ihren Tieren unverantwortlich umgehen. Vom Standpunkt des Hundes gesehen, läuft alles das auf mehr Isolation, mehr Langeweile und mehr Einsamkeit hinaus. Und dies bei einem Tier, das seiner genetischen Prägung nach ein Rudeltier ist.

Dennoch gibt es Möglichkeiten, Ihrem Hund ein Gemeinschaftsleben zu bieten, das alle bereichert. Vor allem, lassen Sie Ihren Hund nicht allein, wenn Sie es verhindern können. Es gibt eine verbreitete, nicht einmal böswillige Praxis, den Hund daheim zu lassen. Aber halten Sie ein und überlegen Sie: Kann ich den Hund mitnehmen? Sie könnten dazu in der Lage sein. Zweitens, verschaffen Sie Ihrem Hund Umgang mit verschiedenen Menschen.

Machen Sie eine Gehorsamsausbildung mit ihm und gehen Sie dazu über, ihn auf belebten Straßen, in Fußgängerzonen und anderen Gegenden auszuführen, wo Ihr Hund Menschen in Bewegung sehen, Passanten anschauen und im allgemeinen ein Gefühl dafür bekommen kann, wie es ist, inmitten vieler Menschen zu sein. Wenn möglich, lassen Sie ihn bei Familientreffen, Gartenfesten und anderen Anlässen dabeisein.

Lassen Sie Ihren Hund möglichst wenig allein
In New Skete bemühen wir uns, die Hunde nur selten allein zu lassen. Die meisten jungen Hunde haben eine natürliche Neigung, dem Menschen zu folgen, und wir versuchen, diese Neigung zu nutzen. Der Junghund sollte jeden Tag fünfzehn Minuten systematisch üben, seinem Herrn zu folgen. Am besten trainiert man das nur an der Leine, wechselt häufiger die Schrittfolge, biegt um Ecken, beschreibt Bögen etc. Dieses einfache Verfahren bereitet den Hund gut für die Lektion »Kommen auf Befehl« vor. Wer, wie wir in New Skete, häufig beide Hände zum Arbeiten braucht, kann die Leine des Junghundes am Gürtel oder an einer Schlaufe befestigen. So lernt der Hund frühzeitig, bei seinem Herrn zu bleiben.
Ältere Hunde können in gleicher Weise dazu gebracht werden, ihrer Bezugsperson zu folgen und in der Nähe zu bleiben. Je älter das Tier, desto mehr Training an der Leine ist erforderlich, um dem Hund begreiflich zu machen, daß die Nähe des Menschen angenehm ist. Hundehalter, die sich beklagen, daß sie ihre Hunde nicht bei sich halten oder zu Ausflügen mitnehmen können, weil sie ihnen bei der ersten Gelegenheit davonlaufen, sollten ein paar Tage versuchen, die Leine als eine Art Nabelschnur zu verwenden. Es erübrigt sich zu sagen, daß die Besitzer-Hund-Beziehung harmonisch sein muß, wenn der Hund lernen soll, die Gesellschaft seines Halters anderen Aktivitäten vorzuziehen.
Um Ihnen eine Vorstellung zu geben, wie erfolgreich ein Hund in einen Tagesplan integriert werden kann, wollen wir uns zwei durchschnittliche Tagesprogramme ansehen. Das erste ist das Programm eines Mönchs in New Skete, das zweite der Tagesplan einer vielbeschäftigten Hausfrau, die wir Frau Meier nennen wollen:

6.30 Uhr

Der Mönch von New Skete steht auf, widmet sich der Körperpflege und bereitet sich auf den Morgengottesdienst vor, während der Hund zur Entleerung hinausgelassen und dann in den Zwinger gebracht wird.

7.00 Uhr

Morgengottesdienst. Der Bruder geht zur Kirche, sein Hund wartet in einem Zimmer oder im Zwinger. Der Hund wird gefüttert und in Ruhe gelassen, um zu fressen. Das hilft ihm, die Zeit bis zur Rückkehr des Mönches zu verbringen.

8.00 Uhr

Der Bruder frühstückt im Speisesaal des Klosters. Die Hunde legen sich entlang der Wände nieder.

9.00 Uhr

Arbeit. Der Bruder nimmt den Hund mit sich, wo immer er an diesem Tag arbeitet. Er erlaubt kein willkürliches Umherlaufen, gibt den Befehl zum Liegen und sorgt dafür, daß das Tier an seinem Platz bleibt. Brüder, die in den Zwingern oder an der Ausbildung arbeiten, lassen sich von ihren Hunden begleiten. Die Hunde der Büroarbeiter liegen unter den Schreibtischen. Arbeit in der Kirche kann verrichtet werden, während die Hunde in der Sakristei liegen. Die Hunde der in der beaufsichtigten Fleischhauerei arbeitenden Brüder liegen vor der Tür.

12.00 Uhr

Die Mönche essen zu Mittag. Während der Essenszeit liegen die Hunde wie beim Frühstück im Speisesaal. Betteln oder An-den-Tisch-Kommen ist nicht gestattet.

13.00 Uhr

Nachmittagsarbeit. Verläuft für Mönche und Hunde wie die Arbeitsperiode am Vormittag.

15.00 Uhr

Manche Brüder setzen die Arbeit fort, während andere mit ihren Hunden spazierengehen, Gehorsamsübungen durchführen oder die Tiere einfach ruhen lassen.

18.00 Uhr

Abendessen in Anwesenheit der Hunde.

19.30 Uhr

Abendgottesdienst. Die Brüder gehen zur Kirche, die Hunde

warten in den Wohnräumen. Einige Hunde werden zu dieser Zeit wieder gefüttert.

20.30 Uhr

Die Hunde nehmen am Beisammensein der Mönche teil.

21.30 Uhr

Die Brüder und ihre Hunde ziehen sich in ihre Räume zurück. Sonntags mischen die Hunde sich unter die zahlreichen Besucher, die zum Gottesdienst nach New Skete kommen oder Nachmittagsbesuche machen.

Tagesprogramm II:

7.00 Uhr

Frau Meier steht auf, bereitet Frühstück für die Kinder, läßt den Hund aus ihrem Schlafzimmer in den Garten oder eingezäunten Hof, wo er sich erleichtern kann.

7.45 Uhr

Der Hund begleitet die Kinder zur nahegelegenen Bushaltestelle. Frau Meier ruft den Hund sofort nach Abfahrt des Busses zum Haus zurück. Der Hund wird gefüttert.

9.00 Uhr

Der Hund leistet Frau Meier Gesellschaft, während sie ihre Hausarbeit erledigt.

11.00 Uhr

Einkaufsfahrt. Frau Meier setzt ihre zwei Vorschulkinder und den Hund in den Wagen. Der Hund bleibt im Wagen, während sie ihre Besorgungen macht.

Der Hund liegt in der Küche, während Frau Meier das Mittagessen bereitet.

13.00 Uhr

Zwei Kinder kehren von der Schule zurück; der Hund läuft gewohnheitsmäßig zur Tür, um zur Bushaltestelle zu laufen.

13.15 Uhr

Die Schulkinder kommen mit dem Hund nach Hause. Mittagessen in der Küche. Der Hund liegt am Boden, bis die Mahlzeit beendet ist.

14.00 Uhr

Die kleineren Kinder schlafen, die größeren machen ihre Hausaufgaben. Der Hund schläft im Kinderzimmer bei den Kleinen.

Frau Meier spült das Geschirr, räumt auf oder verrichtet andere Hausarbeit.

15.30 Uhr

Die Kinder spielen im Garten oder Hof mit dem Hund. Nach einer halben Stunde wird der Hund hineingerufen und gefüttert.

16.30 Uhr

Frau Meier geht mit dem Hund in den Garten oder Hof und macht im Beisein der Kinder fünfzehn Minuten Gehorsamsübungen.

16.45 Uhr

Frau Meier bügelt, bereitet das Abendessen vor oder liest die Zeitung, während der Hund bei ihr liegt.

17.30 Uhr

Herr Meier kommt nach Haus, zieht sich um und nimmt den Hund mit zu seinem täglichen Dauerlauf.

18.30 Uhr

Die Familie ißt, der Hund liegt unweit vom Tisch am Boden.

19.30 Uhr

Der Hund ist mit der Familie im Wohnzimmer und nimmt teil an ihrer Abendunterhaltung.

22.45 Uhr

Der Hund wird hinausgelassen, um sich zu entleeren.

23.00 Uhr

Herr und Frau Meier gehen zur Nachtruhe ins Schlafzimmer, der Hund folgt ihnen und legt sich neben dem Bett nieder.

Es wird deutlich, daß beide Tagesprogramme den Hund in der Nähe seiner Bezugspersonen lassen. Der Hund ist ganz selbstverständlich einbezogen, nicht etwa ausgeschlossen. Fast immer ist das Tier mit Menschen zusammen. Perioden, in denen der Hund sich Bewegung verschaffen kann, sind in den Tagesablauf eingegliedert. Das Tier wird als Gefährte und als Familienmitglied integriert. Andererseits werden die Hunde nach diesen Programmen nicht mit unreflektierter Liebe überschüttet. Auch wird ein Hund keineswegs neurotisch, wenn er nicht achtzig Prozent der Tageszeit frei herumlaufen darf.

Lassen Sie den Hund an Ihrem Tagesablauf teilhaben, um Einsamkeit und möglicherweise hysterischem Verhalten vorzubeugen. Nehmen Sie sich Zeit, Ihren Tagesplan auszuarbeiten, sehen Sie zu, wie Sie den Hund darin einbeziehen können. Gelassenheit und Ruhe im Umgang mit Ihrem Vierbeiner wird Ihnen mit freiwilliger Anpassung und konfliktfreiem Verhalten gedankt.

18. Wo verbringt Ihr Hund die Nacht?

Lautet Ihre Antwort auf diese Frage: »Im Schlafzimmer auf dem Fußboden«, dann haben Sie das wesentliche Anliegen dieses Kapitels bereits verstanden. Lautet Ihre Antwort dagegen: »Im Keller«, »angebunden in der Küche«, oder »bei mir im Bett«, dann lesen Sie weiter. Wir möchten hier den Wert der »Schlaftherapie« – und wie dabei zu verfahren ist –, für Sie und Ihren Hund erörtern.

Viele Menschen empfinden die Anwesenheit eines Hundes im Schlafzimmer als peinlich. Eine Kundin schildert das Problem wie folgt: »Ich binde sie abends in der Küche an. Dort schläft sie immer. Manchmal kaut sie nachts. Bis ich eine Stahlkette besorgte, kaute sie regelmäßig das Leder der Leine durch, um freizukommen. Dann lief sie ins Schlafzimmer. Sie schlich hinein, und ich entdeckte sie dann am nächsten Morgen. Also fing ich an, die Küchentür zu schließen. Aber sie lernte, die Klinke niederzudrücken. Also schloß ich die Schlafzimmertür. Darauf begann sie, an der Schlafzimmertür zu kratzen. Was sagen Sie dazu?«

Eine andere Stellungnahme zum Aufenthalt des Hundes im Schlafzimmer lautete:

»Lieber Himmel, nein! Mein Mann würde das nie erlauben. Sie könnte uns ja schließlich bei irgendwelchen Intimitäten ertappen! (Kundin räuspert sich.) Es schickt sich einfach nicht. Aber wie soll ich ihr beibringen, daß sie in die Küche gehört?«

Es ist eine Frage der Unbefangenheit, ob man seinen Hund im Schlafzimmer duldet oder nicht. Wer sich nicht dazu entschließen kann, muß unbedingt für eine entsprechende Alternative sorgen, die dem Tier genügend Geborgenheit vermittelt. Eine bequem ausgepolsterte Zimmernische etwa eignet sich hervorragend. Besser jedoch wäre es, wenn Sie ihre Bedenken überwinden könnten. Ihr Hund beobachtet Sie keineswegs. Er ist nur zufrieden, wenn er in Ihrer Nähe schlafen darf.

Verhaltensregeln im Schlafzimmer

Ihr Hund ist im Zimmer, und Sie wollen sich schlafenlegen. Am besten ist es, Sie haben Ihren Hund im voraus das Liegen auf Befehl gelehrt, doch haben wir die Erfahrung gemacht, daß selbst die lebhaftesten und unruhigsten Hunde sich von selbst niederlegen, sobald das Licht gelöscht wird. Sollte Ihr Hund herumlaufen oder zu oft aufstehen, muß er jedoch dazu erzogen werden, sich auf Befehl niederzulegen. In hartnäckigen Fällen können Sie den Hund am Fußende des Bettes anbinden. Erlauben Sie kein Hinaufspringen auf das Bett. Bestrafen Sie solches Verhalten, indem Sie den Hund ohne Federlesens vom Bett entfernen und mit einem scharfen »Nein!« auf den Boden setzen.

Stellen Sie dem Hund einen Schlafplatz mit einem kleinen Teppich oder einer Decke zur Verfügung. Futter und Wasser werden über Nacht nicht benötigt. Die beste Strategie ist, den Hund niederliegen zu lassen, ihn nicht weiter zu beachten und die eigenen Vorbereitungen zum Schlafengehen zu treffen. Beachten Sie den Hund möglichst wenig. Er muß eindeutig verstehen lernen, daß er sich ruhig zu verhalten hat. Die meisten Hunde werden den Schutz dieser »Höhle« genießen, sich einen Platz suchen und schlafen. Solange es Ihnen keine Unannehmlichkeiten bereitet, lassen Sie den Hund die Stelle auswählen. Zwingen Sie ihn nicht, irgendwo zu liegen. Legt der Hund sich an einen Platz, wo Sie ihn nicht haben wollen, blockieren Sie die Stelle mit irgendeinem Gegenstand.

Schalten Sie zuletzt das Licht aus. Das ist gewöhnlich das entscheidende Signal. Sie werden erstaunt sein, wie schnell Ihr Hund sich zu einem problemlosen Schlafzimmerbewohner entwickelt.

Aufstehen

Das Privileg des Hundes, in der »Höhle« seiner Besitzer zu schlafen, sollte von ihm auch als solches empfunden werden. Erlauben Sie Ihrem Hund nicht, es zu mißbrauchen. Belästigt er Sie während der Nacht, so geben Sie ihm einen Klaps unter die Kinnlade und den Befehl, sich niederzulegen. Scharren am Bett oder Hinaufspringen sollte mit Schlägen auf die Pfoten und einem energischen Stoß bestraft werden. So gut es im allgemeinen ist, den Hund im Schlafzimmer zu lassen, im Bett hat er nichts zu suchen.

Wenn Ihr Hund Sie in den frühen Morgenstunden belästigt, gehorcht er im Regelfall nur seinem psychologischen und physiologischen Wecker, der ihn zur Entleerung drängt. Viele Hunde erledigen ihr Geschäft nach einem feststehenden Rhythmus, den Sie dann wohl oder übel respektieren müssen. Allerdings nutzen manche Tiere diese Nachgiebigkeit aus und tyrannisieren ihre Besitzer, einfach, um Aufmerksamkeit zu erregen. Gewöhnen Sie

Ihren Hund deshalb langsam an eine gewisse Disziplin. Je älter der Hund, desto mehr Kontrolle über sich wird er haben. So kann man den Zeitpunkt nach und nach hinausschieben. Auf Welpen und Junghunde muß natürlich mehr Rücksicht genommen werden.

Vom Wert des gemeinsamen Schlafraums
Von allen Übungen, die in diesem Buch beschrieben sind, ist »Schlaftherapie« die einfachste. Sie brauchen nicht mehr zu tun, als den Hund ins Schlafzimmer ein- und wieder hinauszulassen und dafür zu sorgen, daß er sich in Ihrem Schlafraum so unauffällig und leise wie möglich verhält. Für den Hund ist dieses nächtliche Beisammensein eine wichtige sinnliche Erfahrung: Er erfreut sich während einer ausgedehnten Zeitspanne Ihres Geruchs. Das Schlafzimmer enthält die intensivsten Gerüche. Sie konzentrieren sich auf das Bett selbst, insbesondere auf die Mitte des Bettes. Darum ziehen wir es vor, den Hund nicht auf das Bett zu lassen. Erlauben die Halter dem Hund, auf das Bett zu springen oder es sich gar darin bequem zu machen, so kann es geschehen, daß Sie eines Tages die Mitte der Matratze zerkaut und aufgerissen vorfinden. Ein gewisser Kontakt mit dem Geruch des Besitzers ist vorteilhaft, zu viel Kontakt bewirkt eher das Gegenteil. Das Schlafzimmer vermittelt dem Nasentier Hund viele Eindrücke: Der Schrank beherbergt Schuhe und Strümpfe, auf dem Teppich wird barfuß gegangen, Vorhänge und Bettzeug werden ständig angefaßt. Für Ihren Hund ist daher der Aufenthalt im Schlafzimmer mit vielen Reizen verbunden.
Die von allen Umwelteinflüssen gelöste Atmosphäre der Nachtruhe trägt zu einer allgemein entspannten Beziehung zwischen Herr und Hund bei. Infolgedessen kann der gemeinsame Schlafraum eine große Hilfe sein, wenn Ihr Hund unter übergroßer Unruhe, sozialer Isolation, mangelndem Gehorsam, kurzum, ausgeprägten Problemverhalten leidet. Für Besitzer, die nicht viel Zeit für ihren Hund erübrigen können oder wollen, kann es eine Gelegenheit zur Kontaktpflege sein, dem Hund aber bedeutet es sehr viel mehr.
Von mehr als vierhundert »Problemhunden«, mit denen wir in New Skete gearbeitet haben, schliefen achtzig Prozent der betreffenden Tiere außerhalb des Schlafzimmers, gewöhnlich im Wohnzimmer, im Keller, im Freien oder – bezeichnenderweise – vor der Schlafzimmertür.

Alle Mönche in New Skete behalten die ihnen zugewiesenen Hunde während der Nacht bei sich in ihren Räumen. Die Schlafräume liegen in dem Teil unseres Klosters, für den unsere Ordensregeln Schweigen und Stille gebieten. Unsere Hunde folgen uns in den Raum; dann geben wir mit einem Handzeichen den Befehl zum Liegen und bereiten uns zum Schlafengehen vor. Gewöhnlich schlafen unsere Hunde eher ein als wir.

Ein gutes Beispiel für die Wirkung des Schlafens im selben Raum ist immer dann zu beobachten, wenn ein aus Deutschland importierter Hund bei uns eintrifft. Da wir bemüht sind, die besten Abstammungslinien in unser Zuchtprogramm aufzunehmen, müssen einige Hunde aus Deutschland eingeführt werden. Bei ihrer Ankunft sind die Hunde schon deshalb stark desorientiert, weil sie unsere Sprache nicht verstehen. Aber nachdem sie eine Woche mit einem der Mönche im selben Raum geschlafen haben, fassen sie Vertrauen, folgen dem betreffenden Bruder wie ein Schatten, ein Beweis dafür, wie beruhigend es auf den Hund wirkt, wenn er im selben Raum schlafen darf wie sein Herr.

Der träumende Hund

Hunde träumen wie wir. Häufig geben sie dabei ihren Gemütsbewegungen Ausdruck, stöhnen und knurren und kläffen im Traum. Manche Eigentümer meinen dann, es sei am besten, den Hund zu wecken und so den vermeintlichen »Alptraum« zu beenden. Doch hier gilt das alte Sprichwort: Schlafende Hunde soll man nicht wecken. Wenn der in der Traumphase mit raschen Augenbewegungen des Hundes einhergehende Schlaf allzuoft gestört wird, können Unruhe und Widerspenstigkeit bei Tag die Folge sein. Läuft der Traum allzu geräuschvoll ab, so versuchen Sie ihn durch Zusammenknüllen eines Papiers oder Klopfen auf den Boden zu beenden. Derartige Störungen ändern oder beenden den Traum, ohne den Hund zu wecken.

Es ist von Bedeutung, wo Ihr Hund schläft. Der beste Platz ist in Ihrem Schlafzimmer, in Ihrer »Höhle«. Es bedarf kaum der Erwähnung, daß der Hund auch seiner Schutzfunktion besser gerecht werden kann, da er in der Lage ist, seine Besitzer sofort vor jeder Gefahr zu warnen. Wenn der Hund Zugang zu Ihrem Schlafzimmer hat, haben Sie gewissermaßen eine lebendige Alarmanlage bei sich.

19. Spielen Sie Pawlow

Der russische Experimentalpsychologe Iwan Pawlow (1849 bis 1936) verwendete für seine Versuche mit dem konditionierten Reflex fast ausschließlich Hunde. Obgleich er sich nicht speziell mit Hundeausbildung befaßte, gewann er im Verlauf seiner Arbeiten Einsichten, die für Züchter, Ausbilder und Hundehalter von großem Wert sein können. Dieses Kapitel erhebt nicht den Anspruch, Pawlows Arbeiten nachzugehen oder gar im einzelnen zu würdigen. Gleichwohl können und werden wir eine Technik zur Sozialisierung und Ausbildung von Hunden erklären, die sich in ihrem Stil eng an Pawlow anlehnt.

Ein einfacher Schlüsselbund kann Ihnen helfen, Ihre Beziehung zu Ihrem Hund zu vertiefen und viele Formen von Verhaltensstörungen zu lindern. Hunden mit »Rückrufproblemen«, einer Neigung zum Zerkauen von Gegenständen, zum Graben oder anderen destruktiven Tätigkeiten, aber auch Tieren, die unter Appetitlosigkeit leiden, kann mit einer einfachen Form von Geräuschkonditionierung erfolgreich geholfen werden. Dazu benötigt man vier oder fünf Schlüssel an einem Ring oder an einer Kette. Jeder zweite Schlüssel sollte aus Messing sein, die übrigen aus anderem Metall, jedoch nicht Aluminium. Messing und Stahl erzeugen einen helleren Klang, und vier oder fünf Schlüssel kann das empfindsame Hundeohr besser ertragen als zehn oder zwanzig.

Die Grundidee hinter dieser Geräuschkonditionierung ist das Auslösen gewünschten Verhaltens durch ein bestimmtes Geräusch. Hier werden Schlüssel verwendet, da sie einen kräftigen, hellen Klang erzeugen, der eine unwiderstehliche Wirkung auf den Hund hat, sobald er gelernt hat, sich auf die Geräusche einzustellen. Händeklatschen, Pfeifen und Rufen werden – da offensichtlich personenbestimmt – vom Hund anders aufgenommen. Der Hund versteht sehr genau, Stimmungsschwankungen aus menschlichen Äußerungen herauszuhören. Schlüsselklappern oder Pfeifgeräusche sind neutral und daher wirksamer. Unsere Erfahrung zeigte, daß Schlüssel an einer Kette oder einem Ring das wirksamste geräuscherzeugende Mittel sind.

Nehmen wir ein Beispiel. Ihr Hund kommt nicht, wenn Sie ihn rufen. Haben Sie einen Welpen oder einen Hund von weniger als zwei Jahren, so sind Ihre Chancen für eine wirksame Geräuschkonditionierung zur Berichtigung des »Rückrufproblems« besser, als bei einem älteren Hund, der gewohnt ist, in die andere Richtung zu gehen, wenn er gerufen wird. Dennoch ist es nie zu spät, diese Ausbildungstechnik zu versuchen. Um den größtmöglichen Erfolg zu erzielen, müssen Sie Ihren Hund zweimal täglich zu festgelegten Zeiten füttern, und er muß seine Mahlzeit in ungefähr fünfzehn bis zwanzig Minuten beenden. Falls Sie Ihren Hund an mehrere kleine Mahlzeiten gewöhnt haben, werden Sie ihn auf regelmäßige Fütterungszeiten umstellen und das Futter entfernen müssen, wenn es nicht aufgefressen wurde. (Wir empfehlen diese Methode für jede Art von Fütterung.) Bevor Sie die Schüssel in seine Reichweite stellen und ihn fressen lassen, gewinnen Sie die Aufmerksamkeit Ihres Hundes und klingeln zwei oder drei Sekunden mit dem Schlüsselbund. Dann, während er sich über sein Futter hermacht, gehen Sie Ihren eigenen Angelegenheiten nach. Machen Sie keine Schau daraus und lassen Sie Ihren Hund möglichst nicht sehen, daß Sie mit den Schlüsseln klimpern. Wiederholen Sie diese Prozedur bei der zweiten Mahlzeit und fahren Sie in dieser Weise für zwei oder drei Wochen fort. Gebrauchen Sie die Schlüssel in der Nähe Ihres Hundes für keinen anderen Zweck, bis Sie diese Konditionierungstechnik einige Zeit angewandt haben. Eine weitere positive Verstärkung des Effekts kann erreicht werden, indem Sie die Schlüssel jedesmal verwenden, wenn Sie von der Arbeit heimkehren oder den Hund zu einem Ausflug mit dem Wagen mitnehmen: Schalten Sie die Zündung aus, öffnen Sie die Tür (beides für sich genommen unverkennbare Geräusche), klingeln Sie mit dem Schlüsselbund und rufen Sie den Namen des Hundes mit freundlicher, deutlich hörbarer Stimme.

Nach zwei oder drei Wochen beginnen Sie mit einer täglichen Übung, bei der Sie Ihren Hund rufen, mit den Schlüsseln klimpern und ihn verschwenderisch loben, wenn er sofort gehorcht. Hocken oder kauern Sie dabei nieder, lächeln Sie dem Hund zu und breiten Sie die Arme aus, um den Hund zu sich hin zu lenken, und übertreiben Sie das Schlüsselgeklingel nicht. Es kommt allein darauf an, daß der Hund das konditionierende Geräusch der Schlüssel hört. Dann kehren Sie die Prozedur um, indem Sie zuerst mit den Schlüsseln klimpern und dann Ihren Hund beim Namen rufen. Versuchen Sie es zuletzt mit den Schlüsseln allein. Belohnen Sie Ihren Hund mit verbalem und körperlichen Lob, wenn er zu Ihnen kommt. Es gibt kaum einen Augenblick in der Ausbildung, der des Lobes mehr bedarf, als der erfolgreiche Rückruf. (Rufen Sie niemals einen Hund zu sich, um ihn dann zu bestrafen. Wenn Sie etwas anderes als einen freundlichen Empfang für Ihren Hund geplant haben, dann lassen Sie ihn nicht kommen, sondern gehen Sie und holen Sie den Hund selbst.) Wichtig ist, daß auf das Schlüsselgeklingel immer eine angenehme Erfahrung folgt...

Die Schlüsseltechnik ist auch auf Gruppenarbeit anwendbar. Welpen sind häufig geräuschkonditioniert, weil der Züchter es vorzieht, die Namengebung dem künftigen Besitzer zu überlassen. Nachdem diese Technik sich bei Welpen und Junghunden ausgezeichnet bewährt hat, kann man mittels des Schlüsselgeklimpers Junghunde und Welpen herbeirufen, einen Wurf beisammenhalten und von Straßenverkehr und anderen Gefahren ablenken. Eine Züchterin lockte mit dem Schlüsseltrick einen Wurf von neun Welpen von einer stark befahrenen Fernstraße herunter.

Sogar Hunde, die unter Appetitlosigkeit leiden, sind mit dem Schlüsselgeklimper gewissermaßen therapierbar. Pawlows Hunde sonderten beim Klang einer Glocke Speichel ab. Auch wir machen uns diese Methode bei anhaltender Futterverweigerung zunutze. Appetitlosigkeit kann viele Ursachen haben (siehe Kapitel 11 über Ernährung), also muß man sich vergewissern, daß man mit der Schlüsseltechnik nicht einfach Symptome bekämpft, ohne zuvor die grundlegende Störung zu beheben.

Hunde, die graben und die Hauseinrichtung beschädigen, können bisweilen durch geschickte Geräuschtherapie von ihren zerstörerischen Aktivitäten abgelenkt werden. Verbale oder körperliche Bestrafung ist die übliche Korrekturmaßnahme für derartiges Verhalten, aber ein Hund, der auf diese Methoden nicht reagiert, mag auf Geräuschablenkungen ansprechen. Schlüssel, Pfeifen und andere geräuscherzeugende Mittel sind besonders hilfreich bei Hunden, die kauen oder wühlen, wenn der Eigentümer abwesend ist.

Hier ist ein solcher Fall:

Thunder, ein zweijähriger Malemute, verbrachte seine Tage damit, Löcher im Garten zu graben. Wenn die Besitzer nach Hause kamen, wurde der Hund in der Regel verprügelt und dann eingesperrt. Thunders Grabwut wurde davon jedoch nur noch schlimmer. Die Besitzer konsultierten endlich ratlos ihren Tierarzt, der sie an uns verwies. Thunder schien ein normaler, gesunder Rüde zu sein, aufmerksam und aktiv, zeigte jedoch noch typische Verhaltensweisen eines Welpen. Wir kombinierten eine grundlegende Gehorsamsausbildung mit einigen Veränderungen der Diät und einer Geräuschkonditionierung. Später, als Thunder uns verließ, begannen die Besitzer den Hund mit dem Geklimper eines Schlüsselbundes zu den Mahlzeiten am frühen Morgen und Abend zu rufen. Die Ehefrau nahm sich einen Tag frei und verbrachte ihn in einem Nachbarhaus mit Blick auf den eigenen Garten. Wenn sie sah, daß der Hund sich anschickte zu graben, klimperte sie mit dem Schlüsselbund, eine Prozedur, die sie an diesem Nachmittag mehrmals wiederholen mußte. Außerdem hatte sie für Ablenkung gesorgt. Bälle, Stöcke und anderes Spielzeug hatten Thunder bisher nicht von seinem leidenschaftlichen Gewühl abhalten können. Die Konstruktion einer einfachen »Hindernisbahn« aus alten Reifen, Brettern und ein paar großen Ästen erfüllte diesmal jedoch ihren Zweck. Als die Frau am nächsten Tag wieder zur Arbeit ging, überließ sie den Schlüsselbund ihrer Nachbarin, die sich bereit erklärte, den Hund genau zu beobachten. Diese hilfsbereite Nachbarin klingelte mit den Schlüsseln entweder, wenn der Hund im Begriff war zu graben, oder, wenn sie ihn auf frischer Tat ertappte. Nach Ablauf von zwei Wochen hatte das Graben unter der gemeinsamen Einwirkung der verschiedenen Faktoren unseres Programms vollständig aufgehört. Die Besitzerin erwog nun den Einbau einer Hundetür, um dem Tier die Wahl zu lassen, ob es sich im Haus oder draußen aufhalten wollte. Früher war sie gegen eine solche Lösung gewesen, da sie Zerstörungen im Haus mehr fürchtete als das Aufwühlen der Blumenbeete. Später berichtete sie uns, ihre Nachbarn hätten beobachtet, daß der Hund ungefähr die Hälfte der Zeit im Hause verbringe. Sie fügte hinzu, daß er keinerlei Zerstörung mehr anrichte, weder im Haus noch im Garten.

Unser nächster Fall zeigt, wie mit Hilfe der Geräuschkonditionierung fortwährendes Bellen in Abwesenheit der Hundehalter überwunden wurde: Shana, eine einjährige Bastardhündin, halb Collie, halb Schäferhund, bellte und jaulte unaufhörlich, wenn sie alleingelassen wurde. Sie begann damit ungefähr eine Stunde nach dem Weggang ihrer Besitzerin, wie die Nachbarn in ihren Beschwerden an den Hausverwalter berichteten, der daraufhin mit Kündigung drohte. Bei näherer Untersuchung dieses Falles stellten wir fest, daß die Frau den Hund jeden Morgen mit einer ausgedehnten gefühlvollen Abschiedsszene aus der Fassung brachte, ihn tröstete und bat (!), tagsüber nicht zu bellen. Wenn sie fortging, fühlte sie sich froh und zuversichtlich, dagegen blieb der Hund in einem Zustand emotionaler Überreizung zurück. Bei ihrer Heimkehr pflegte sie den Hund dann überschwenglich zu begrüßen, umarmte ihn, dankte ihm, daß er tagsüber ruhig gewesen sei (!) – oder relativ ruhig, je nach den Berichten der Nachbarn. Als erstes versuchten wir, diese hitzigen Rituale etwas abzukühlen und nahmen damit einen Teil der emotionalen Überladung von dem Tier. Dann begannen wir mit einer Gehorsamsschulung. Auch in diesem Fall nahm sich die Halterin für den ersten Tag der Geräuschkonditionierung einen freien Tag, den sie in der Wohnung einer Nachbarin in Hörweite des Hundes und mit einer Trillerpfeife in der Hand verbrachte. Drei weitere Nachbarn wurden ebenfalls mit Pfeifen ausgerüstet, die sie sofort betätigten, wann immer der Hund »aufdrehte«. Einen zusätzlichen freien Tag verbrachte die Besitzerin im nächsthöheren Geschoß. Sobald Shana anfing zu bellen, stürzte die Frau in ihre Wohnung, marschierte auf die Hündin zu, bestrafte sie mit ein paar Klapsen unter die Kinnlade, hieß sie niederliegen und warf sie in der Manier des Alpha-Wolfes auf den Rücken (siehe Kapitel 10 über Strafe). Das hervorragende Gefühl der Hundehalterin für die Wahl des richtigen Augenblicks, ihre dramatische Begabung und der Überraschungseffekt führten genau zu dem gewünschten Ergebnis. Das Gebell hörte auf. Die Besitzerin setzte die Geräuschkonditionierung ihrer Hündin auch danach fort, indem sie die Mahlzeiten durch ein Pfeifensignal ankündigte. (Die Pfeife wurde in diesem Fall anstelle eines Schlüsselbundes verwendet, weil ihr schriller Ton die Wände der Wohnung durchdringen konnte.) Wir führten die Geräuschkonditionierung als unterstützende Maßnahme für den Fall fort, daß das Bellen und Jaulen wieder anfangen würde, und weil es sich auf anderen Ebenen der Halter-Hund-Beziehung, wie dem Kommen auf Befehl und Appetitlosigkeit als nützlich erwiesen hatte.

Pawlows Entdeckungen lassen sich also erfolgreich bei Verhaltenskorrekturen anwenden. Wenn Sie Fragen bezüglich der Geräuschkonditionierung für Hunde haben, wird es am besten sein, einen (vom Tierarzt empfohlenen) Tierpsychologen oder einen mit diesen Methoden vertrauten Ausbilder zu konsultieren. Pawlows Vorlesungen über den konditionierten Reflex sind eine interessante, wenn auch nicht gerade einfache Lektüre. Vielleicht sollten Sie sich diese Mühe dennoch machen, um die grundlegenden Prinzipien der Geräuschkonditionierung zu verstehen und richtig anzuwenden.

20. Ihr Hund braucht Ruhe

Tiere sind Geschöpfe, die Stille in die Welt des Menschen und der Sprache bringen und immer Stille vor dem Menschen niederlegen. Viele Dinge, die von den Worten der Menschen in Unordnung gebracht wurden, werden durch die Stille der Tiere wieder beruhigt. Tiere bewegen sich wie eine Karawane der Stille durch die Welt.
Eine ganze Welt, die Welt der Natur und der Tiere, ist voll Stille. Natur und Tiere scheinen Erhöhungen der Stille gleich. Die Stille der Tiere und die Stille der Natur würde nicht so groß und erhaben sein, wäre sie lediglich Sprachlosigkeit. Stille ist den Tieren und der Natur als etwas anvertraut worden, das um seiner selbst willen geschaffen wurde.

Max Picard, Die Welt der Stille

Vor einiger Zeit wurde ein Irischer Setter zu uns gebracht, eine Hündin namens Queenie, die am ganzen Körper wie Espenlaub zitterte. Die geplagte Hausfrau wollte sie zur Beobachtung bei uns lassen. »So zittert sie immer«, klagte sie. »Ich weiß nicht, ob sie vielleicht unsere Lebensweise nicht ertragen kann.« Diese Bemerkung hatte ein Gespräch über die Lebensgewohnheiten der Familie zur Folge. Die Frau schilderte ihre Familie als »aktiv« und »robust«, und, wie sie hinzufügte: »sehr geräuschvoll«. Unterdessen warteten draußen auf dem Parkplatz drei Vorschulkinder im Wagen, die abwechselnd lachten, kreischten und weinten. Als wir sie fragten, ob sie wünsche, daß die Kinder hereinkämen, um bei unserem Gespräch dabeizusein, erklärte sie erschrocken: »Ach nein, sie sind zu laut! Wenn die Kinder in der Nähe sind, zittert Queenie noch mehr!«
Als wir die Familiensituation näher ausforschten, wurde klar, daß dieser Hund kaum zur Ruhe kommen konnte. Bis auf eine Zeitspanne von fünf Stunden, während der sie schlief, lebte die arme Hündin unter einem unaufhörlichen Trommelfeuer von Geräuschen und Lärm. Befehle und Fragen, ob an den Hund

gerichtet oder an andere Familienmitglieder, wurden in dieser Familie gebrüllt oder geschrien. Der Fernseher war gewissermaßen der Pulsschlag des Hauses und fast vierundzwanzig Stunden in Betrieb, selbst, wenn niemand zusah. Ging die Familie irgendwohin, ließ sie Fernseher und Radio mit voller Lautstärke weiterschmettern, weil sie fürchtete, Queenie könnte sich einsam fühlen und in eine Zerstörungsorgie verfallen. Zu allem Überfluß lag das Haus an einer verkehrsreichen Hauptstraße, deren Getöse den von der Familie erzeugten Lärm manchmal noch übertönte.

Queenies Zittern hatte jedoch erst angefangen, als sie sechs Monate alt gewesen war. Die Familie hatte den Hund im Alter von zwei Monaten erworben, von denen sich das Tier vier Monate völlig normal verhielt. Doch dann setzte das Zittern ein und hörte nicht mehr auf. Seit Queenie in dieser Familie lebte, war sie nur wenige Augenblicke allein gewesen.

Nach zwei Tagen in unserer relativ stillen Umgebung hörte die Hündin auf zu zittern. Die Symptome schienen weder ererbt zu sein, noch von irgendeiner durch Überzüchtung bedingten Nervosität herzurühren. Während der Ausbildung in der Gehorsamsschule reagierte sie auf normal gesprochene Befehle und sogar auf geflüsterte Anweisungen. Bei uns schien sie sich von Grund auf ihres Lebens zu freuen. Als die Besitzer kamen, um sie abzuholen, waren sie voll ungläubigen Staunens über die Verwandlung ihres Hundes.

Nachdem wir einige Änderungen der Futterzusammensetzung und eine Untersuchung beim Tierarzt vorgeschlagen hatten, diskutierten wir noch einmal die häuslichen Bedingungen, unter denen Queenie hatte leben müssen. Wir schlugen tägliche Gehorsamsübungen, Spielstunden und vor allem etwas ungestörte Ruhezeit für Queenie vor. Gegen Ende unseres Gesprächs waren die Besitzer sehr nachdenklich geworden und wollten nicht mehr allein dem Hund die Schuld geben, der einfach nicht in der Lage war, die Hektik »auszuhalten«. Gerade die Kinder (diesmal am Gespräch beteiligt) zeigten sich einfühlsam und besorgt. Ein Fünfjähriger erklärte, er habe oft den ganzen Tag Kopfschmerzen. Auf den Hund deutend sagte er: »Vielleicht hat Queenie das auch.«

Hunde brauchen also Ruhe, ein gewisses Mindestmaß an Ungestörtheit, wenn sie auch von ihrem Erbe her gesellige Rudeltiere sind, und es ist an uns, diese Ruhe zu gewährleisten. Zwar sollten die Gehorsamsübungen möglichst lebhaft und munter verlaufen, voll von Ermutigung, Lob und Aufmunterung, doch ist es eine gute Idee, gelegentlich eine stille Übungsstunde einzuschieben, die Befehle zu flüstern, sich leicht zu bewegen, vielleicht sogar die ganze Übung in einer bewaldeten Gegend oder einem Park abzuhalten. Blickkontakt und Ruhe wirken als wesentliche Faktoren jeder harmonischen Mensch-Hund-Beziehung oft Wunder. Es ist eine gute Übung, einmal am Tag innezuhalten, die Aufmerksamkeit des Hundes zu gewinnen und ihn einfach anzusehen. Man sollte ihn jedoch keineswegs anstarren. Bleiben Sie einfach stehen und schauen Sie das Tier lächelnd an, ohne etwas zu sagen. Dann beenden Sie diesen Augenblick mit einem zärtlichen Tätscheln oder einem freundlichen Wort. Unverwandtes Anstarren, hart und durchdringend, kann als Bedrohung aufgefaßt werden. Die Art von stummem Blickkontakt, um die es uns hier geht, ist freundlich, ruhig und von einiger Dauer.

Manche Menschen vertreten die Ansicht, daß jede Art von Gehorsamsausbildung in einer geräuschvollen Umgebung stattfinden sollte, die dem »alltäglichen Leben« möglichst nahezukommen habe. Tatsächlich spricht einiges dafür, denn Ablenkungen und Geräusche helfen dem Hund, sich Befehle besonders gründlich einzuprägen. Doch sollte man gerade zu Beginn der Ausbildung eine ruhige Übungsstunde einplanen. Wirkliche Stille ist so selten geworden, daß wir sie bewußt herbeiführen müssen, um in ihren Genuß zu kommen. Machen Sie Stille zu einem Bestandteil in Ihrem und Ihres Hundes Leben.

Manche Stadtbewohner mögen fragen: »Aber wohin soll ich gehen, um jeden Tag einen ruhigen Ort aufzusuchen?« Mit ein wenig kreativem Denken gibt es Lösungen. Ein Großstadtbewohner beispielsweise nimmt seinen in der Gehorsamsschule ausgebildeten Mastiff mit in die örtliche Zweigstelle der Stadtbibliothek. Er erklärte seine Situation der Bibliotheksleiterin und bat um die Genehmigung eines Versuchs. Eine Frau in einer dichtbesiedelten Vorortgegend geht jeden Tag für zehn Minuten in eine nahegelegene Kirche und läßt ihren Retriever neben der Kirchenbank liegend warten, während sie ihr Gebet verrichtet. Ein anderer Hundehalter schließt seine Fenster gegen den Verkehrslärm, zieht die Vorhänge zu, entzündet eine Kerze und führt Yogaübungen aus, während sein Hund nahebei liegt. Das Wesentliche ist klar: wenn es in Ihrem Leben bereits stille, nachdenkliche Augenblicke gibt, dann ist es leicht, Ihren Hund daran teilnehmen zu lassen. Wenn Sie auf der anderen Seite niemals eine stille Stunde für sich allein haben, um sich zurückzuziehen und zu besinnen, sollten Sie vielleicht über Mittel und Wege nachdenken, einige solcher Augenblicke in Ihr Leben einzugliedern und sie mit Ihrem Hund zu teilen.

21. Musik als Erziehungshilfe

Ein Radio mag in unserer Kollektion von Ausbildungsgerät recht fremdartig erscheinen. Tatsächlich aber ist es eine Ausbildungshilfe für Ihren Hund. Sie brauchen nur einen Sender einzuschalten.

Radiomusik als Sozialisierungstechnik für einen Wurf von Welpen ist eine altbewährte Züchtermethode. Einige unter uns wenden sie hier in New Skete für unsere Welpen an. Da wir eine reine Männergesellschaft sind, die meisten unserer Hunde jedoch in Familien kommen, finden wir es wichtig, daß sie weibliche Stimmen hören. Barbara Walters' allabendliche Nachrichten sind von vielen unserer Welpen gehört worden. Tagsüber hören sie Sendungen für Konsumenten, in denen mit Hausfrauen diskutiert wird oder nützliche Hinweise auf hauswirtschaftlichem Gebiet gegeben werden. Solche Sendungen, in denen häufig Anrufer zu Wort kommen, bieten eine ständig wechselnde Vielfalt von Stimmen. Aber hüten Sie sich vor »Streitgesprächen«, in denen Meinungen oft temperamentvoll aufeinanderprallen.

Manche Leute sagen, Rock sei die beste Sozialisierungsmusik für Welpen, und andere schwören auf klassische Musik. Die günstigen Auswirkungen von Beethovens Musik auf die Produktionsleistung von Milchkühen sind unter Landwirten wohlbekannt. In dem Film *Einer flog über das Kuckucksnest* werden psychisch kranke Patienten durch ständige Berieselung mit einer angenehmen sanften Musik in Trägheit und Untätigkeit gelullt. Soweit uns bekannt ist, wurden über die Wirkung verschiedener Arten von Musik auf Hunde keine spezifischen Untersuchungen geführt, doch hat unsere Erfahrung gezeigt, daß Musik für Hunde von Wert sein kann. Aber bombardieren Sie den Hund nicht mit Geräusch, sondern gebrauchen Sie das Radio maßvoll, insbesondere in Problemsituationen.

Das Radio kann einem Hund helfen, längere Zeitspannen allein zu verbringen. Ein Beispiel: Clancy, ein zweijähriger Irischer Setter, blieb nur äußerst ungern allein. Sein Mißfallen tat er mit unaufhörlichem Bellen kund. Die verzweifelte Besitzerin brachte den Hund zur Ausbildung, nachdem ihre Nachbarn gedroht hatten, die Kündigung ihres Mietvertrages durchzusetzen. Clancy kam sofort in eine Gehorsamsausbildung und beherrschte sehr bald das Bei-Fuß-Gehen, Sitzen, Liegen und Kommen auf Befehl. Während einer Übungsstunde bemerkte die Besitzerin, daß Clancy eine Vorliebe für Popmusik hatte. »Wenn ich nach Hause komme, lege ich als erstes einen Stapel Platten auf, um die Anspannung loszuwerden und zu mir zu kommen. Clancy hat das gern. Er setzt sich vor die Lautsprecherboxen der Stereoanlage und lauscht, beinahe wie der berühmte Hund auf den Plattenetiketten von RCA.«

Dieser Hinweis brachte uns auf eine zusätzliche Taktik, mit deren Hilfe man dem Hund das Bellen abgewöhnen konnte. Wir rieten der Hundehalterin, eine halbe Stunde vor ihrem Weggang das Radio einzuschalten und ein Programm zu wählen, in dem viel Popmusik gespielt wird. Auch sollte sie das Radio nach ihrer Rückkehr weiterspielen lassen, und Begrüßungs- und Abschiedsworte sollten mit gedämpfter Stimme gesprochen werden. Verbunden mit der Gehorsamsausbildung schien die Radiomusik ihren Teil dazu beizutragen, daß der Setter ruhig blieb. Die Musik überdeckte Verkehrslärm und Straßengeräusche, die den Hund vorher möglicherweise zum Bellen verleitet hatten. Als wir rückblickend unsere Erfahrungen mit Clancy auswerteten, wurde uns bewußt, daß viele Züchter und Inhaber von Hundepensionen mit Musikübertragungen arbeiten, weil sie den Eindruck gewonnen haben, daß diese Geräuschkulisse bellende und jaulende Hunde beruhigt. Dennoch kann die »Radiotherapie« niemals die einzige Strategie sein, um dem Hund das Bellen abzugewöhnen. Man sollte sie in ein wirksames Programm von Gehorsamsschulung integrieren. Bedenken Sie auch, daß zuviel Lärm die gegenteilige Wirkung haben kann, wie die Geschichte Queenies im vorigen Kapitel zeigt.

22. Massage für Hunde

Jede Kultur wirkt prägend auf die Einstellung ihrer Mitglieder zum Haustier und entwickelt charakteristische Formen des Umgangs mit ihm. In manchen islamischen Ländern führen die Hunde wirklich ein »Hundeleben« und werden so gut wie nie gestreichelt oder liebkost. Wir haben bemerkt, daß einige der Deutschen Schäferhunde, die wir importieren, unsere »amerikanische« Art des Streichelns nicht zu mögen scheinen. Als wir uns bei den deutschen Züchtern erkundigten, erfuhren wir, daß man in Deutschland mit Hunden ein wenig anders umgeht als bei uns. Man streichelt und liebkost sie in anderer Weise und an anderen Stellen, als es in Amerika üblich ist.

Weil der Hund in unserem Kulturkreis überwiegend als Freund und Gefährte des Menschen gesehen wird und immer häufiger auch eine fehlende Bezugsperson ersetzen muß, spielt die Liebkosung eine große Rolle. Die meisten Leute streicheln oder tätscheln Hunde am Kopf und um die Schultern und lassen es damit bewenden. Es gibt jedoch auch andere, derbere Naturen, die ihre Hunde buchstäblich durchwalken, ihnen die Flanken klopfen, daß es dröhnt, und ihnen das Fell zerzausen.

Solche handgreiflichen Beweise menschlicher Zuneigung haben meist wenig Sinn. Vom Hund wird erwartet, daß er es aushält, ob es nun die Art von körperlicher Aufmerksamkeit ist, die ihm zusagt, oder nicht. Wenige Hundehalter bemühen sich, trotz aller Zuneigung, die Bedürfnisse ihres Hundes zu erforschen. Täten sie es, würde mancher Hundehalter erfahren, daß das Tier seine Art von Freundschaftsbezeugungen nicht mag – gerade wenn sie aus derbem Klopfen, Stoßen und Zausen bestehen. Nicht anders als die meisten Menschen, finden Hunde großen Gefallen an einer eher weitreichenderen Form des Körperkontakts – einer Massage.

Wie die meisten von uns aus Erfahrung wissen, kann Massage eine segensreiche Methode sein, wenn sie als Entspannungshilfe und zur Entkrampfung der Muskeln gebraucht wird. Wollen Sie Ihrem Hund eine Massage zukommen lassen, so müssen Sie sich klarmachen, daß der Hund nicht nur aus Kopf und Schultern besteht. Behutsamer Kontakt ist mit beinahe allen Körperteilen des Hundes möglich. Erfahrene Tierärzte wissen dies von der Behandlung widerspenstiger vierbeiniger Patienten. Sie müssen sich oft neue

Methoden ausdenken, um ein unnahbares Tier auf den Behandlungstisch zu heben oder Verletzungen verschiedener Körperteile zu behandeln.

Als Hundehalter werden Sie wissen, welche Art des Körperkontaktes Ihr Hund bevorzugt und auf welche er empfindlich, verschreckt oder abweisend reagiert. Beginnen Sie die erste Massage dort, wo sie dem Hund gefällt, beziehen Sie aber eine Körperregion der zweiten Kategorie mit ein. Nach und nach können Sie dann mehr von diesen empfindlichen Regionen mit in die Massage aufnehmen. Hundemassage findet am besten auf dem Boden statt, vorzugsweise auf einem Teppich. Viele Hunde werden eine spontane Neigung zum Spiel zeigen. Machen Sie die Massage nicht zu einem strengen Ritual. Wenn der Hund spielen möchte, lassen Sie ihn. Am besten beginnt man beim Kopf und massiert mit sanften Bewegungen Kinnbacken, Schnauze und Augenregion. Achten Sie darauf, daß während der ganzen Massage eine Hand immer in Kontakt mit dem Hund bleibt. Es empfiehlt sich, den Hund in sitzender Position vor sich zu haben. Vom Kopf massieren Sie abwärts, hinunter zum Hals und zur Brustmuskulatur. Manche Hunde werden von sich aus die Pfote geben, die Sie annehmen, aber behutsam niedersetzen sollten, sobald der Hund das Gleichgewicht zu verlieren droht.

Massieren Sie die Beine sehr sanft aufwärts und abwärts. Legt der Hund sich nieder, können Sie die Hinterbeine besser erreichen, aber vermeiden Sie es, den Hund zum Niederlegen zu zwingen. Hat er das Liegen auf Befehl gelernt, so können Sie bei der Massage Gebrauch davon machen. Arbeiten Sie mit langen und festen, aber einfühlsamen Strichen. Versuchen Sie einen Unterschied zwischen Massage und gewöhnlichem Streicheln zu machen. Die Massage sollte ausgedehnter, systematischer und in ihren Bewegungen zugleich geschmeidiger und fester sein als das lobende Streicheln. Vermeiden Sie alle groben Bewegungen; sie verhindern die zur Massage wichtige Entspannung.

Die meisten Hunde geben deutlich zu verstehen, was sie schätzen und was nicht. Für den Hundehalter, der niemals solch intensiven Kontakt mit seinem Tier hatte, mag es eine Weile dauern, bis sich Unbefangenheit einstellt. Versuchen Sie, Verlegenheit und Gefühle der Peinlichkeit zu überwinden. Wenn Sie während der Massage nervös sind, wird Ihr Hund es spüren und seine Muskeln zusammenziehen.

Die Massage hat viele Vorteile. So wenden Tierärzte sie an, um Brüche und Luxationen zu heilen und den Muskeltonus wiederherzustellen. Sie kann Kenntnisse über die Anatomie des Hundes vermitteln und ist für den vielbeschäftigten Hundehalter eine Möglichkeit, im Kontakt mit dem Tier zu Ruhe und Entspannung zu finden. Für Hunde ist sie eine willkommene Unterbrechung bei Gehorsamsübungen, und für Vorführhunde ist Massage ein ausgezeichnetes Beruhigungsmittel vor dem Auftreten in einer Zuchtschau, wo ein feines Gleichgewicht zwischen Entspannung und Lebhaftigkeit aufrechterhalten werden muß, wenn der Hund sich von seiner besten Seite zeigen soll.

Eine Technik zur Beruhigung eines nervösen und angespannten Hundes ist das Auflegen der flachen Hand unter den Bauch des Tieres. Bei Hündinnen liegt die richtige Stelle unter dem Magen, bei Rüden vor der Genitalzone. Diese Bauchregionen nämlich dienen dem traditionellen Begrüßungsritual zwischen Hunden. Indem sie einander dort mit der Schnauze leicht anstoßen, geben sie sich zu verstehen, daß alles in Ordnung ist. Wenn Sie an dieser Stelle leicht die Hand auflegen, hat das auf den Hund die gleiche Wirkung wie ein um die Schulter gelegter Arm oder ein Händedruck für sorgengeplagte Mitmenschen. Probieren Sie diese Technik aus, wenn Ihr Hund beim Tierarzt unruhig wird, wenn Sie ihn pflegen und die Krallen schneiden, oder zu jeder anderen Zeit, zu der Ihr Hund nervöse Spannung zeigt.

Im Fall einer belasteten, verkrampften oder gefühlsarmen Besitzer-Hund-Beziehung raten wir oft zur Massage. Sehr häufig sind Kinder auf diesem Gebiet besonders einfühlsam und verständig, sobald sie begriffen haben, worum es geht. Oft kann diese Art des Kontaktes Kindern das lästige Herumjagen, am Schwanz ziehen und ständige sinnlose Kommandieren ersetzen. Wir hatten bei übernervösen, zwanghaft aktiven Hunden oft Erfolg, wenn wir eine fünf- oder zehnminütige Massage vor den Beginn der regulären Gehorsamsübungen legten.

23. Der Rundum-Rückruf

Hunden, die das Kommen auf Befehl verweigern oder die man an Gehorsam gegenüber allen Familienmitgliedern gewöhnen möchte, kann man mit einem einfachen Spiel helfen, an dem die ganze

Familie teilnimmt. Man benötigt dazu eine sechs bis sieben Meter lange Leine mit einem leichten Gewicht an einem Ende. Der Hund sollte ein Übungshalsband (Würge- oder Stachelhalsband) tragen und bereits die Gehorsamsübungen bis zur Ebene des Kommens, Sitzens und Liegens auf Befehl beherrschen, ehe man die Arbeit mit dem Rundum-Rückruf in Angriff nimmt.

Beginnen Sie, indem Sie einen kleinen Kreis von vier oder fünf Personen bilden. Ziel der Übung ist es, den Hund zu rufen, vor sich sitzen zu lassen, zu loben und das Seil mit dem Gewicht am Ende dem nächsten Familienmitglied im Kreis zuzuwerfen. Dieses ruft den Hund dann zu sich und wiederholt den Vorgang. Das vorausgeworfene Seil bewirkt, daß der Hund die Befehle auch befolgt. Gehorcht er auf den zweiten Ruf noch nicht, geben Sie der Leine einen scharfen Ruck und rufen Sie gleichzeitig den Hund. Sobald der Hund jedoch einem Familienmitglied gehorcht, sollte dieses den Hund sitzen lassen und dann verschwenderisch loben. Halten Sie den Hund durch ermutigende Worte bei Laune. Schon wenn er gerufen wird und sich dem Rufer zuwendet, sollte dieser anfangen, den Hund zu ermutigen. Mißachtet er jedoch den Befehl zum Kommen, oder versucht er in eine andere Richtung zu gehen, müssen Sie mit einem Ruck an der Leine ziehen und den Hund zugleich rufen.

Die Bilder zu diesem Kapitel sollen Ihnen die Vorstellung vom Ablauf der Übung erleichtern. Üben Sie diese Lektion zweimal wöchentlich, wenn Sie erreichen wollen, daß der Hund allen Familienmitgliedern gehorcht. Allmählich können Sie den Kreis erweitern. Es sollten jedoch nur Familienmitglieder an dieser Runde teilnehmen. Machen Sie sich klar, daß der Hund anhand dieser Übung lernt, auch anderen Menschen als nur dem von ihm anerkannten »Rudelführer« zu gehorchen, was zur Folge haben kann, daß er später auch die Befehle Fremder befolgt. Schon unter diesem Gesichtspunkt sollten andere Personen außer den eigentlichen Familienmitgliedern nur dann in den Kreis aufgenommen werden, wenn aggressive Verhaltensstörungen des Hundes korrigiert werden müssen.

Oft sind Hunde so stark auf ein Mitglied der Familie hin orientiert, daß sie die anderen ignorieren oder sich weigern, ihnen zu gehorchen. Regelmäßige Rundum-Rückruf-Übungen helfen dem Hund in solchen Fällen, seine Orientierung auf andere Familienmitglieder zu erweitern. Mitunter empfiehlt es sich, den vom

Hund anerkannten »Rudelführer« anfangs von der Übung auszuschließen. Der oder die Betreffende muß dann außer Sicht bleiben, wodurch der Hund gezwungen ist, sich mit den anderen Personen abzugeben.

Nehmen Sie es nicht persönlich, wenn der Hund nicht sofort oder nur langsam und widerwillig zu Ihnen kommt. Dafür haben Sie die Leine und Ihre Stimme. Animieren und ermutigen Sie den Hund, und geben Sie einen Ruck an der Leine, sollte dies notwendig sein. Loben Sie den Hund, wenn er gehorcht hat und vor Ihnen sitzt. Lassen Sie keine Übung länger als zehn bis maximal zwanzig Minuten dauern und beenden Sie die Lektion mit einer Spielerei. Bei Gehorsams- und Aggressionsproblemen haben wir mit dieser, zweimal wöchentlich angewendeten Methode erstaunliche Verbesserungen erzielt.

Unsere Kunden berichten oft von großem Erfolg schon nach einigen wenigen Übungen. Nach den ersten Übungsstunden kommt es vielfach vor, daß die Hunde sehr schnell im Kreis herumlaufen und in ihrem Eifer, die nächsten Mitspieler zu erreichen, kaum haltmachen, um sich loben zu lassen. Achten Sie aber darauf, daß der Hund sich vor jedem Teilnehmer in der Runde niedersetzt, bevor er dem Befehl des nächsten folgt. Ein bloßes Herumlaufen im Kreis erfüllt nicht das angestrebte Ziel. Ein Beispiel, wie ein an sich erfolgreiches Übungsprogramm mit einem ehemaligen Angstbeißer wegen mangelnder Disziplin zu einem bloßen Spiel mit negativen Folgen für Charakter und Gehorsamsentwicklung des Hundes entarten kann, wird aus dem Bericht einer Kundin deutlich: »Jake rast wie ein Verrückter im Kreis herum. Er ist ganz begeistert davon, und es hat ihm neue Lebensfreude gegeben. Auch unsere Familie hat ihren Spaß daran, und wir haben schon eine Warteliste von Kindern aus der Nachbarschaft, die in dem Kreis mitmachen wollen.«

24. Auf der Straße

Für viele Hundehalter in der Stadt ist die »Straßenarbeit« mit dem Hund, d. h. das Laufen neben dem Fahrrad, eine Alternative zu täglichen Stadtspaziergängen. Zur gleichen Zeit, zu der man dem Hund das Gehen bei Fuß beibringt, lehrt man ihn, neben dem Fahrrad zu laufen. Es ist allerdings nicht damit getan, den Hund an eine Leine oder Kette zu nehmen, sich aufs Rad zu schwingen und die Straße entlangzusausen. Auch wenn der Junghund das Folgen neben dem Fahrrad beherrscht, muß man sich auf kleine Übungsstrecken beschränken. Ein Hund, der jünger als zwölf Monate ist, darf unter keinen Umständen längere Zeit neben einem Fahrrad, Mofa oder einem anderen Fahrzeug herlaufen, da dies nicht nur seinen inneren Organen, sondern auch seiner Hinterhand schaden kann. Hingegen ist diese Praxis für einen ausgewachsenen Hund durchaus zu empfehlen, solange sie auf die individuelle Leistungsfähigkeit des Tieres abgestimmt bleibt.

Die Anfangsübung leitet man am besten mit einem Spaziergang ein. Nehmen Sie den Hund an die Leine und wandern Sie ein Stück mit ihm, am besten auf Erde, Sand oder Gras. Erlauben Sie kein Herumtollen. Sie können auch einen Trab einschieben und den Hund an der Leine voraustrotten lassen. Nach einem solchen Spaziergang, wenn der Hund bereits ein wenig ermüdet ist und nicht mehr zu übermütigen Sprüngen neigt, können Sie mit dem Fahrrad üben. Als Übungsgebiet sollten Sie vor allem zu Anfang eine ruhige, möglichst verkehrsarme Straße auswählen. Lassen Sie den Hund immer rechts neben dem Fahrrad laufen, auf der vom Verkehr abgewandten Seite. Achten Sie darauf, daß der Hund mit dem Kopf in der Höhe der Pedale läuft, auf jeden Fall aber zwischen den Achsen des Vorder- und Hinterrades. Läuft er voraus oder bleibt er zurück, korrigieren Sie ihn mit einem leichten Ruck an der Leine. Wie der Hund beim Folgen zu Fuß lernt, vom angeleinten auf das freie Folgen überzuwechseln, lernt er auch, einem Fahrrad frei zu folgen. In der Stadt, auf verkehrsreichen Straßen und auf Radwegen, die auch von Mofas und Mopeds befahren werden, sollten Sie den Hund jedoch an der Leine halten, auch wenn er ruhig und gehorsam ist. Um Unfälle zu vermeiden, dürfen Sie die Leine auf keinen Fall am Lenker oder einem anderen Teil des Fahrrades festbinden, um die Hand wickeln oder mit der Schlinge über das Handgelenk hängen. Halten Sie die Leine nur lose zwischen Ring- und Mittelfinger, so daß Sie sie jederzeit loslassen können. Zumindest können Sie einen Sturz vermeiden, wenn Ihr Hund auf einen anderen Hund zuspringt oder unvermutet stehenbleibt.

Verwenden Sie zur »Straßenarbeit« immer ein nicht zu enges, möglichst breites Halsband. Sie dürfen Ihren Hund keinesfalls ermüden und die Strecke nur dann über drei Kilometer hinaus ausdehnen, wenn Sie einen gut trainierten Lauf- oder Gebrauchshund haben, dem Sie eine derartige Anstrengung zumuten können. Lassen Sie Ihren Hund das Tempo bestimmen. Ermuntern Sie ihn gelegentlich, aber treiben Sie ihn nicht an, und vor allem, ziehen Sie ihn nicht nach. Die Leine sollte im Idealfall niemals gespannt sein, während der Hund neben Ihrem Rad herläuft.

Machen Sie das Folgen neben dem Fahrrad zu einem freudigen Ereignis für Ihren Hund. Gerade ältere Leute, die einen Dauerlauf oder ausgedehnte Fußmärsche als zu anstrengend empfinden, aber dennoch einen bewegungsfreudigen Hund halten, können sich und ihrem Vierbeiner durch regelmäßige Ausfahrten mit dem Rad gesunde und ausreichende Bewegung verschaffen.

An heißen Sommertagen sollte man die »Straßenarbeit« in die frühen Morgenstunden verlegen, wenn der Straßenbelag kühl, die Sonne gerade aufgegangen und die Luft frisch ist. Für den Hund, aber auch für seinen Besitzer ist es eine ausgezeichnete Art und Weise, den Tag zu beginnen.

Vorteile des Lauftrainings

Manche Menschen glauben, die »Straßenarbeit« neben Fahrrad oder Mofa sei nur etwas für verfettete Tiere oder konditionsschwache Ausstellungshunde, die hartes Lauftraining benötigen, um die Anmeldebedingungen für eine Schau zu erfüllen. Aber Lauftraining ist für alle Gebrauchshunde von Vorteil. Hündinnen, die vor kurzem geworfen haben, bekommt diese Art der Ertüchtigung ganz ausgezeichnet. Sie ist geeignet, nach der anstrengenden Säugeperiode ihren Muskeltonus wiederherzustellen. Verfechter einer strengen Gehorsamsschulung werden feststellen, daß ein derartiges Lauftraining neben dem Fahrrad die Beziehung Besitzer-Hund beträchtlich zu festigen und Übungen, die mehr Disziplin erfordern, aufzulockern vermag. Hundehalter mit hyperaktiven oder scheinbar »unkontrollierbaren« Tieren können aus dieser Form des Trainings Gewinn ziehen. Regelmäßiges Lauftraining neben dem Fahrrad entzieht Hund und Halter dem häuslichen Streß (Telefon, Arbeit, Kinder), schafft Harmonie und Zufriedenheit, weil bei Herr und Hund überschüssige Energien ebenso abgebaut werden wie Frustration und Streß. Sie werden Ihren Hund mit dieser Bewegungstherapie schlank und geschmeidig erhalten, neurotische Tendenzen bekämpfen und überrascht sein, wie gesund und bekömmlich diese Radausflüge auch für Sie sind!

25. Vermeiden Sie »Gefängnissituationen«

Wenn Ihr Grundstück Raum genug bietet für einen eingezäunten Hundeauslauf, sollten Sie auch etwas Mühe darauf verwenden, dieses Gehege so zu gestalten, daß der Hund es nicht als Gefängnis empfindet. Es ist erstaunlich, wie viele Hundehalter ihr Tier einfach auf einer umfriedeten Kiesfläche einsperren, in der das arme Tier dann ohne jegliche Ablenkung einfach sich selbst überlassen wird. Langeweile und Überdruß gehören zu den schlimmsten Qualen in einem Hundeleben. Zerbeißen von Gegenständen, Graben, hysterisches Gebell, schlechter Appetit und Kotfressen sind oft mehr oder weniger unmittelbare Auswirkungen von Langeweile. Diese Reaktionen treten häufig auf als Folge von Isolation und sind der sogenannten Zwingerpsychose verwandt.

Das soll selbstverständlich nicht bedeuten, daß wir grundsätzlich gegen Zwingerhaltung sind, sondern nur, daß man den Auslauf mit etwas Phantasie gestalten muß, damit der Hund sich darin wohlfühlen kann. Es spielt keine Rolle, ob Sie einen Hund haben oder mehrere, ein eingezäunter Hofplatz oder Gartenteil kann gut durchdacht angelegt werden. Die beste Lage für Zwinger ist nach Südwesten offen und läßt genügend Licht und Sonne einfallen. Eine Mauer auf der Nordostseite bietet guten Schutz gegen Wind und Durchzug. Auch die Form ist nicht unwichtig. Rechteckige Gehege ermutigen Hunde zum Umhergehen und Laufen, quadratische zum Niederlegen und Nichtstun. Unglücklicherweise fühlen sich manche Hunde von dem rechteckigen Auslauf auch zu fortwährendem Bellen und Anspringen des Zaunes animiert, ein Verhalten, das dem inneren Spannungszustand beim Hin- und Herlaufen am Zaun entspricht. Neigt Ihr Hund zum Hin- und Herlaufen am Zaun, verändern Sie den Grundriß des Zwingers oder Auslaufs zu einer quadratischen Form, und Ihr Hund wird diese Unart in der Regel ablegen. Für größere Rassen schlagen wir gewöhnlich quadratische Zwinger von mindestens vier mal vier Metern Größe vor, obgleich auch kleinere Zwinger verwendet werden können, wenn der Hund sich darin nicht allzu lange aufhalten muß.

An dieser Stelle erscheint uns der Hinweis wichtig, daß wir unter Zwingern Gehege verstehen, in denen ein Hund regelmäßig längere Zeit zubringt, die also nicht nur zur Entleerung benötigt werden. Als »Hundeklo« reicht im allgemeinen eine Grundfläche von zwei mal drei Metern aus. Wir empfehlen diese Art von Defäkationszwinger, weil sie dem Hundehalter die Möglichkeit rascher und gründlicher Säuberung bietet, statt den Hund sein Geschäft womöglich auf dem Gehweg oder am Randstein verrichten zu lassen. Selbst am Straßenrand abgelegter Kot ist ein Gesundheitsrisiko, wenn auch weniger offenkundig und eklatant als auf dem Gehweg, vor dem Eingang des Nachbarhauses oder mitten auf der Straße.

Ihr eingezäunter Hundeauslauf sollte dem Spieltrieb des Hundes gerecht werden und mit entsprechendem Gerät ausgerüstet sein. Halter von Zwergrassen können Kinderspielzeug verwenden, größere Rassen aber benötigen auch größeres Spielzeug. Sie können es selbst aus alten Besenstielen, Lederabfällen und dergleichen konstruieren, wie wir es häufig tun. Achten Sie darauf, daß alle scharfen Kanten mit Schmirgelpapier geglättet und entschärft werden und daß das Spielzeug mindestens so groß ist, daß Ihr Hund es nicht verschlucken kann. In einem geräumigen Auslauf können ein einfacher Hinderniskurs aus eingegrabenen Altreifen, eine brückenartig an beiden Enden einzementierte Laufplanke und Kratzpfosten viele Hunde stundenlang beschäftigen. Hunde lieben alle herabhängenden Gegenstände, besonders wenn sie Geräusche erzeugen. Hängen Sie Spielsachen und Lederstücke (die Sie als Abfälle bei einem Sattler bekommen) an kräftigen Seilen auf; dabei ist allerdings darauf zu achten, daß der Hund sich nicht an einer der Schlingen selbst erhängen kann. An Federn aufgehängte Seile lassen das Spielzeug zurückspringen, wenn der Hund losläßt, und er kann allein Fangen spielen. Herabhängendes Spielzeug mit daran befestigten Glocken fasziniert einen Hund, vergewissern Sie sich jedoch, daß das Geräusch die Nachbarn nicht stört. Die Menschen werden Glockenklang jedoch unablässigem Gebell vorziehen.

Versuchen Sie der Barrierenfrustration (siehe Kapitel 40 über Aggression) entgegenzuwirken, indem Sie den Hundeauslauf gegen lebhaften Straßenverkehr oder Passanten abschirmen. Es gibt verschiedene Möglichkeiten, Zäune mit einem Sichtschutz zu versehen; welche für Sie in Frage kommt, müssen Sie nach den örtlichen Gegebenheiten entscheiden. Sträucher können eine ästetisch befriedigende Lösung bieten und zugleich vor Reizen abschirmen, die Gebell und Hin- und Herrennen auslösen. Ein

Graben, eine Steinreihe oder eine Bepflanzung mit dornigen Berberitzen sind oft geeignet, den Hund vom Zaun fernzuhalten.

Bei einem weniger geräumigen Auslauf oder Zwinger kann der Boden entweder 15–20 cm tief ausgehoben und die Vertiefung mit Kies angefüllt werden, der sich hervorragend als Untergrund eignet, doch können auch Böden aus Beton oder Gras zweckmäßig sein. Beton ist leicht sauberzuhalten, jedoch zu kalt, wenn sich der Hund darauf legt. Ein Betonboden darf keine Löcher, Buckel oder Kanten aufweisen, sonst sind wunde Pfoten unvermeidlich. Darüber hinaus sollte er leicht geneigt sein, damit Regenwasser ablaufen kann und keine Pfützen zurückbleiben. Auf Kies- oder Schlackeböden kann Regenwasser und Urin leicht ablaufen, jedoch ist die Beseitigung von Kot schwieriger. Grasböden nutzen sich leicht ab, sind aber eine natürliche Unterlage und für den Hund bequemer. Für den mittelgroßen Auslauf hat sich unseres Erachtens Grasuntergrund mit einem Kiesstreifen entlang dem Zaun am besten bewährt. Dieser umlaufende Kiesstreifen verhindert, daß die Grasfläche in der Mitte des Zwingers vollständig zerstört wird.

Bringen Sie jeden Tag einen anderen Gegenstand in den Auslauf, insbesondere, wenn Sie Ihren Hund tagsüber allein lassen. Sein Lieblingsspielzeug sollten Sie dem Tier lassen, die anderen Gegenstände aber turnusmäßig auswechseln, um etwas Abwechslung in den Alltag zu bringen. Stellen Sie Wasser und Futter einmal hier und einmal dort hin. Wenn Sie Ihre Obstbäume beschneiden, werfen Sie die Zweige in den Auslauf. Der Hund wird sie ebenso begeistert zerfetzen wie etwa einen großen Karton. Äpfel, Karotten oder anderes Knollengemüse eignen sich gleichermaßen als Vitaminstoß und als Zeitvertreib. Wollen Sie Ihrem Hund Knochen anbieten, so sollten es große Markknochen sein. Kleine Knochen werden oft so lange bearbeitet, bis nur noch Splitter übrigbleiben, die sich dann leicht in der Gurgel festsetzen. Beachten Sie, daß die Knochen groß und fest sind, aber nicht gekocht.

Die Hundehütte bedarf keiner besonderen Ausstattung, aber sie sollte Schutz gegen Witterungseinflüsse gewähren. Im Sommer streicht man dunkelfarbige Hundehütten weiß, damit sie Sonnenschein und Hitze abwehren. Der Hund sollte zusätzlich zur Hütte einen Schattenplatz im Freien haben. Bäume sind die besten

Schattenspender, aber auch Büsche erfüllen ihren Zweck, wenn die unteren Zweige ausgelichtet und die verbliebenen Stämmchen mit selbstklebenden Schutzstreifen umwickelt werden, um sie vor Zerstörung zu schützen.

Erwähnt sei schließlich noch die beste Unterhaltung, die Ihr Hund überhaupt haben kann: ein anderer Hund. Viele Hundehalter haben schon die Erfahrung gemacht, daß chronisches Graben, Zerbeißen, Bellen, Jaulen und andere zerstörerische Aktivitäten mit dem Erwerb eines zweiten Haustieres (es kann auch eine Katze sein!) schlagartig aufhörten. Allerdings sei die Gefahr nicht verschwiegen, daß womöglich das neue Tier vom Fehlverhalten des ersten angesteckt wird. Dennoch ist ein Spielgefährte für Hunde, die oft allein gelassen werden, in der Regel das beste Heilmittel für Neurosen.

Wir haben also gesehen, daß jeder Hund über die tägliche Bewegung hinaus Beschäftigung braucht, wenn Verhaltensstörungen vermieden werden sollen. Wie das im Einzelfall geschehen kann, hängt von Ihren persönlichen Umständen ab. Es gibt aber eine Fülle von Möglichkeiten, von denen Sie die Ihnen gemäßen nutzen sollten.

26. Kinder und Hundeerziehung

Wenn wir Hundehalter beraten, legen wir Wert darauf, die gesamte Familie einschließlich der Kinder kennenzulernen. Kinder äußern sich im allgemeinen recht freimütig über ihre Beziehung zu dem Familienhund. Oftmals geben sie Informationen, die von den Erwachsenen verschwiegen werden, und beobachten Tatsachen, die ihren Eltern nicht bewußt sind. Vielleicht haben sich Kinder noch einen engeren Kontakt zur natürlichen Welt der Tiere bewahrt, während Erwachsene sich allzu leicht den sogenannten Sachzwängen des Alltags ergeben. Wenn erwachsene Hundehalter ihre einstige Zuneigung zum vierbeinigen Hausgenossen verloren und statt dessen eine grundsätzlich negative Einstellung zum Hund und dessen Ausbildung haben, bleiben Kinder oft positiv motiviert, hängen am Hund und begeistern sich für seine Ausbildung. Haben sie einmal verstanden, was es mit der Hundeausbildung auf sich hat, können sie eine sonst traurige Situation in einem neuen Licht erscheinen lassen. Wenn Kinder den Hund lieben und die Ausbildung voranbringen möchten, sind sie oft ein positives Beispiel für ihre Eltern. Allerdings kann man nicht immer darauf zählen, daß Kinder in den Jahren vor der Pubertät einerseits reif und andererseits ausdauernd genug sind, um sinnvoll in die Hundeerziehung integriert zu werden. Erwachsene sollten ihre Kinder deshalb an den Gehorsamsübungen mit dem Hund teilhaben lassen.

In unserem Kulturkreis sind Kinder in hohem Maße einer absolut vermenschlichenden Darstellung von Tieren ausgesetzt. Daran sind das Fernsehen und die Kinder- und Jugendbuchverlage nicht ganz unschuldig. Ständig werden Kindern Tierfiguren nahegebracht, die wie Menschen handeln. Goofy trägt menschliche Kleider, fährt ein Auto, hat eine Freundin. Micky- und Minnie-Maus haben ganzen Generationen von Kindern vorgeführt, wie sie einen Haushalt führen. Rin-Tin-Tin entdeckt die Räuber, rettet die Familie aus einem brennenden Haus und attackiert immer nur die Leute, die es auch verdient haben. Ähnlich verhält es sich mit Lassie. Die Märchengeschichten sind voll von Tieren, die menschliche Züge und Eigenschaften haben. Im Werbefernsehen treten Tiere auf, die sprechen, tanzen und singen und sich auch sonst wie Menschen verhalten. Wen wundert es, wenn der Hund für das Kind ein Freund ist, gewissermaßen ein anderes Kind? Kinder sehen Hunde nur zu oft als Artgenossen an.

Ein ausgezeichnetes Buch von Maurice Sendak und Matthew F. Margolis, *Ein lieber böser Köter**, ist eine Kindergeschichte, die realistisch darzustellen versucht, was bei Erwerb und Aufzucht eines Welpen zu beachten ist. Bemühen Sie sich, einer allzu vermenschlichenden Vorstellung vom Tier von Anfang an entgegenzuwirken, indem Sie dem Kind realistische Geschichten über Hunde und andere Tiere in die Hand geben. Nehmen Sie Ihr Kind mit in ein Tierheim, um ihm die Verschiedenartigkeit der Rassen vor Augen zu führen – und das Problem der ausgesetzten und verlassenen Tiere. Sind Sie Mitglied eines Rassehundvereins, so zeigen Sie dem Kind vom Rand des Übungsplatzes aus, wie eine Übungsstunde in der Gehorsamsschule verläuft. Wir haben aus der Arbeit mit Kindern und Hunden viel gelernt, vor allem durch unser Programm für Jungen und Mädchen, das sie unter der Anleitung eines im Umgang mit Kindern und Hunden erfahrenen

* Ein lieber böser Köter oder Willst du wirklich einen Hund? Diogenes Verlag

Mönchs mit den Hunden des Klosters arbeiten läßt. Wir haben dabei die Erfahrung gemacht, daß Kinder aller Altersstufen, von frühester Jugend an, lernen können, mit Hunden verständnisvoll umzugehen. Auch der Hund lernt von diesem Kontakt: Ein Säugling, der mit dem Hund in der richtigen Art und Weise bekanntgemacht wird, kann in dem Tier ein neues Verantwortungsgefühl wecken. Das Kleinkind kann lernen, den Hund unter Aufsicht auszuführen, Hundegeschirr zu reinigen und den Hund zu bürsten. Ältere Kinder können den Hund füttern, ausführen, bei Gehorsamsübungen helfen und den Hund in ihrem Zimmer schlafen lassen. Alle gemeinsamen Aktivitäten von Kindern und Hunden müssen anfangs überwacht werden. In jeder Familie gibt es Mitglieder, die besonderes Talent für den Umgang mit Tieren haben, und andere, bei denen dieses Talent weniger ausgeprägt ist. Eltern sollten auf solche besonderen Fähigkeiten achten und die Aufgaben dementsprechend verteilen. Alter ist dafür nicht immer das alleinige Kriterium. Einfühlungsvermögen und Liebe zu Tieren sind unter Umständen wichtiger als rasche Auffassungsgabe.

Kinder sollten von früh auf ermahnt werden, nicht unversehens von hinten an einen Hund heranzugehen. Das kann ernste Folgen haben, auch wenn der Hund sonst ausgeglichen ist. Hunde fühlen sich von derartigen Überraschungen schnell bedroht. Sie sollten Ihren Kindern erklären, daß der vierbeinige Hausgenosse von Raubtieren abstammt und daß immer noch wölfische Eigenschaften in ihm schlummern, die sich in Streßsituationen plötzlich Bahn brechen können.

Wichtige Voraussetzungen für Erziehung und Ausbildung eines Hundes sind Folgerichtigkeit und Konsequenz. Darum sollten Sie sich als Familie zusammensetzen und Ausbildungsmethoden diskutieren, ehe Sie einen Hund anschaffen. Wenn Ihnen das Betteln bei Tisch lästig ist, müssen die Kinder einsehen, daß sie dem Hund während der Mahlzeit keine Leckereien geben dürfen. Soll Ihr Hund sich während des abendlichen Fernsehens oder des Beisammenseins mit der Familie niederlegen, so müssen alle Angehörigen sich darin einig sein und darauf hinwirken. Wenn nötig, setzen Sie die Regeln schriftlich auf und bringen Sie die Tafel an einer Stelle an, wo alle nachlesen können.

Kinder reagieren häufig mit heftiger Ablehnung, wenn ein Hund bestraft werden muß. Sinn und Funktion von Disziplin sind sicher für Kinder nicht ohne weiteres zu verstehen. Um chaotische Szenen zu vermeiden, muß darüber gesprochen werden. Das Schreien und Toben sollte Kindern in der Nähe des Hundes nicht erlaubt sein; es kann zu aggressiven Zwischenfällen führen. Sexuelle Stimulierung des Hundes, Herumzerren an der Leine, und Quälereien jeglicher Art sollten ebenso tabu sein wie das Hetzen des Hundes auf andere, sei es Mensch oder Tier. Kleinkinder werden natürlich nur schwer verstehen können, daß der Hund eben nicht ihr Spielzeug ist. Wenn Sie die Anschaffung eines jungen Hundes erwägen, überlegen Sie deshalb genau, ob sich Hundehaltung mit Ihrer Familiensituation vereinbaren läßt.

Einmal hatten wir in New Skete Besuch von einer sechsköpfigen Familie. Die Eltern waren an einem unserer Deutschen Schäferhunde interessiert und bewunderten diese Rasse, befürchteten aber, daß es zwischen den Kindern und dem Schäferhund zu Aggressionen kommen könnte. Um uns herum tollten mehrere ausgewachsene Hunde. Während der Familienvater noch fragte, worin der Sinn eines guten Zuchtprogramms liege, watschelte plötzlich ein Dreijähriger zu einem der Schäferhunde, packte ihn beim Schwanz und zog mit einem tüchtigen Ruck daran. Der überraschte Hund sprang ein kleines Stück zur Seite, drehte sich um und leckte dem Kind das Gesicht. Einer unserer Brüder wandte sich an das Familienoberhaupt. »Darin«, sagte er, »liegt der Sinn eines guten Zuchtprogramms.«

Groß ist die Zahl der Mütter, an denen zu guter Letzt die Arbeit des Fütterns, Pflegens und Ausführens hängenbleibt, obwohl die Fürsorge für den Hund eigentlich in den Verantwortungsbereich eines anderen Familienmitglieds fällt. Da wundert es nicht, daß ein großer Teil der Ratschläge für Haustierbesitzer in Frauenzeitschriften zu finden ist. In unserer Kultur wird den Frauen die Kindererziehung aufgeladen, und die Hunde, Katzen, Kaninchen und Meerschweinchen bekommen sie als Dreingabe. Eine kluge Mutter wird dies voraussehen und die Aufnahme eines Hundes in die Familie vermeiden, solange sie nicht darauf vertrauen kann, daß ein anderes Familienmitglied sich für den Hund verantwortlich fühlt, oder, sollte sie tatsächlich selbst diese Aufgabe übernommen haben, wird sie auch übersehen können, ob sie genug Zeit für das Tier hat.

Von fremden Hunden hält man Kinder am besten fern; das ist die einzig wirksame Vorbeugung gegen gefährliche Beißunfälle.

Schärfen Sie Ihren Kindern ein, daß sie nicht an fremde Hunde herangehen, es sei denn in Ihrer Anwesenheit. Viele Hunde fürchten Kinder, und umgekehrt, und die daraus entstehenden Konflikte können Dauerschäden zur Folge haben. Tiere mit Schutzhundausbildung etwa lernen den erhobenen Arm anzugreifen, also raten Sie Ihren Kindern, daß sie sich ruhig verhalten und sich langsam zurückziehen, wenn sie von einem fremden Hund bedroht werden. Vor allem dürfen sie nicht schreien oder weglaufen, weil das den Hund zum Angriff ermutigt. Sollte in Ihrer Nachbarschaft ein aggressiver Hund leben, verständigen Sie die Besitzer – warten Sie nicht, bis sich ein unglücklicher Zwischenfall ereignet.

Der rechte Beginn

27. Welpenerziehung

Eine Kundin brachte ihre sechs Monate alte Huskyhündin zu uns, die gerade einen teuren Perserteppich zerstört, drei Plattenalben zerbissen und den ganzen Garten aufgewühlt hatte. Die Kundin fragte, ob das Alter von sechs Monaten günstig für den Beginn einer Ausbildung sei. Unsere Antwort war, daß es eine günstige Zeit zur Fortsetzung der Ausbildung sei. Auf unsere Frage, welche Art von Erziehung der Hund bisher genossen habe, antwortete sie: »Nun, ich habe ihr beigebracht, daß sie sich hinsetzen muß, um einen Leckerbissen zu bekommen.« Sie war stolz auf den Erfolg. Hatte sie ihm sonst noch etwas beigebracht? »Also – nein. Können Sie wirklich mehr erwarten? Ich habe gelesen, daß man nicht ausbilden soll, bevor der Hund sechs Monate alt ist, und meine Bekannten sagten das gleiche. Ich habe sie eben stubenrein gemacht. Offen gestanden, ich dachte, ich brächte sie ein wenig früh zur Ausbildung! Aber sie ist klug genug, meinen Sie nicht?« Diese Kundin wußte nicht, wann Hundeerziehung beginnen sollte. Sie hatte eben immer gehört, daß man einen Hund nicht in Ausbildung nehmen darf, bevor er nicht wenigstens sechs Monate alt ist. Da sie jedoch Probleme mit dem Tier hatte, wollte sie ihn schon mit Beginn des sechsten Lebensmonats zur Ausbildung bringen. Wie sie richtig gesehen hatte, war der Hund intelligent. Tatsächlich haben die meisten Junghunde eine rasche Auffassungsgabe, und es kommt nur darauf an, diese durch richtige Ausbildung zu fördern. Mit der Erziehung kann man schon in der dritten Woche eines Hundelebens anfangen. Dieses Kapitel soll Ihnen helfen, ihren Welpen oder Junghund die wichtigsten Standardübungen zu lehren und einer breiten Skala von Erfahrungen auszusetzen, die ihre Beziehungen vertiefen und entwickeln werden, solange der Hund noch im Wachstum und besonders prägbar ist.

»Kindergarten«-Hundeausbildung ist eine noch junge Einrichtung, die erst in den letzten Dekaden ihren Anfang nahm, als Hundeausbilder wie die Pearsalls ihren Wert erkannten und

Kindergarten-Gruppen organisierten. Diesen Ausbildern kommt das Verdienst zu, die Öffentlichkeit auf die Möglichkeiten der Welpenausbildung aufmerksam gemacht zu haben. Forscher wie J. P. Scott und J. L. Fuller haben die wissenschaftlichen Voraussetzungen geschaffen; in umfangreichen Versuchsreihen erforschten sie die Lernfähigkeit und -bereitschaft von Welpen. Clarence Pfaffenberger und Michael Fox erweiterten später diese Erkenntnisse.

Viele Züchter sozialisieren und erziehen ihre Hunde, bevor sie dem Welpenalter entwachsen sind, und ermuntern ihre Kunden, dasselbe zu tun. Dennoch ist das Gerücht, daß ein Ausbildungsbeginn vor dem sechsten Lebensmonat dem Junghund schade, nicht auszurotten. Zwar trifft es zu, daß eine reguläre Ausbildung an der Leine, wie sie in vielen Handbüchern beschrieben wird, einem jungen Tier schaden kann. Die Korrektur mit der Leine kann beispielsweise zu hart ausfallen und Verletzungen hervorrufen. Das Knochengerüst eines jungen Hundes ist erst mit sechs Monaten stabil genug, um solchen Belastungen standzuhalten; deshalb können Korrekturen durch Ruck oder Zug an der Leine zu einem früheren Zeitpunkt schädlich sein. Aber andere, weniger intensive Ausbildungsmethoden sind bei jüngeren Tieren durchaus angebracht und auch wirksam.

Die spätere Gehorsamsschulung des erwachsenen Hundes wird schwieriger sein, wenn er nicht schon eine leichte Früherziehung erfahren hat.

In der Bundesrepublik gibt es nur wenige Hundekindergärten, die eine solche Frühausbildung vermitteln. Gibt es im Bereich Ihres Wohnortes die Möglichkeit, an einer »Kindergarten«-Hundeausbildung teilzunehmen, empfehlen wir Ihnen, Ihren Hund für eine dieser Gruppen anzumelden. Die Übungsstunden finden gewöhnlich einmal wöchentlich statt und werden von bis zu zwanzig jungen Hunden und ihren Besitzern besucht. Gibt es die Möglichkeit einer solchen Ausbildung in Ihrem Raum nicht, so folgen Sie den hier gegebenen Anleitungen, bis Sie Ihrem Hund später eine Gehorsamsschulung für Fortgeschrittene im Verein oder auch in Eigeninitiative zukommen lassen.

Bevor Sie die Ausbildung Ihres jungen Hundes beginnen, empfiehlt es sich zu wissen, was während des Wachstums physiologisch und psychologisch in einem Welpen vorgeht. Während der ersten sieben Lebenswochen hat der Welpe eine starke Beziehung zu seinen Geschwistern. Sie sollten deshalb keinen Welpen ins Haus nehmen, der nicht mindestens sechs bis zehn Wochen alt ist. Dabei ist allerdings auf eines zu achten: Hat Ihr Welpe bereits ein Alter von zehn oder mehr Wochen erreicht, sollten Sie sich vergewissern, daß er im Zwinger des Züchters auch sozialisiert worden ist. Im Alter von acht bis zehn Wochen macht ein Welpe eine Entwicklungsphase durch, die von Fachleuten die »Angstperiode« genannt wird. Während dieser Zeit ist der Welpe besonders empfindlich gegen Streß, Vernachlässigung und schlechte Behandlung. Jeder Welpe erfährt diese Periode auf unterschiedliche Weise. Es ist wichtig, sich dieser Tatsache bewußt zu sein, aber lassen Sie den Welpen während dieser oder einer anderen Periode seiner Kindheit nicht in einem Kokon leben. Soziale Isolation zerstört die Psyche eines Welpen rascher als jede noch so harte Ausbildungsmethode.

Zwar kann man den Welpen in dieser Phase schon allerhand Nützliches beibringen: etwa Begleiten der Bezugsperson mit und ohne Leine, Sitzen, Liegen und welche Gegenstände als Spielzeug tabu sind, doch sollten nur fähige Personen mit dem Welpen arbeiten. Keinesfalls dürfen Kinder mit dem Jungtier herumexperimentieren oder es in allzu grobe Spiele verwickeln. Daraus nämlich kann der Hund eine Abneigung gegen Kinder entwickeln, die bis in sein Erwachsenenalter anhält. Erst im Alter von zehn Wochen kann der Welpe unter Aufsicht eines Erwachsenen an den Umgang mit Kindern gewöhnt werden. Allerdings sollte man die Kinder darauf vorbereiten, denn Feingefühl und Verständnis im Umgang mit Tieren wollen gelernt sein. Später wird der Hund sich einer groben oder falschen Behandlung von selbst entziehen, auch ist er dann psychisch und körperlich robuster. Sollte Ihr Hund auf die Arbeit an der Leine empfindlich reagieren, verschieben Sie diese Lektion um einige Wochen.

Eine Grundregel für die Ausbildung von Welpen lautet: Werden Sie niemals ungeduldig. Alle Übungen sollen Ihnen und Ihrem jungen Hund Spaß machen. Deshalb muß der spielerische Charakter im Vordergrund stehen.

Die Namengebung

Im allgemeinen bevorzugen wir für unsere Welpen kurze, zweisilbige Namen mit deutlichem Klangbild. Namen, die mit einem weichen »a« oder einem gedehnten »o« enden, sind ausgezeichnet

Rufen sie den kleinen Hund zwischen zwei Personen hin und her. Breiten sie die Arme aus und knien sie nieder

(Sarah, Bosco, Sandra, Laika, Elko und so weiter). Gegen einsilbige Namen ist nichts einzuwenden, doch haben wir bei Welpen und Junghunden mit zweisilbigen Namen rascher Reaktionen erzielt. Gebrauchen Sie keine Namen, die wie Kommandos klingen oder sich darauf reimen und bedenken Sie, daß Namen, wie sie von Kindern gern für junge Hunde gewählt werden, (Bibi, Waggi, Dicki und dergleichen) für Welpen recht nett klingen, aber ihren Charme verlieren, wenn der Hund älter ist. Scherznamen oder solche, die eine körperliche Eigenart der Rasse oder des einzelnen Hundes betonen, sind eine Frage des persönlichen Geschmacks. Wir kennen einige Städter, die ihren Hunden absichtlich gefährlich klingende Namen gaben, um deren Schutzwert zu erhöhen (Schwarzzahn, Reißer, Speer und Terror sind einige, die wir gehört haben). Auch hier gilt, daß Sie mit dem Namen Ihres Hundes leben müssen.

Wenn Sie Ihren Hund erst kennen, können Sie den Namen auch ändern. Uns sind zwei Schäferhundbesitzer bekannt, deren Tiere auf die unschuldigen Namen Dagmar und Kain hören – nicht gerade ideale Rufnamen. Die Hunde selbst sind gutmütig und umgänglich. Wenn aber verdächtig aussehende Gestalten im Umkreis des Hauses gesichtet werden, rufen die Besitzer: »Killer und Fang, schnell hierher!« Das hat sich nach ihrer Auskunft als sehr wirksam erwiesen.

Vor allem sollten Sie darauf bedacht sein, einen Namen zu wählen, den der Hund leicht hören und verstehen kann, der aber dennoch nicht zu hart klingt.

Kommen auf Anruf

Als erstes muß der Welpe seinen Namen lernen. Sagen Sie ihn oft, besonders wenn Sie bemerken, daß der Welpe Sie anschaut. Veranstalten Sie eine kleine Übung mit zwei Personen, während derer Sie den Welpen abwechselnd beim Namen rufen und erst zu einem, dann zum anderen Teilnehmer kommen lassen. Der Abstand zwischen beiden Personen sollte anfangs nur eineinhalb bis zwei Meter betragen. Er wird dann entsprechend den Fortschritten des Welpen verlängert.

Rufen Sie den Welpen in fröhlichem, ermunterndem Ton, und loben Sie ihn ausgiebig, wenn er zu Ihnen kommt. Sie sollten sich auf die Knie niederlassen, wenn Sie den Welpen rufen, und dazu die Arme ausbreiten, um ihn herbeizulocken. Nehmen Sie es nicht persönlich, wenn der junge Hund zögert, zu Ihnen zu kommen. Fahren Sie fort, ihn zu rufen und ermutigen Sie ihn, sowie er sich zu Ihnen in Bewegung setzt. Geben Sie nicht auf, wenn er nicht kommt; vielleicht weiß er nicht, was er soll. Klopfen Sie fest auf den Boden, schnippen Sie mit den Fingern oder klingeln Sie mit dem Schlüsselbund. Wenn der Welpe dann zu Ihnen kommt, loben Sie ihn mit Worten und streicheln Sie ihn. Wenden Sie ihn in Richtung auf Ihren Partner, wenn dieser ihn zurückruft.

Kommt der Welpe willig von einer Person zur anderen, kann man eine dritte Person einbeziehen und ein Dreieck von ungefähr zwei Metern Seitenlänge bilden. Befestigen Sie eine leichte Leine am Halsband des Welpen und werfen Sie Ihrem Partner das Ende der Leine zu, wenn er den Welpen ruft. Kommt der Welpe nicht von sich aus, so kann Ihr Partner leicht an der Leine ziehen und den Welpen, wenn nötig, ganz heranholen. Der Welpe soll sich vor Sie hinsetzen, wenn er kommt. Manche jungen Hunde springen an jedem Teilnehmer hoch und betappen ihn mit den Pfoten. Bestrafen Sie das nicht, aber bringen Sie den Welpen sanft und freundlich in sitzende Position und fahren Sie dabei fort, ihn zu loben. Denken Sie daran, niemals sollte mit dem Kommen Strafe verbunden sein. Rufen Sie den Welpen weiter wechselseitig zu sich. Die Übungen sollten bis zum fünften Lebensmonat zehn Minuten nicht überschreiten. Später können sie auf fünfzehn Minuten ausgedehnt werden. Beenden Sie die Übungen mit einem Spiel, ohne die Leine abzunehmen. Die hilft dem Welpen, sich an die Leine zu gewöhnen und ihr Tragen mit Erfreulichem zu verbinden, nicht nur mit »Arbeit«.

Wenn Sie den Welpen rufen, sagen Sie zuerst den Namen des Tieres, dann das Wort »Hierher« (für die Ausbildung Deutscher Schäferhunde sind vom Verein für Deutsche Schäferhunde und die angeschlossenen Ortsvereine kurze Kommandos vorgeschrieben, in diesem Fall »Hier!«). Gebrauchen Sie grundsätzlich nur einen Namen und verzichten Sie hier auf zärtliche Spitznamen und dergleichen. Je mehr man mit dem jungen Hund das Kommen auf Befehl übt, desto weniger Gehorsamsprobleme wird man später haben. Beinahe jeder Hund verweigert gelegentlich den Gehorsam, wenn er gerufen wird. Welpen, die das Kommen auf Befehl schon früh und vor allem spielerisch gelernt haben, werden dem Befehl später besser Folge leisten.

Folgen

Einmal täglich sollten Sie versuchen, Ihren Welpen für zehn bis zwanzig Minuten daran zu gewöhnen, daß er Ihnen ohne Leinenzwang folgt. Trainieren Sie diese Lektion an einem Ort, wo es wenig Ablenkungen gibt. Setzen Sie ihn dort nieder und gehen Sie dann langsam fort, wobei Sie sich seine Aufmerksamkeit durch aufmunterndes, freundliches Zureden erhalten. Rufen Sie den Hund häufig beim Namen, bleiben Sie immer wieder stehen, um niederzukauern und den Welpen zu loben. Darauf erheben sie sich und gehen langsam weiter. Machen Sie während dieser Übung viele Wendungen und beschreiben Sie Achterfiguren. Die meisten Welpen zeigen von der vierten Lebenswoche an die angeborene Neigung, ihrer Mutter zu folgen und ersatzweise eben auch der menschlichen Bezugsperson. In vielen Fällen wird der Junghund seinem »Mutterersatz« Mensch sogar zwischen die Füße laufen. Wehren Sie sich nicht dagegen. Jede Methode ist recht, dem Hund das Folgen auf dem Fuße beizubringen. Allerdings sollte man ihn weder mit Bestrafung disziplinieren, noch mit Leckerbissen korrumpieren. Dagegen sind Pfeife oder Spielzeug als Orientierungshilfen erlaubt.

Arbeit mit der Leine

Arbeit mit der Leine kann schon im Alter von sechs oder sieben Wochen beginnen. Als erstes sollten Sie Ihren Welpen an das Tragen eines Halsbandes gewöhnen. Verwenden Sie nach Möglichkeit ein flaches, ledernes Schnallenhalsband. Es darf nicht zu eng sein, dem Hund aber auch nicht über den Kopf rutschen, wenn er plötzlich stehenbleibt. Hat der Welpe sich daran gewöhnt, ein Halsband zu tragen, können Sie anfangen, eine leichte Leine daran festzumachen, die zunächst bei allen Dressurübungen möglichst durchhängen sollte. Welpen und Junghunde sollten keine schweren Ketten tragen. Hat sich das Tier an die Existenz der Leine gewöhnt, dürfen Sie dazu übergehen, ihn auf den Gehorsam »bei Fuß« zu trainieren. Sie können ihm den Kopf kraulen und dabei den Karabinerhaken einhängen. Halten Sie die Leine beinahe senkrecht, daß sie dem Welpen nicht im Weg ist, vermeiden Sie es, Zwang auszuüben. Früher oder später wird der Welpe die Leine fühlen und stehenbleiben. Ziehen Sie ihn nicht weiter. Machen Sie halt, und bücken Sie sich mit ein paar aufmunternden Worten. Wählen Sie den gleichen freundlich-lebhaften Tonfall, den der Hund schon bei den sogenannten Folgeübungen kennengelernt hat. Will er nicht weiter, bleiben Sie eine Weile stehen und ermutigen Sie ihn. Manche Welpen können ziemlich störrisch und auch laut werden. In solchen Fällen kann nur Geduld helfen. Sie wird sich später auszahlen. Einige Forscher haben festgestellt, daß männliche Welpen bei der ersten Arbeit an der Leine widerspenstiger sind als weibliche. Wie die Reaktion auch ausfallen mag, lenken Sie die Aufmerksamkeit des Welpen auf sich und fangen Sie von vorn an. Versuchen Sie nicht, dem Hund »Apell« beizubringen, sondern ihm die Freude an der Arbeit zu erhalten.

Sitzen

Schon der Welpe sollte das Sitzen lernen, aber freiwillig und ohne Anwendung körperlicher Gewalt: Eine Hand wird mit zusammengelegten Fingerspitzen ungefähr eine Elle hoch über den Kopf des Welpen gehalten. Wenn dieser beginnt, sich auf die Keulen niederzulassen, geben Sie den Befehl »Sitz«. Nach dem Befehl, noch während der Hund die sitzende Haltung einnimmt, loben Sie ihn, bis er richtig sitzt. Will er sich beim ersten Mal nicht setzen, wird der Vorgang wiederholt. Wenn der Welpe nur zur Hand aufblickt, ohne sich zu setzen, wiederholen Sie den Vorgang ein drittes Mal und klopfen Sie mit der anderen Hand ganz leicht auf sein Hinterteil. Nach unserer Erfahrung führt diese Methode des Sitzenlernens rascher zum Erfolg als härtere Methoden mit Leine und Würgehalsband. Lehren Sie den Hund das Sitzen nicht mit Hilfe von Leckerbissen. Sobald der Welpe sitzt, halten Sie ihn in dieser Position fest und loben Sie ihn ausführlich.

Liegen

Wie das Sitzen, wird auch das Liegen am besten mit einem Minimum an Manipulation gelehrt. Eine gute Hilfe ist ein Ball oder ein anderes Spielzeug. Als erstes bringt man den Welpen dazu, sich hinzusetzen. Hunden fällt es leichter, sich aus dem Sitz niederzulegen als aus dem Stand. Zeigen Sie ihm das Spielzeug, und sobald er seine Aufmerksamkeit darauf konzentriert, senken Sie es ungefähr zwanzig Zentimeter vor seinen Pfoten zu Boden. Gleichzeitig geben Sie das Kommando »Leg dich«. Wenn der Welpe den Kopf senkt, um mit dem Ball zu spielen, wird er freundlich gelobt, wenn nötig, mit Wiederholung des Befehls. Später können Sie statt eines Spielzeugs die leere Hand nehmen, aber mit geschlossenen Fingern, als wäre etwas darin. In manchen Fällen mag ein wenig Druck auf die Schulter das Kommando unterstützen. Niemals sollten Sie versuchen, einen Welpen oder Junghund mit hartem, plötzlichen Ruck an der Leine zum Niederlegen zu zwingen. Fast jeder Junghund reagiert ohne direkten körperlichen Zwang. Leckerbissen sollten gleichwohl niemals gegeben werden, denn der Hund soll Gehorsam als Selbstverständlichkeit empfinden.

Die Übungen zum Sitzen und Liegen auf Befehl sollten nicht von mehr als fünf oder sechs Kommandos zur Zeit begleitet werden. Auch sollte die Lektion auf zwei Phasen – beispielsweise eine morgendliche und eine abendliche – begrenzt sein.

Der beste Schlafplatz für einen Welpen ist der Boden zu Füßen Ihres Bettes. Vermeiden Sie soziale Isolierung des jungen Hundes bei Nacht. Für die ersten Nächte gibt ein großer umgestülpter Wellpappkarton mit einem hinreichend groß herausgeschnittenen Loch einen guten, weil höhlenartigen, Schlafplatz ab. Das regelmäßige Ticken eines aufgezogenen Weckers kann in der ersten Nacht zur Beruhigung des Tieres beitragen, weil dieses Geräusch dem Herzschlag des Muttertiers ähnelt. Da kaum ein Hund – ob alt oder sehr jung – seine unmittelbare Umgebung beschmutzt, kann es zweckmäßig sein, ihn nachts anzubinden. Allerdings muß man dann eine richtige Kette verwenden. Zum einen, weil der Welpe jedes weitere Material zerkauen und sich so befreien wird, zum anderen, weil er sich sonst leicht selbst erhängen oder zumindest würgen kann. Geben Sie nicht nach, wenn das Tier winselt und sich gegen seine Fesseln wehrt. Sie müssen es trösten, und die erste Nacht wird vielleicht sehr unruhig sein. Aber wenn Sie nicht konsequent genug sind, werden Sie viele weitere schlaflose Nächte verbringen.

Befestigen Sie das Ende der Leine an einem festen, unverrückbaren Gegenstand wie dem Bein eines Möbelstücks oder dem Bettpfosten selbst. Wichtig ist, daß die Leine nicht reißen kann und daß sie nicht an einem Gegenstand festgemacht ist, den der Hund wegziehen kann. Welpen sind kräftige kleine Tiere. Einer unserer Kunden band seinen Welpen an einen Servierwagen und legte sich schlafen. Um drei Uhr früh zog der Welpe den Servierwagen zum Treppenabsatz hinaus und polterte mit ihm die Treppe hinunter. Später brachte der Mann seinen Welpen zu uns, weil er partout keine Treppen mehr hinauf- oder hinuntersteigen wollte.

Senken sie ihre Hand zum Boden, um den jungen Hund das Hinlegen zu lehren

Der junge Hund wird ihrer Hand abwärts folgen; tut er es, sagen sie: »Leg dich!«, um ihn dann zu loben

Eine Abneigung, die uns nicht verwundern konnte, nachdem wir die Geschichte mit dem »stummen Diener« erfahren hatten.

Im allgemeinen halten wir unsere Welpen bei Nacht angeleint, bis zwei Ziele erreicht sind: Erstens, der junge Hund muß völlig stubenrein sein, zweitens, alles Zerkauen, Scharren und was dergleichen Unarten mehr sind, muß aufgehört haben. Erst dann gewähren wir dem Tier nachts Freiheit in unserem Schlafraum.

Verhalten bei Nacht

Unsere Hunde müssen sich den klösterlichen Regeln genauso anpassen wie andere Hunde anderen Lebensprinzipien. Bei uns in New Skete hat in den Schlafräumen absolute Ruhe zu herrschen. Wenn Sie allerdings einen scharfen Schutzhund wollen, müssen Sie das nächtliche »Alarmgeben« erlauben, aber nach wenigen Sekunden unterbrechen. Ein Hund kann durchaus lernen, sein Signalgeben auf wenige Anschläge zu begrenzen. Grundsätzlich gelten für Welpen und Junghunde dieselben Verhaltensregeln, dennoch gibt es Ausnahmen. Wenn Ihr Welpe sich nachts meldet, könnte er damit sagen wollen, daß er hinaus muß. Welpen, die noch nicht völlig stubenrein sind, müssen ungefähr alle vier Stunden hinausgebracht werden. Mit dem Heranwachsen des Welpen, etwa im Alter von zwölf Wochen, sollte er in der Lage sein, eine Nacht von acht Stunden Dauer ruhig zu verbringen, vorausgesetzt, er ist nicht unmittelbar vor der Schlafenszeit gefüttert worden. Viele Hundefreunde lassen sich von dem lästigen Ritual des 3-Uhr-Ausflugs vor die Tür unnötig terrorisieren. Der Welpe winselt, der Halter steht auf und bringt ihn hinaus. Haben Sie den Hund aber vorher hinausgelassen und sind sicher, daß er mehr oder weniger »leer« ist, bringen Sie ihn mit einem scharfen »Nein, schlaf weiter« zur Ruhe. Werden Sie nicht der Portier Ihres Hundes.

Da das Tier stubenrein werden soll, entfernen Sie Freßnapf und Wasser mindestens vier Stunden vor dem Schlafengehen und geben dem Welpen seine zweite oder dritte Mahlzeit schon früh am Nachmittag. Diese frühe Fütterungszeit gibt ihm Gelegenheit, vor Beginn der Nachtruhe zu verdauen und sich zu entleeren.

Die Verwendung einer Hundekiste

Mit dem Kauf eines Hundes stellt sich die Frage, welche Art von Liegestatt man seinem Tier zur Verfügung stellen sollte. Neben den verschiedenen offenen und geschlossenen Körben, die im Handel erhältlich und besonders zur Unterbringung kleinerer Rassen geeignet sind, kann eine Latten- oder Versandkiste für Hunde eine nützliche Hilfe zur Welpenerziehung sein. Hunde sind stammesgeschichtlich gesehen Höhlenbewohner, und eine Versandkiste entspricht in etwa der Höhle ihrer Wolfsahnen. Behälter dieser Art sind nicht grausam, solange sie genügend Raum bieten, und nicht, als Parallele zum menschlichen Gefängnis, zur Bestrafung verwendet werden. Eine wetterfeste Versandkiste, die auch im Freien aufgestellt werden kann, ist vorzuziehen. Halboffene Lattenkisten helfen manchem Hund, sich leichter mit der eingeschränkten Freiheit abzufinden und können, wenn nötig, mit einer Decke zugehängt werden. Wenn Ihr Welpe in der Kiste bellen sollte, beruhigen Sie ihn zunächst mit Worten. Hilft das nicht, muß er mit leichter, körperlicher Korrektur – etwa Schnauze zuhalten oder energischem Klopfen – diszipliniert werden.

Nach allem, was wir bereits gesagt haben, dürfte es klar sein, daß eine derartige Unterbringung immer nur eine Notlösung sein kann. Schon der erwachsene Hund verkraftet es schwer, alleingelassen zu werden. Beim Junghund oder Welpen kann längere Isolation dauerhafte psychische Schäden hervorrufen.

Die Gewöhnung an eine solche »Höhle«, sprich Kiste, kann später Transportprobleme erleichtern. Versenden Sie deshalb niemals einen Hund in einer Latten- oder Versandkiste per Bahn, Lkw oder Flugzeug, es sei denn, Sie haben ihn zuvor an die Kiste gewöhnt. Ist eine Verschickung unumgänglich, verwenden Sie die kleinste für Ihren Hund in Frage kommende Kiste. Ist sie nämlich zu groß, wird der Hund auf dem Versandwege darin hin- und hergeworfen. In einer kleinen Kiste kann das Tier sich gegen die Wände stemmen.

Um den Welpen vor einer Reise oder für das Heim an die Kiste zu gewöhnen, setzt man ihn für zehn Minuten hinein. Diese Zeitspanne kann von Tag zu Tag allmählich verlängert werden. Viele Hundehalter nehmen ihrem Tier während der Zeit, die es in der Kiste zubringt, vorsichtshalber das Halsband ab, um zu verhüten, daß es sich verfängt.

Betteln, um hinausgelassen zu werden

Unsere Methoden, einen jungen Hund stubenrein zu machen, sind im Kapitel 36 beschrieben. Am besten lernt der Hund schon im

Welpenalter, sich bemerkbar zu machen, wenn er hinaus muß. Das setzt allerdings voraus, daß man schon frühzeitig beobachtet, mit welchem Zeichen der Welpe zu verstehen gibt, daß er hinaus will. Wenn ein Welpe bellt oder winselt, tut man gut daran, ihm die Tür zu öffnen. Nicht jeder Welpe gibt seine Bedürfnisse jedoch so eindeutig zu erkennen. Manche Welpen laufen hin und her und beschnüffeln den Boden, andere gehen zur Tür und kratzen daran. Wieder andere mögen direkt zu Ihnen kommen und an Ihnen hochspringen. Sie müssen sich vorübergehend schon sehr stark auf die Willensäußerungen Ihres Hundes konzentrieren. Auch muß er dazu ermutigt werden, etwa mit der Frage: »Willst du hinaus?« Achten Sie darauf, daß Sie bei jedem Hinauslassen dieselbe Redewendung und auch dieselbe Tür gebrauchen. Wenn der Welpe in einer Familie lebt, sollte jedes Mitglied konsequent die in allen Fällen gleichlautende »Einladung« zum Hinausgehen verwenden. Es erfordert einiges Feingefühl und auch Erfahrung, abzuwägen, ob der Hund Sie nur beschäftigen will oder wirklich vor die Tür muß. Sollten Sie das Gefühl haben, daß Ihr Hund sie zum Narren hält, ignorieren Sie seine Gebärden, bis diese so eindringlich werden, daß kein Zweifel mehr möglich ist. Ein »See« im Zimmer ist immer noch besser als eine Hundeleben lange Tyrannei! Sollte dem jungen Hund dennoch ein »Malheur« passieren, verfahren Sie, wie es im Kapitel 36 beschrieben ist. Säubern Sie die Stelle und reiben Sie zuletzt mit einer Lösung aus weißem Essig und Wasser nach. Damit wird der animierende Geruch auch für den Hund ausgelöscht.

Urinieren als Demutsgebärde
Die hier beschriebene Art von Wasserlassen muß von der üblichen Hausbeschmutzung unterschieden werden, weil sie unwillkürlich ist und gewöhnlich stattfindet, wenn der Welpe sich in der ihm arteigenen Demutsgebärde auf den Rücken legt. Läßt er dabei eine Pfütze oder auch mehr Urin, ist er nicht etwa undiszipliniert, sondern gehorcht einem typischen Rangordnungsritual. Meist gibt sich dieses Verhalten, wenn der Hund erwachsen ist, jedoch nicht immer. Hier seien einige Maßnahmen genannt, mittels derer man schon dem Welpen oder dem Junghund diese lästige Geste abgewöhnen kann.
Vor allem darf der Welpe oder Junghund nicht bestraft werden. Pflanzen Sie sich nicht in drohender Haltung vor dem Welpen auf.

Kauern Sie nieder, wenn Sie den Welpen rufen, und loben Sie ihn durch Streicheln von Kopf und Schultern. Die Erfahrung wird Ihnen zeigen, bei welchen Anlässen Ihr Welpe zu Demutsgebärden inklusive Wasserlassen neigt: Begrüßungen und Verabschiedungen, Besuche von Freunden und Verwandten oder wildes Toben von Kindern löst häufig diese Reaktion aus. Ersparen Sie dem Welpen derartige Situationen nicht, sondern versuchen Sie solche Reizreaktionen durch Abbau des jeweiligen Emotionsschubs langsam zu reduzieren. Oft kann regelmäßiger Kontakt zu im Umgang mit Tieren erfahrenen Kindern helfen. Die Domestikation des Hundes beruht gewissermaßen auf einer andauernden »Verkindlichung«. Also wird die weniger Respekt einflößende Gesellschaft von Kindern Welpen bei der Überwindung dieser Unterwerfungsgeste hilfreich sein. Vermeiden aber auch Sie laute, stark emotionalisierte Begrüßungen.

Vertrauen und Zuversicht des jungen Hundes lassen sich allmählich stärken, wenn Sie ihn zu Spaziergängen durch belebte Straßen und Plätze mitnehmen. Noch einmal: Unterlassen Sie alles Schelten, Schlagen und Bestrafen, wenn das Urinieren nur ein Zeichen von Unterwerfung ist.

Bestrafung von Welpen

Im allgemeinen ist es überflüssig, Welpen körperlich zu bestrafen. Es ist äußerst wichtig zu erkennen, daß schon dem erwachsenen Hund die Einsicht in das eigene Fehlverhalten weitgehend fehlt, dem Junghund oder Welpen natürlich erst recht. Dennoch muß jeder Hund irgendwie diszipliniert werden, ansonsten wäre seine Haltung nicht zu verantworten, mit einem Wort: unmöglich. Bei unmäßigem Bellen, bei Aggression, Zerstörungswut und Ähnlichem hilft oft nur körperliche Bestrafung. Verschiedene Rassen und Charaktere verlangen nach differenzierter Behandlung. Deutsche Schäferhunde, Dobermann-Pinscher und Rottweiler sind auf Robustheit, Intelligenz und Leistung gezüchtete Rassen. Ihrer kann man oft nur mit körperlicher Bestrafung Herr werden. Jagdhundeschläge sind in der Regel sehr sensibel; bei ihnen reicht eine leichte Form von Liebesentzug. Alle Terrierrassen stellen ein Mittelding zwischen den genannten Charakterstrukturen dar und sind dementsprechend zu behandeln. Dies kann natürlich nur eine Richtlinie sein. Denn selbstverständlich gibt es äußerst empfindsame Schäferhunde und psychisch sehr robuste Jagdhunde.

Kauende Welpen

Fast jeder Welpe kaut irgendwann einmal etwas kaputt, das er nicht kaputt kauen darf: einen alten Schuh oder ein wertvolles Familienerbstück. Die Wertmaßstäbe setzen die Menschen. Bevor Sie Ihren Welpen nach Hause bringen, machen Sie aus diesem Grund Ihre Wohnung soweit wie möglich »kausicher«. Treffen Sie Vorbereitungen, daß Schuhe und Socken vom Fußboden verschwinden, heften Sie Teppiche am Boden fest und bringen Sie Wertgegenstände in Sicherheit, wenigstens bis der Welpe das Kaustadium hinter sich hat. Geben Sie ihm einen Korb mit einer Decke oder ein Hundebett, wohin er sich zurückziehen kann, wenn er müde ist, vorzugsweise in Ihrem Schlafraum. Hier, in seinem Lager, sollte der Welpe einen Kunststoffknochen oder eine Kaurolle bzw. einen Kauball aus Büffelknochenhaut vorfinden. Verwenden Sie keine richtigen Knochen und verzichten Sie auf alles modische Spielzeug und auf Dinge, die zerbrochen oder in Stücke zerkaut werden können. Bälle, Knochen und Ringe aus Gummi sind gefährlich und sollten auf keinen Fall verwendet werden. Der Hund verschluckt sie entweder ganz oder beißt sie vorher in Stücke, mögen die Hersteller auch behaupten, ihr Gerät sei unzerstörbar. Welpen sind wie Säuglinge: Ihnen fehlt das Bewußtsein von der Gefahr. Schon manch ein Junghund ist elendig daran zugrunde gegangen, daß er kleine, nämlich verschluckbare Gegenstände auch wirklich verschluckt hat. Mit einiger Mühe kann man einen Junghund oder Welpen recht gut auf »sein« Spielzeug orientieren. Er läßt dann vergleichsweise leicht von wertvollen und auch von für ihn gefährlichen Dingen.

Diese Orientierung auf erlaubtes Spielzeug erreichen Sie am besten, wenn Sie den jeweils betreffenden Gegenstand vorher kurz zwischen Ihren Handflächen reiben, um Ihren Geruch daran zu hinterlassen. Einen noch deutlicheren Hinweis für Ihren Hund bedeutet es, wenn Sie das Spielzeug mit Ihrem Speichel benetzen. Derartige Markierungen helfen dem Tier, längere Zeit über allein zu bleiben, sei es im Auto oder in Ihrer Wohnung.

Mit einem Wort: Da ein Hund nicht unterscheiden kann zwischen dem alten Schuh, den er zerkauen darf, und dem neuen Schuh, der ihm verboten ist, muß man von Anfang an sehr konsequent sein. Nach dem Motto: »Dieser Gegenstand ist zum Spielen grundsätzlich erlaubt, jener grundsätzlich nicht.«

Bedenken Sie, daß der Welpe seiner Natur nach etwas zum Kauen braucht. Sie dürfen ihm das Kauen niemals ganz verbieten; das wäre unnatürlich und Sie wären schlecht beraten. Die Gebißentwicklung bliebe zurück, und da es ihm nie erlaubt wurde, sein Kaubedürfnis zu befriedigen und auf normale Weise seine Milchzähne zu verlieren, könnten Verhaltensstörungen in Form eines destruktiven Beißzwanges entstehen, der sich möglicherweise auch gegen Menschen kehrt. Die Periode des Zahnwechsels und der neuen Gebißbildung kann bis zu acht Monaten dauern, oder schon nach vier Monaten beendet sein, je nach der individuellen Anlage des Hundes.

Der junge Hund braucht Lob

Lob durch Liebkosungen und Worte ist für die gesunde Entwicklung des Welpen von entscheidender Bedeutung. Veranstalten Sie mindestens zweimal wöchentlich eine Spielstunde, die auch Sie – lachen Sie nicht – auf allen Vieren verbringen sollten. Halten Sie den jungen Hund während der formalen Gehorsamsübung bei Laune. Das heißt keineswegs, daß Sie den Hund mit einem Übermaß an Zärtlichkeit verhätscheln sollen. Zuviel Nachsicht und zuviel Aufregung um den jungen Hund verderben ihn schnell. Denn bei entsprechender Behandlung wird im Junghund rasch das Alpha-Tier wach. Wir haben Junghunde gesehen, die richtige kleine Diktatoren waren. Kein Wunder: wenn sie winseln, werden sie auf den Arm genommen. Kratzen sie an einer Tür, werden sie augenblicklich hinausgelassen. Verbellen sie jemanden, werden sie gestreichelt und gelobt. Beißen sie Fremde, werden sie vielleicht gescholten, vielleicht auch nicht, je nachdem, ob die Besitzer die Antipathie des Hundes teilen oder nicht. Will der Hund gelobt sein, so braucht er seine Halter nur anzustoßen oder an ihnen hochzuspringen, und er bekommt sofort, was er will. Genau wie Kleinkinder lernen auch junge Hunde Aufmerksamkeit und Zuwendung gewissermaßen einzuklagen. Wenn man Pech hat und der Hund hartnäckig genug ist, kann das alle zehn Minuten der Fall sein.

Wer seinen Hund hingegen bewußt und intelligent erzieht, lobt nur für gutes Benehmen und widersteht der Verlockung, den Hund zu loben, einfach nur, weil er da ist. Zärtliches Streicheln und Liebkosen ist ein Teil jeder Beziehung zwischen dem jungen Hund und seinen Haltern; doch sollte man allzu heftige Gunstbezeugungen sehr allmählich einschränken. Auch der domestizierte

Hund wird erwachsen. Wer noch den älter werdenden Hund fortwährend wie einen hilfsbedürftigen Welpen behandelt, kann sicher sein, daß er niemals einen selbständigen, zu Gebrauchszwecken geeigneten Althund haben wird. Merken Sie sich: Lob ist ungeheuer wichtig, aber um seine Bedeutung zu erhalten, müssen Sie sparsam damit umgehen.

Einsame Welpen
Geduld und die wirkliche Bereitschaft zu ständigem Kontakt sind die beiden wichtigsten Voraussetzungen zur Aufzucht eines gesunden, glücklichen Hundes. Falls Sie zu den Menschen gehören, die gern allein sind und sich gelegentlich beengt fühlen, wenn jemand bei Ihnen ist, sollten Sie sich keinen Hund zulegen. Ein Hund wird immer bei Ihnen sein, um Aufmerksamkeit werben, Anweisungen erwarten und sich nicht abweisen lassen. Wenn Sie darauf nervös reagieren, sollten Sie noch einmal überdenken, ob Sie wirklich einen jungen Hund wollen. Vielleicht paßt eine Katze besser zu Ihrem Lebensstil, oder gar nur ein Aquarium. Respekt vor dem Leben muß untrennbar verbunden sein mit der Rücksichtnahme auf die angeborenen Bedürfnisse und Wünsche der Lebewesen, mit denen man sich umgibt, und daher auch dem Willen und der Fähigkeit, ihnen so gut wie möglich gerecht zu werden.
Wer sich dieser Tatsache nicht früh genug bewußt wird, verursacht zwangsläufig Verhaltensstörungen bei den betroffenen Tieren. Welpen können lange Perioden der Isolation einfach nicht ertragen. Sie sind Rudeltiere, von Geburt an auf Gesellschaft geprägt. Sie brauchen soziale Erfahrung, in ihrer Jugendzeit, wie im späteren Leben. Unter »einsamen« Welpen verstehen wir Tiere, die alleingelassen werden, während ihre Besitzer zur Arbeit gehen, Hunde, die häufig unter dem Vorwand, daß sie den Besitz bewachen müßten, in Küche oder Keller verbannt werden. Hier liegt ein grundlegender Irrtum vor: Ein Hund, der niemals die Chance hatte, intensiven Kontakt zu den Personen und Gegenständen seiner Umgebung herzustellen, wird weder diese Personen noch deren womöglich wertvollen Besitz verteidigen. Sporadische Gefühlsergüsse, gewöhnlich von schlechtem Gewissen verursacht, können dem Hund keineswegs eine von gleichbleibender, harmonischer Zuwendung geprägte Erziehung ersetzen. Die beste Nahrung, Spielzeug, Leckerbissen und selbst professionelle

Ausbildung fallen nicht ins Gewicht, wenn der Hund emotional isoliert ist.

Einsame Welpen machen ihren Frustrationen Luft, indem sie Gegenstände ankauen, wühlen, bellen, winseln und an Türen und Wänden kratzen. Sie sehnen sich nach menschlichem Kontakt und versuchen ihrer Isolation zu entkommen, selbst wenn sie in Gegenwart von Menschen anfangs scheu oder aggressiv erscheinen. Wenn Sie die Anleitungen dieses Kapitels beherzigen, werden Sie verstehen, daß für das Rudeltier Hund Einsamkeit eine der schlimmsten Erfahrungen überhaupt ist.

Bevor ein flüchtiger Wunsch für Sie und Ihren zukünftigen Vierbeiner in einer Katastrophe endet, stellen Sie sich lieber ehrlich die Frage, ob Sie bereit sind, sich auf eine so verpflichtende Beziehung einzulassen, oder ob Sie Ihren Wunsch »nach einem Tier« lieber mit einer weniger sozial gebundenen Spezies befriedigen sollten – beispielsweise mit einer Katze oder gar einem Goldhamster. Bevor Sie diese Frage leichtfertig zugunsten des Hundes entscheiden, überdenken Sie noch einmal folgendes:

Wird jemand zu Hause sein, um dem Tier nach einem festen Zeitplan seine Mahlzeiten zu geben?

Wird tagsüber jemand zu Hause sein, um sich des Hundes anzunehmen?

Sind Sie bereit, dem Hund im Sommer und im Winter wenigstens dreimal täglich nach einem festen Zeitplan Bewegung zu verschaffen?

Sind Sie bereit, mit Ihrem Hund an einer auch für Sie strapaziösen Gehorsamsschulung teilzunehmen?

Sind Sie bereit, alle Impfungen, periodischen tierärztlichen Untersuchungen und Krankheitsbehandlungen zu bezahlen, die eventuell auf Sie zukommen?

Sind Sie bereit, den Bestimmungen Ihrer Gemeinde über Hundehaltung (beispielsweise Leinenzwang) zu entsprechen?

Sind Sie entschlossen, bis an sein Lebensende für den Hund zu sorgen?

Diese Fragen stammen aus einer Aufklärungsschrift der amerikanischen Tierschutzorganisation für potentielle Hundehalter. Wir haben sie an den Schluß dieses Kapitels gestellt, weil wir in diesem Buch deutlich betonen wollen, daß der Kauf eines jungen Hundes nicht einer momentanen Laune entspringen darf.

Gehorsamsübungen

28. Eine Vorbemerkung

Die folgenden Kapitel sollen Ihnen helfen, Ihren Hund das Bei-Fuß-Gehen, Hinsetzen, Liegen und Kommen auf Befehl zu lehren. Die beiden letzteren Übungen werden die beliebteren sein. Die meisten Hundebesitzer sind froh, wenn ihr Vierbeiner sich niederlegt oder zu ihnen kommt, wenn sie es befehlen. Um aber diese zwei Übungen erfolgreich zu lernen, muß ihr Hund die anderen kennen. Wie wir in den folgenden Kapiteln erklären werden, sind die anderen Übungen keineswegs nur Beiwerk: Sie können sehr vorteilhaft sein. Wir werden versuchen, ausführlich darzulegen, was eine jede dieser Übungen bewirkt. Auch werden wir bemüht sein, wenigstens zwei Lehrmethoden für jede Übung zu beschreiben. Jeder Hund ist ein Individuum, und nicht alle Hunde lernen nach jeder Methode gleich gut. Abschließend werden wir in jedem Kapitel Beispiele anführen, wie die Übung mit Ihrem Hund in Ihrem Alltagsleben praktisch angewendet werden kann.

Die Betonung liegt auf der praktischen Anwendung jeder Übung und nicht auf dem Vorführen von Kunststücken wie Pfote geben und dergleichen. Solche Schaustellertricks können recht unterhaltsam sein, doch ein Hund, der Besuchern die Pfote gibt, auf zwei Beinen geht und sich am Boden rollt, aber fortläuft, wenn er gerufen wird, ist für seinen Besitzer eher ein Problem. Auch geht es uns nicht um die Vorbereitung des Hundes auf Zuchtschauen und Rassehundeausstellungen. Was wir empfehlen, widerspricht zwar nicht den Ausbildungsmethoden für Hunde, die an solchen Veranstaltungen teilnehmen sollen, möchte dagegen Ihnen in erster Linie helfen, Ihren Hund zu verstehen und dadurch Ihre Beziehung zu ihm zu vertiefen. Wenn Sie daran interessiert sind, Ihren Hund auf Ausstellungen oder Zuchtschauen zu zeigen, lassen Sie sich am besten bei dem Zuchtbuchamt, das für die Rasse Ihres Hundes zuständig ist, beraten. Im Zweifelsfall wenden Sie sich an den Verband für das Deutsche Hundewesen e. V. VDH, 46 Dortmund, Schwanenstraße 30. Aber auch jene, die sich mit ihrem Hund auf Ausstellungen profilieren wollen, müssen dann und wann innehalten und ihr Verhältnis zu ihrem Hund neu überdenken. Ohne Rücksicht darauf, wie gut ein Hund seine Übungen kennt, bleibt das Gesamtverhältnis zwischen Hund und Herr (oder Frau) der wichtigste Aspekt des Lebens mit einem vierbeinigen Gefährten.

Die folgende kleine Geschichte illustriert, was wir meinen. Ein berühmter Hund, wohlbekannt für seine hohen Bewertungen bei den Ausstellungen, traf auf dem Ausstellungsgelände ein. Während wir zusahen, öffnete der Besitzer vorsichtig die Versandkiste des Hundes und warnte das Tier, nicht wie wild herauszuspringen. Davon unbeeindruckt, stieß der Hund die Tür der Versandkiste auf und warf seinen Besitzer beinahe über den Haufen, als er wie der Blitz aus dem Kombiwagen ins Freie schoß. Glücklicherweise konnte der Besitzer die Flucht seines Hundes dadurch verhindern, daß er reaktionsschnell auf die Leine trat. Sofort nahm er sich nun den Hund vor und begann ihn – entsprechend der Gehorsams-übungen – zu drillen. Der Hund gehorchte wie ein Roboter. In der Gesamtbewertung erreichte er eine hohe Punktzahl. Anschlie-ßend nahm der Halter seinen Hund sofort an die Leine und führte ihn »bei Fuß« zum Wagen. Kaum hatten sie den Vorführplatz verlassen, da prellte der Hund vor und zerrte seinen Herrn beinahe im Laufschritt über eine freie Fläche zurück zum Kombi-wagen. Dort angelangt, sprang er in die Transportkiste, und der Besitzer, schnaufend vor Anstrengung, warf die Tür zu. Zwar hatte der Hund seine Sache gut gemacht, aber dennoch sei die Frage erlaubt, welcher Art die Beziehung zwischen ihm und seinem Hund eigentlich sein mochte.

Aus dieser Geschichte können wir lernen, daß man einem Hund zwar oberflächlich einen gewissen Kadavergehorsam beibringen kann; sie zeigt aber auch, an welche Grenzen dieser Kadaver-gehorsam zwangsläufig stößt. Die hier beschriebene Beziehung zwischen Halter und Hund ist für beide nicht eben vorteilhaft. Kein Hund sollte zu einer mechanisch funktionierenden Glieder-puppe verfremdet werden. Er reagiert nur dann »richtig«, wenn er auch seinen Instinkt und sein Gefühl artgemäß auf seinen Herrn hin orientieren kann.

29. Ausrüstung

Was wird für die Ausbildung des Hundes benötigt? Zunächst braucht man eine Hundeleine aus gutem Leder oder aus Baumwollgurt, ferner ein Übungshalsband aus Stahl oder Nylon. Es gibt verschiedene Arten von Stahlhalsbändern. Viele Vereine empfehlen ein langgliedriges Halsband, das bei Schwierigkeiten mit der Disziplin gegen ein stählernes Stachelhalsband vertauscht wird. Wir verwenden vielfach Würgehalsbänder mit flach gehämmerten Kettengliedern, die gut gleiten, wenn daran gezogen wird, und den Hund nicht verletzen oder wegen fehlerhafter Konstruktion aneinander hängenbleiben. Schließlich braucht man eine Langleine von sieben bis zehn Metern Länge. Man kann sie selbst herstellen, indem man eine entsprechende Seillänge an der Hundeleine befestigt. Investieren Sie kein Geld in Mode- oder Luxusgeschirr. Das Übungshalsband sollte dem Hund passen. Der häufigste Fehler, den Kunden bei der »Ausrüstung« ihres Hundes für die Gehorsamsausbildung machen, ist der Kauf eines viel zu großen Übungshalsbands. Messen Sie den Halsumfang Ihres Hundes und wählen Sie ein Übungshalsband, das noch 10–12 cm Restlänge hat, wenn es fest um den Hals des Hundes liegt. Das heißt, daß das Übungshalsband beim Anlegen gerade noch bequem über die Hundeohren geht. Je größer das Übungshalsband, desto länger dauert es, bis der korrigierende Zug oder Ruck an der Leine den Hund erreicht. Es ist aber wichtig, daß die Korrekturen sofort erfolgen, und das ist mit einem zu großen Halsband nicht möglich.

Es gibt eine bestimmte, zweckmäßige Art, wie man dem Hund das Übungshalsband anlegt. Stellen Sie sich neben den Hund und legen Sie es so an, daß das Ende mit dem Ring über den Hals des Hundes und durch den inaktiven Ring gleitet. Ziehen Sie das Halsband zu. Es sollte sich sofort lockern, wenn Sie den Haltering loslassen, wenn Sie es jedoch falsch angelegt haben, rutscht es herum und hängt von der inaktiven Schlinge. Die diesem Kapitel beigegebenen Abbildungen sollen Ihnen helfen, Ihren Hund richtig auszustatten.

Wir meinen, daß ein Hund während seiner Ausbildungszeit immer ein Übungshalsband tragen sollte. Da das Würgehalsband sich zusammenzieht, wenn der Hund an der Leine zerrt, befürchten manche Leute, daß der Hund Gefahr läuft, an Zweigen oder

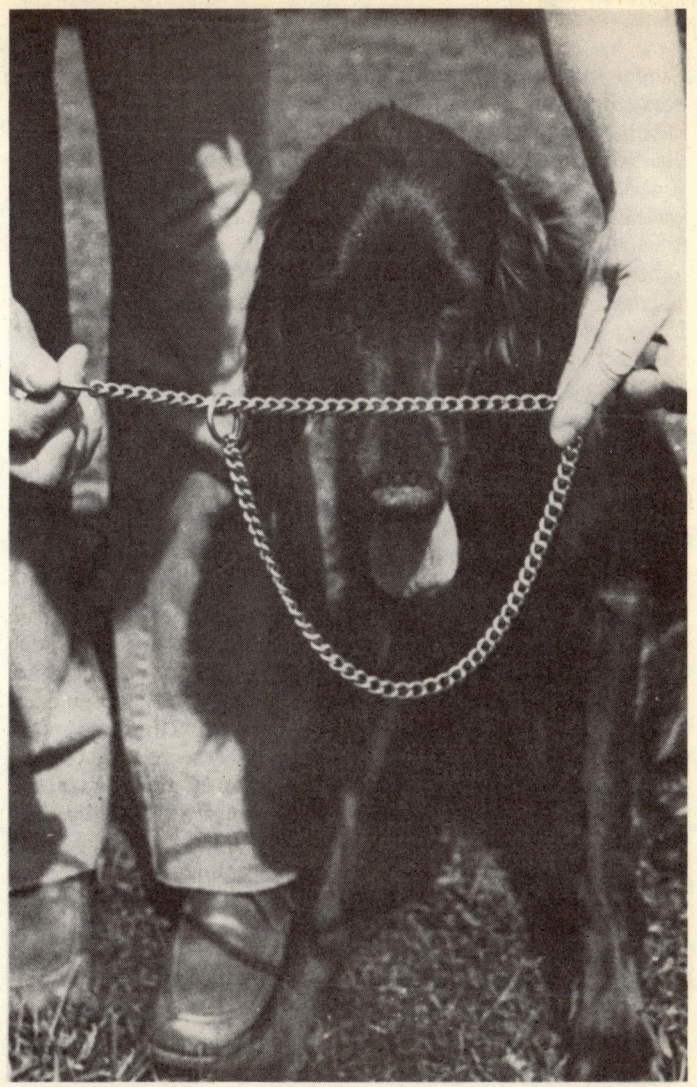

Das Übungshalsband muß beim richtigen Anlegen noch bequem über die Hundeohren gleiten

Möbelstücken hängenzubleiben und zu ersticken. Dieses Argument hat einiges für sich, ebenso der Einwand, daß Würgehalsbänder mit flachgehämmerten Kettengliedern, wie sie von uns bevorzugt werden, mit der Zeit die Halshaare abscheuern; wir haben aber herausgefunden, daß die Vorteile ständigen Tragens die möglichen Nachteile und Gefahren überwiegen. Sind Sie im Zweifel, welcher Art von Übungshalsband Sie den Vorzug geben sollen, so erkundigen Sie sich am besten bei dem Ausbilder, den Sie für die Gehorsamsschulung Ihres Hundes ins Auge gefaßt haben, oder bei einem örtlichen Verein. Man wird Sie dort gern beraten. Ist das Übungshalsband angelegt, kann es als »Mini-Leine« dienen, wenn man einen Finger durch den aktiven Ring steckt.

Die lange Leine wird Ihnen von Nutzen sein, wenn Sie Ihrem Hund das Kommen auf Befehl beibringen. Ein Perlonseil ist gut geeignet, aber tragen Sie Handschuhe, um Verbrennungen vorzubeugen, wenn das Seil rasch durchgezogen wird. Bindfaden oder Schnur ist weniger geeignet. Das Material kann reißen und leicht in die Hände schneiden, wenn der Hund kräftig zieht.

Wenn Sie Material von guter Qualität suchen, fragen Sie den Ausbildungswart eines Vereins. Verlassen Sie sich nicht darauf, daß im Supermarkt erstandene Artikel dauerhaft haltbar sein werden. Der florierende Markt für Hundeartikel wird in eher noch zunehmendem Maße Importeure und Hersteller von Billigware schlechter Qualität anlocken. Bedenken Sie, daß eine Leine aus minderwertigem Leder, die zerreißt, wenn Ihr Hund mitten im Stadtverkehr auf eine Katze zuspringt, schwerwiegende Unfälle verursachen oder den Hund das Leben kosten kann. Eine teurere, weil bessere Ausrüstung macht sich also langfristig in jedem Fall bezahlt.

30. Bei-Fuß-Gehen

Ziel des Bei-Fuß-Gehens und des sich von selbst Hinsetzens ist es, den Hund dahin zu bringen, daß er dicht neben dem Knie des Begleiters läuft, ohne vorzuprellen oder zurückzubleiben, und sich ohne Aufforderung setzt, wenn der Begleiter stehenbleibt. Beim Bei-Fuß-Gehen ist es gleichgültig, ob der Hund angeleint ist oder frei läuft. Das Gehen bei Fuß ist die erste Lektion, die Ihr

Hund lernen wird, und die Art und Weise, wie Sie Ihrem Hund diese Übung beibringen, kann von entscheidender Bedeutung für die Beziehung zwischen Halter und Hund sein. Neigt Ihr Hund dazu, sich als Alpha-Tier zu fühlen oder Ihnen durch ständiges Vorprellen die Arme aus den Gelenken zu reißen, werden Sie die Notwendigkeit dieser Übung anerkennen.

Professionelle Ausbilder sind unterschiedlicher Meinung darüber, wie das Bei-Fuß-Gehen gelehrt werden sollte. Wir versuchen, diese Übung als einen Teil der Gesamtbeziehung zwischen Hund und Halter zu sehen, und nicht etwa als eine Art Strafexerzieren. Seien Sie dennoch energisch, wenn Sie diese Lektion mit Ihrem Hund üben.

Zunächst wählt man eine Fläche, auf der man sicher gehen kann und die groß genug ist, um in jede Richtung eine bestimmte Strecke zurückzulegen. Die Gegend sollte ruhig sein – während Ablenkungen im späteren Verlauf der Ausbildung wichtig sind, sollte Ihre erste Übungsstunde in möglichst stiller Umgebung stattfinden. Müssen Sie in der Stadt üben, so wählen Sie ruhige Straßen oder Plätze, wo es Zäune, Hecken oder hohe Mauern gibt. Mit angelegtem Übungshalsband, die Leine in der rechten Hand, den Hund zu Ihrer Linken, nehmen Sie die Leine kurz in die linke Hand und geben den Befehl »Platz!«. Sagen Sie zuerst den Namen des Hundes, aber betonen Sie den Befehl. Der Hund sitzt nun neben Ihnen und blickt in dieselbe Richtung wie Sie. Der folgende Befehl, dem wie immer der Name des Hundes vorausgeht, hat den Hund darauf aufmerksam zu machen, daß etwas passiert. Er lautet: »Folgen!« Daraufhin setzen Sie sich in Bewegung. Es kann sein, daß der Hund Ihnen folgt, es kann aber auch sein, daß er es läßt. Im letzteren Fall geben Sie der Leine einen kurzen, scharfen Ruck. Folgt der Hund, loben Sie ihn, aber nicht zu überschwenglich. Während des Gehens schlagen Sie mit der freien Hand auf Ihren linken Oberschenkel, und zwar laut genug, denn der Hund muß das Orientierungsgeräusch hören können, damit es hilfreich für ihn ist. Genieren Sie sich nicht, die Kommandos und Bewegungen während dieser ersten Übungsstunden zu übertreiben. Ihr Hund muß die Worte »Platz!« und »Folgen!« deutlich hören, um sie sich einzuprägen. Sie brauchen die Befehle nicht zu schreien, aber Sie müssen sie deutlich aussprechen. Vermeiden Sie jede Art von »Babysprache«. Während dieser ersten Stunde ist ein Respekt gebietender Tonfall wichtig. Die Kommandos sollten laut, klar und energisch erteilt werden. Viele Hunde – insbesondere wenn sie nicht von klein auf daran gewöhnt wurden – zeigen einen starken Widerwillen gegen die Leine, den sie auf alle nur erdenkliche Weise zum Ausdruck bringen. Ein Labrador Retriever, den wir in Ausbildung hatten, kletterte beispielsweise dem ausbildenden Bruder auf den Rücken, hielt sich angstbebend einen Augenblick auf seinen Schultern und sprang dann hinunter.

Die Reaktion Ihres Hundes wird wahrscheinlich nicht so extrem ausfallen. Wie sie auch sein mag, Sie können sie korrigieren, wenn Sie das Übungshalsband richtig zu gebrauchen wissen. Korrigieren Sie mit einem festen, kurzen Ruck an der Leine, wenn Sie ein Vorprellen oder Zurückbleiben korrigieren. Zerren Sie den Hund nicht wie einen Klotz hinter sich her. Sollte Ihr Hund störrisch reagieren und sich überhaupt nicht von der Stelle rühren, so kehren Sie zurück, stellen Blickkontakt her und wiederholen das Kommando mit energischer Betonung. Wenn Sie dann erneut starten, geben Sie der Leine einen festen Ruck. Der Hund muß die Korrekturen fühlen. Sie sollen prompt erfolgen, aber der Zug am Halsband muß sofort wieder gelockert werden, besonders dann, wenn Sie ein Würgehalsband verwenden. Erhängen Sie den Hund nicht, ziehen Sie ihn nicht herum und reißen Sie nicht fortwährend am Halsband. Solche Methoden wirken nicht. Die Korrektur durch den deutlichen Ruck an der Leine hat sich dagegen bewährt und ist zuverlässig. Sie hilft dem Hund, sich zu orientieren, und dient als unmißverständliches Richtungssignal.

Wir empfehlen zu Beginn der Ausbildung, zwanglos mit Ihrem Hund zu sprechen. Folgt der Hund mehr oder weniger bereitwillig, genügt hin und wieder ein freundlicher Blick oder ein aufmunterndes Wort, wenn seine Aufmerksamkeit zu erlahmen droht. Sollte er jedoch vorprellen oder zurückbleiben, müssen Sie ihn mit der Leine korrigieren und gleichzeitig ein paar Worte wie »So ist's recht!« oder »Gut so!« an ihn richten. Der Hund wird von der Leinenkorrektur zunächst beunruhigt sein, daher muß Ihre verbale Ermunterung dies ausgleichen. Sie müssen Ihre beiden Strategien, die korrigierende mit der Leine und die aufmunternde mit der Stimme, gut koordinieren. Keinesfalls darf der Hund also gescholten werden, weil er vorwärtsdrängt oder zurückbleibt. Setzen Sie Ihre Stimme bei den Folgen-Übungen immer nur positiv ein. Der Hund soll aufmerksam bleiben, nicht abschalten.

Es empfiehlt sich, die Übungsstunden, soweit möglich, an verschiedenen Orten und zu verschiedenen Zeiten abzuhalten; so begreift der Hund leichter, daß er überall korrekt folgen muß, nicht nur auf einem bestimmten Übungsplatz oder in ein und derselben Straße.

Richtungsänderungen, auch unerwartete, zwingen den Hund zu erhöhter Aufmerksamkeit. Verändern Sie Ihre Richtung in einem möglichst genauen Winkel, zunächst am besten nach links in die Richtung des Hundes. Vielleicht müssen Sie ihn beim ersten Mal anrempeln.

Prellt Ihr Hund immer wieder vor, nehmen Sie ihn so zwischen sich und eine Mauer oder einen Zaun, daß er seitwärts nicht ausbrechen kann. Gleichzeitig mit dem korrigierenden Ruck der Leine sagen Sie tadelnd: »Zurück!« Gehorcht der Hund, muß er, wie üblich, gelobt werden, aber nicht zu sehr. Während man einen Hund mit einer zu harten Korrektur so erschrecken kann, daß er verschüchtert hinter seinem Begleiter herschleicht, kann überschwengliches Lob ihn derart begeistern, daß er ausgelassen herumspringt. Beides ist der Ausbildung nicht gerade förderlich. Ein Hund, der gut zu folgen gelernt hat, weicht nicht von Ihrer Seite, zieht niemals an der Leine und verliert Sie nie aus den Augen, sodaß er in der Regel schon ahnt, was Sie beabsichtigen, ehe Sie es tatsächlich tun. Darum sollten Sie die ganze Übung in lebhaftem Tempo absolvieren, weil die Aufmerksamkeit des Hundes sonst rasch nachläßt. Bleiben Sie von Zeit zu Zeit stehen, bremsen Sie den Hund gleichzeitig mit einem Ruck an der Leine und geben den Befehl »Setz dich!« (für Deutsche Schäferhunde ist das Kurzkommando »Sitz!« vorgeschrieben). Anfangs wird Ihr Hund diesen Befehl wahrscheinlich nicht ganz korrekt ausführen und nicht neben Ihnen sitzen, sondern schräg vor oder hinter Ihnen. Korrigieren Sie ihn ohne Aufregung, bis er wieder in der Ausgangsposition sitzt: Front nach vorn und unmittelbar neben Ihrem linken Bein. Üben Sie nicht zu lange mit ihm und hören Sie auf, bevor der Hund Ermüdungserscheinungen zeigt. Je abwechslungsreicher Sie die Übung gestalten, indem Sie unerwartet handeln, desto größer wird die Konzentration Ihres Hundes sein und um so mehr Spaß wird er an der Sache haben. Wechseln Sie dann und wann in einen Laufschritt über, und von diesem wieder zur gewohnten Gangart, aber geben Sie acht, daß der Hund an Ihrer Seite nicht springt, sondern weiterhin trabt. Bei jedem

Stehenbleiben lassen Sie den Hund niedersitzen. Bald wird ein besonderes Kommando dafür nicht mehr nötig sein, wie auch die Korrekturen nach kurzer Zeit unterbleiben können, weil Ihr Hund weiß, daß er sich setzen muß, wenn Sie stehenbleiben, und wie er es tun muß.

Mit gutem Zureden, Lob und Ermunterung sollte bei alledem nicht gespart werden. Sie brauchen nicht zu befürchten, daß Ihr Redestrom den Hund verwirren oder die entscheidenden Kommandos überdecken wird, wenn Sie darauf achten, diese Kommandos durch einige Sekunden Pause vorher und nachher von Ihrer übrigen Rede zu unterscheiden. Sollten Sie mit Ihrem Schützling die Begleithundprüfung ablegen wollen, müssen Sie sich freilich darüber im klaren sein, daß dort nur eindeutige Kommandos zulässig sind. Es wird also zweckmäßig sein, daß Sie Ihre Ermunterungsreden im Verlauf der Übungen allmählich reduzieren. Es gibt Hunde, die auf den Befehl »Folgen« angstvoll das linke Bein ihres Begleiters umklammern. Andere stellen ihre Pfote auf den linken Fuß des Begleiters, um den rechten Augenblick zum Losgehen nicht zu verpassen. Zeigt Ihr Hund eine dieser Reaktionen, insbesondere die erstere, haben Sie ihn vielleicht zu hart angefaßt und zu wenig gelobt, um dies auszugleichen. Bleiben Sie stehen, loben Sie den Hund und legen Sie eine Pause ein. Jeder Hund ist ein Individuum, und es gibt keine bestimmte Lehrmethode oder Übung, die für jeden Hund ideal geeignet ist. Machen Sie während der Übungen immer wieder halt und beobachten Sie Ihren Hund. Versteht er, was Sie tun? Wie sehen seine Augen aus? Schaut er zu Ihnen auf? Keine Übung sollte länger als zwanzig Minuten dauern. Dafür können Sie zwei oder auch drei Übungsstunden am Tag vorsehen, die jedoch mehrere Stunden auseinanderliegen sollten.

Bei den Folgen-Übungen werden Sie oft damit zu kämpfen haben, daß Ihr Hund vorprellt. Sie können dem mit verschiedenen Korrekturmethoden begegnen. Drängt Ihr Hund vorwärts, weil er eine Ablenkung entdeckt hat oder auch nur einem momentanen Impuls nachgibt, so können Sie, wenn der Ruck an der Leine sich als nicht ausreichend erwiesen hat, die Leine fest in die Hand nehmen und eine scharfe Rechtswendung beschreiben. Gleichzeitig können Sie eine laute, freundlich aufmunternde Korrektur wie etwa »Hier entlang, so ist's recht!« geben. Bei älteren Hunden mit einer chronischen Neigung zum Vorprellen ist es besonders bei den größeren Rassen oft hilfreich, die Leine von links nach rechts hinter dem eigenen Rücken durchzuziehen und mit einem Ruck stehenzubleiben. Gehen Sie nur weiter, wenn der Hund an Ihrer linken Seite sitzt. Richtungsänderungen nach links werden meist weniger genau befolgt als solche nach rechts. Wenn Sie einen Hund haben, der sich gegen Ihr Bein drängt, halten Sie die Leine bei der Richtungsänderung von Ihrem Körper ab. Das wird dem Hund helfen, Abstand zu gewinnen und ein Anrempeln zu verhüten. Im weiteren Verlauf der Übungen können Sie jemanden bitten, Ihnen bei der Arbeit mit dem Hund zuzuschauen und Sie zu korrigieren. Man kann auch vor einem großen Schaufenster oder Glastüren üben und beobachten, wie man sich mit seinem Hund als Zweiergespann bewegt. Üben Sie nach Möglichkeit nicht ausschließlich allein. Kontrollieren Sie sich ständig selbst und schlagen Sie in Ihrem Handbuch nach, wenn Sie keine Gelegenheit haben, einen professionellen Ausbilder um Rat zu fragen. Eine Frau, die ihren Hund in New Skete hatte ausbilden lassen, kam eines Nachmittags zu uns, um die Arbeit mit ihrem Cockerspaniel vorzuführen. Sie hatte unsere Anweisungen befolgt und jeden Tag zwanzig Minuten mit dem Hund geübt, so daß er beinahe perfekt bei Fuß ging – aber nur an ihrer rechten Seite. Wir erinnerten sie, daß der Hund von uns ausgebildet worden war, links vom Begleiter zu gehen, wie es auch richtig ist, und daß dies von uns in der Literatur, die unseren Kurs begleitete, ausführlich erläutert worden war. »Ach!« rief sie aus. »Deshalb war es so schwierig, ihm das Folgen beizubringen!«

Wenn Ihr Hund anfangs nach der falschen Seite drängt, können Sie ihn nach links lenken, stehenbleiben und ihn loben, wenn er in der korrekten Position ist. Wiederholt sich dies aber, und Sie gewinnen den Eindruck, daß der Hund ein Spiel daraus macht, muß er deutlich zurechtgewiesen werden. Kehrt Ihr Hund erneut auf die rechte Seite zurück, machen Sie eine abrupte Rechtswendung und rempeln ihn kräftig an. Macht der Hund hingegen Anstalten, seinen Irrtum von sich aus zu korrigieren, helfen Sie ihm, indem Sie die Leine rasch entwirren, sollte sie sich um Ihr Bein gewickelt haben. Es ist außerordentlich wichtig, den Hund gewähren zu lassen, wenn er sein Verhalten selbst berichtigen will.

Das Leinenbeißen ist ein weiteres häufig auftretendes Problem bei der Folgen-Übung. Der Hund reagiert dabei auf das korrigierende

Rucken an der Leine, indem er sie angreift. Übrigens lassen sich viele Disziplinschwierigkeiten vermeiden, wenn man den Welpen frühzeitig an die Leine gewöhnt (Siehe Kapitel 27 über Welpenerziehung). Ist der Welpe beim Kauf jedoch älter als drei Monate, so sollte man sich erkundigen, ob er schon an einer Leine geführt wurde und wie er darauf reagiert hat. Schnappt Ihr Hund nach der Leine, bleiben Sie am besten sofort stehen und disziplinieren den Hund mit einem Klaps unter die Kinnlade. Vor dem Weitergehen bücken Sie sich zum Hund hinunter, führen die Hand an die Stelle, wo Leine und Halsband verbunden sind, und setzen sich etwas langsamer wieder in Bewegung. Der Hund wird dann mehr geführt als gezogen. Eine weitere Möglichkeit, dem Hund das Schnappen nach der Leine abzugewöhnen, ist die Verminderung der körperlichen Korrekturen und eine Vermehrung der positiven Verstärkung durch Lob und gutes Zureden. Verzichten Sie nicht ganz auf Disziplin, aber versuchen Sie die körperlichen Korrekturen auf ein Minimum zu beschränken, bei gleichzeitiger Intensivierung der verbalen Ermutigung, bis das Leinenbeißen aufhört.

Eine häufige Reaktion ist auch stures Stehenbleiben. Der Hund stemmt die Vorderbeine und womöglich auch die Hinterbeine fest in den Boden und rührt sich nicht vom Fleck. Versuchen Sie nicht, dem Hund sein störrisches Benehmen »auszureden«. Machen Sie einfach kehrt, um Blickkontakt herzustellen, und sagen Sie: »Vorwärts jetzt! Folgen!« Daraufhin gehen Sie los. Es hat in diesem Fall keinen Sinn, sich länger als ein paar Sekunden aufzuhalten und womöglich auf verschiedene Weise zu versuchen, den Hund umzustimmen; damit erweisen Sie sich selbst und Ihrem Hund letztlich keinen Dienst. Hunde, die sich so gebärden, gehören häufig zum Alpha-Typ und sind es gewohnt, ihre Besitzer zu Spaziergängen auszuführen, während diese sich in dem naiven Glauben befinden, es verhalte sich umgekehrt. Vergegenwärtigen Sie sich, daß Sie bei allen Gehorsamsübungen Ihren Führungsanspruch deutlich machen müssen, um das Programm erfolgreich zu Ende zu bringen. Daß es dabei zu Kraftproben kommt, ist unvermeidlich.

Ein Hund, der bei der Ausbildung an der Leine seinen Begleiter oder seine Begleiterin beißt, muß körperlich bestraft werden. In demselben Augenblick, in dem der Hund Sie beißt – wohin und wie vorsichtig oder scheinbar unbeabsichtigt auch immer –, machen Sie halt und bestrafen den Hund, wie in Kapitel 10 beschrieben. Warten Sie nicht damit. Nach erfolgter Disziplinierung einschließlich Blickkontakt und dem Rückenwurf, wiederholen Sie den Befehl »Folgen!« und gehen weiter. Den erwähnten Problemen und grundsätzlich allen Fällen von Ungehorsam muß energisch entgegengetreten werden.

Das automatische Hinsetzen ist Teil der Lektion Bei-Fuß-Gehen und kann im Zusammenhang damit geübt werden. Bei Unterbrechungen der Folgen-Übung wird sich Ihr Hund vielleicht aus eigenem Antrieb auf die Keulen niederlassen. Tut er das, loben Sie ihn ausführlich. Sie können eine mehr oder minder automatische Reaktion auch fördern, indem Sie beim Stehenbleiben die Leine leicht nach oben ziehen, wodurch der Hund wie von selbst in sitzende Position gerät. Zeigt Ihr Hund keine Tendenz, sich von selbst zu setzen, wenden Sie die folgende Taktik an: Nehmen Sie die Leine in die Rechte und ziehen sie sie leicht aufwärts. Gleichzeitig legen Sie die Linke auf das Hinterteil des Hundes und drücken es nieder, bis der Hund sitzt. Scheint er verstanden zu haben, worauf es ankommt, verzichten Sie auf das Niederdrücken mit der linken Hand und gebrauchen Sie beide Hände, um die Leine hochzunehmen. Ziel der Übung ist, daß Ihr Hund sich jedesmal, wenn Sie stehenbleiben, unaufgefordert hinsetzt. Das selbständige Hinsetzen erleichtert viele Situationen im Alltag, beispielsweise, wenn Sie an eine belebte Straßenkreuzung kommen oder wenn Sie ein Kleinkind oder Einkaufstaschen im rechten Arm tragen und nur die Linke für Hund und Leine frei bleibt.

Hat Ihr Hund gelernt, korrekt an der Leine zu folgen, so können Sie ihm das Folgen ohne Leine beibringen. Wechseln Sie zunächst, um Disziplinschwierigkeiten zu vermeiden, zwischen den Übungen »Folgen an der Leine« und »Folgen ohne Leine« ab. Da der nicht angeleinte Hund sich dem Einflußbereich seines Herrn leichter entziehen kann, erfordert das »Folgen ohne Leine« weit mehr Geduld und Aufmerksamkeit als das Bei-Fuß-Gehen an der Leine. Darum sollten Sie gerade in dieser Phase viel mit dem Hund sprechen. Was Sie im einzelnen sagen, ist nicht so wichtig, obwohl auch hier aufmunternde und lobende Worte im Vordergrund stehen sollten. Auch beim Üben des freien Folgens sollten Sie so häufig wie möglich das Gelände wechseln, doch unterlassen Sie es, Ihre Übungen in der Stadt durchzuführen, selbst wenn der

Hund sehr gehorsam ist. Es gilt hier das gleiche, was schon über das freie Folgen neben dem Fahrrad gesagt wurde (siehe Kapitel 24, Auf der Straße).

31. Hinsetzen auf Befehl

Beherrscht Ihr Hund das Folgen und selbständige Hinsetzen, wenn Sie stehenbleiben, so haben Sie das Hinsetzen auf Kommando sehr gründlich vorbereitet, so daß es nur noch einer Ergänzung bedarf. Auf dieser Grundlage wird es Ihnen nicht schwerfallen, dem Hund beizubringen, daß er sitzen bleibt, bis Sie ihn rufen. Falls Ihr Hund dennoch Schwierigkeiten mit dem Kommando »Sitz!« haben sollte, dann korrigieren Sie ihn mit Hilfe der im vorausgegangenen Kapitel besprochenen Methode.

Unsere Erfahrung als Ausbilder hat uns gelehrt, daß ein begleitendes Handsignal zum Kommando »Sitz!« bei unruhigen Hunden sehr nützlich ist, weil man sich dem Tier so auch optisch verständlich macht. Während man das Kommando ausspricht, führt man die Rechte mit einer schwungvollen Bewegung unmittelbar vor die Schnauze des Hundes, ohne diese jedoch zu berühren. Die Handfläche sollte geöffnet sein, die Finger dagegen geschlossen. Sie werden feststellen, daß der Effekt äußerst wirkungsvoll ist, das Signal ist eindeutig: »Bleib sitzen!« Achten Sie darauf, daß es rasch erfolgt. Unerfahrene Leute begehen bisweilen den Fehler, das Kommando mehrere Male zögernd zu wiederholen und dann ein halbherziges Handzeichen mit kaum geöffneter Handfläche zu geben. Dies wird der Hund kaum verstehen.

Während Sie dieses Handzeichen mit der Rechten geben, halten Sie mit der Linken die Leine hoch, wobei Sie ein wenig Zug ausüben sollten. (Raffen Sie die Leine, bevor Sie das Handzeichen geben, so daß nur etwa 20 cm Länge übrigbleiben, dazu die 12–15 cm Spielraum bis zum Haltering des Übungshalsbands.) Lassen Sie die Hand vor dem Gesicht des Hundes und halten Sie die Leine straff, doch ohne den Hund zu würgen. Dann, während Sie mit dem rechten Fuß vortreten und eine Vierteldrehung beschreiben, um vor den Hund hinzutreten, geben Sie ihm den Befehl »Bleib!«. Verharren Sie einige Sekunden in dieser Haltung, um dann an die Seite des Hundes zurückzukehren und ihn zu loben. Im weiteren Verlauf können Sie den Zug an der Leine verringern und schließlich ganz auf den Gebrauch der Leine verzichten und sich allein auf das Handzeichen verlassen.

Sollte Ihr Hund dennoch nicht sitzen bleiben, wenn Sie sich entfernen, verwenden Sie die folgende Methode: Sie halten nur das Ende der Leine, geben dem Hund den Befehl »Bleib!« und treten dann mit einer Vierteldrehung des Körpers vor ihn hin. Nun heben Sie schnell beide Hände vor das Gesicht des Hundes, beugen den Oberkörper vor und wiederholen den Befehl. Darauf ziehen Sie sich ein paar Schritte vom Hund zurück. Lassen Sie ihn einige Sekunden lang ausharren, um dann zu ihm zurückzugehen und ihn zu loben. Zeigen Sie Geduld, verlängern Sie die Dauer des Sitzenbleibens von Mal zu Mal und erweitern Sie gleichzeitig die Distanz, wenn Sie sich vom Hund entfernen.

Bleibt der Hund nicht sitzen, so ist die Korrektur immer die gleiche. Gehen Sie zum Hund. Rufen Sie den Hund nicht zu sich. Führen Sie ihn mit sanfter Gewalt zurück zu exakt der Stelle, wo er sitzen bleiben sollte, und wiederholen Sie Kommando und Signal. Im allgemeinen können Sie Ihren Hund rechtzeitig am Aufstehen und Verlassen seines Platzes hindern, indem Sie ein scharfes »Nein!« rufen, sobald er Anstalten macht, sich zu erheben. Bevor Sie den Hund verbal korrigieren, sollten Sie jedoch die Gewißheit haben, daß die Bewegung ein wirklicher Ausbruchsversuch ist und nicht nur eine Gewichtsverlagerung.

Bei den ersten Übungen behalten Sie die Leine lose in der Hand. Später, wenn Sie den Gehorsam Ihres Hundes zuversichtlich beurteilen, können Sie die Leine fallen lassen, ohne sie aber vom Halsband zu entfernen. Diese Maßnahme wird Ihnen helfen, den Hund im Falle eines Ausbruchs wieder einzufangen. Halten Sie während der Übung Blickkontakt mit dem Hund, um zu erreichen, daß er Sie anschaut. Läßt seine Aufmerksamkeit nach, hilft es häufig, wenn man leise, aber mit dramatischer Geste etwas wie »Schau her!« oder »Sieh mich an!« flüstert, um die Aufmerksamkeit des Hundes zurückzugewinnen. Ist Ihre Ausbildung bis dahin erfolgreich gewesen, bringen Sie anfangs kleine Ablenkungen hinein, um sich Gewißheit zu verschaffen, daß der Befehl unter den verschiedensten Bedingungen befolgt wird. Treten Sie zur Seite, oder werfen Sie einen Ball oder Stein hoch. Wenn Sie in einer Gruppe oder mit Freunden arbeiten, versuchen Sie einen Kreis zu bilden, mit den Ausbildern in der Mitte und den sitzenden Hunden einwärts gerichtet an der Peripherie des Kreises. Um eine wirksame Ablenkung zu schaffen, können die Ausbilder dann ihre Plätze vertauschen und zu ihren ursprünglichen Positionen zurückkehren. Unruhige Hunde sollten zwischen Hunden placiert werden, die in ihrem Gehorsam unerschütterlich sind. Dies wird dem schwachen Hund helfen, das Ausharren zu lernen. Anschließend kehren Sie zu Ihrem Hund zurück. Achten Sie darauf, daß Sie hinter ihm einen Bogen beschreiben und so an seine rechte Seite kommen. Darauf können Sie das Sitzenbleiben mit einem Lob beenden, wenn die Übung korrekt ausgeführt wurde. Hat der Hund gelernt, trotz aller Ablenkungen gehorsam in sitzender Haltung auszuharren, bis Sie die Übung beenden, werden Sie bei der entscheidendsten aller Gehorsamsübungen, dem Kommen auf Befehl, davon profitieren.

32. Kommen auf Befehl

Die meisten Hundehalter erhoffen sich von der Gehorsamsschulung zweierlei: Sie wollen, daß ihr Hund kommt, wenn er gerufen wird, und sich niederlegt, wenn es ihm gesagt wird. Andere Übungen werden zuweilen als eher nebensächlich angesehen. Diese Ansicht ist nicht ganz falsch, denn das Kommen auf Befehl ist *die* Übung, von der der allgemeine Appell, d. h. Folgsamkeit und Gehorsam des Hundes abhängen. Dennoch wird der Hund niemals das Kommen auf Befehl richtig ausführen, wenn er nicht zuvor gelernt hat, gehorsam sitzen zu bleiben. Beim Kommen auf Befehl werden Besitzer von Hunden des Alpha-Typs Schwierigkeiten erleben. Dieser Hundetyp bedarf langer und geduldiger Schulung.

Jede Hundeausbildung muß selbstverständlich dem Verhältnis Halter/Hund Rechnung tragen. Erwarten Sie daher nicht, daß die in diesem Kapitel beschriebenen Techniken sofortigen Erfolg garantieren. Auch wird Ihr Hund kaum während einer Übungsstunde mit allen Anzeichen der Zufriedenheit auf Sie zulaufen, wenn Sie den freilaufenden Hund früher gelegentlich zu sich gerufen haben, um ihn für ein Vergehen zu bestrafen. Rufen Sie niemals Ihren Hund zu sich, um ihn dann zu bestrafen. Gehen Sie zu ihm und holen Sie ihn, wenn Sie Ihren Hund tadeln oder disziplinieren müssen.

Das Kommen auf Befehl schließt sich dem Bei-Fuß-Gehen an der

Leine an. Doch wird im Unterschied zu den bisher beschriebenen Übungen eine Leine von 6–10 m Länge verwendet. Treten Sie während der Folgen-Übung plötzlich drei oder vier Schritte zurück und rufen Sie den Hund mit dem Befehl »Hierher!« zu sich. Ihr Hund wird von dieser Unterbrechung des üblichen Übungsablaufs verwirrt sein und deshalb vielleicht nicht gleich gehorchen. Wenn er das Ende der Leine erreicht hat, holen Sie die Leine langsam und ruhig ein. Vermeiden Sie jedes Zerren an der Leine, das das Tier aus dem Gleichgewicht bringen könnte, und reden Sie ihm ununterbrochen freundlich und mit lockender Stimme zu. Ist der Hund bei Ihnen, fassen Sie ihn über dem Übungshalsband, wie Sie es von der Ausbildung für das automatische Sitzen her kennen, und veranlassen Sie den Hund, sich vor Sie hinzusetzen, das Gesicht Ihnen zugewandt. Wiederholen Sie den Vorgang mehrere Male. Sind Sie überzeugt, daß der Hund begriffen hat, befehlen Sie ihm, sitzen zu bleiben, und entfernen Sie sich von ihm. Gehen Sie langsam, bis das Ende der Leine erreicht ist, und rufen Sie den Hund dann zu sich. Bei späteren Übungen können Sie sich weiter entfernen und die Leine fallenlassen. Lassen Sie den Hund mindestens dreißig Sekunden in der sitzenden Position.

Der Augenblick, da Sie sich anschicken, den Hund zu sich zu rufen, ist sehr wichtig. Was Sie jetzt tun, kann die Disziplin des unangeleinten Hundes entscheidend zum Besseren oder zum Schlechteren beeinflussen. Üblich (und Anleitung in vielen Ausbildungshandbüchern) ist nun, daß der Ausbilder aufrecht wie ein Pfosten dasteht und steif den Befehl »Hierher!« ruft. Je nachdem, wie der Ausbilder darüber denkt, wird dabei der Name des Hundes genannt oder nicht.

Wie oft schon haben Sie ärgerliche Hundebesitzer gesehen, die vor ihrer Tür oder am Wegrand stehen, die Arme in die Hüfte gestemmt, verzweifelte bis wütende Mienen zur Schau stellend, und immer wieder mit strenger Stimme ihren unfolgsamen Hund rufend? Der Hund aber tobte mutwillig allein oder mit einem anderen Hund herum und kroch später in Erwartung einer Tracht Prügel mit eingezogenem Schwanz auf seinen Herrn zu. Viele Hundehalter kommentieren dies Verhalten so: »Sehen Sie, er weiß genau, daß er das nicht darf – sehen Sie bloß, wie er angekrochen kommt!« Könnten diese Hundehalter sich selbst sehen, so würden sie begreifen, daß kein lebendes, empfindsames

Wesen, vier- oder zweibeinig, den Wunsch verspüren kann, auf eine Person mit dieser Art von Körpersprache zuzugehen, die sie darüber hinaus noch drohend anschreit. Da ist es nicht überraschend, daß manche Ausbilder und Hundehalter, die ihre Hunde wie Feldwebel auf dem Kasernenhof herumkommandieren, häufig ihre Kinder in der gleichen Art und Weise erziehen und herumscheuchen.

Während Ihr Hund an seinem Platz sitzt, lassen Sie sich ihm gegenüber auf ein Knie nieder, die Augen ungefähr in gleicher Höhe mit denen des Hundes. Breiten Sie die Arme einladend aus und rufen Sie den Hund. Gebrauchen Sie seinen Namen und das Wort »Hierher!«. Beim Näherkommen des Hundes erheben Sie sich ein wenig, bleiben aber in Bodennähe. Seien Sie freundlich, versuchen Sie Blickkontakt herzustellen und loben Sie das Tier, sobald es bei Ihnen angekommen ist.

Variieren Sie die Zeitdauer, die Sie verstreichen lassen, ehe Sie dem Hund erlauben, seinen Platz zu verlassen und zu Ihnen zu kommen. Kauern Sie nieder, denn das wird den Hund ermutigen, sich bei der Ankunft vor Sie hinzusetzen. Sollte er begeistert an Ihnen hochspringen, wehren Sie sich nicht, um seine Freude nicht zu dämpfen. Später können Sie ihn freundlich zum Sitzen auffordern. Entscheidend ist, daß Sie Ihrem Hund beibringen, auf das Wort »Hierher!« in der gewünschten Art und Weise zu reagieren. Jedesmal wenn er es tut, erringt der Hund einen großen Sieg. Probleme wie Hochspringen, Urinieren vor Erregung oder fröhliches Herumwälzen im Gras können später gelöst werden. Ihr Ziel ist es, den Hund so zu erziehen, daß er gern *und* folgsam zu Ihnen kommt und sich vor Sie hinsetzt, wie es in der Gehorsamsprüfung verlangt wird und im Alltag erforderlich ist. Anfangs aber lohnt es sich, auf den Übermut einzugehen, den der Hund zeigen mag, wenn er zu Ihnen kommt. Der Augenblick, in dem der Hund in Ihre Arme kommt, ist von großer Bedeutung. Geben Sie dem Hund Gelegenheit, ihn zu genießen.

Beim Kommen auf Befehl ist es noch wichtiger als bei anderen Übungen, daß die Arbeit nicht zu lange ausgedehnt werden darf. Länger als zehn Minuten sollte keine Lektion dauern. Sie können die Übung jedoch einige Male am Tag wiederholen, am besten an verschiedenen Orten, damit der Hund das Kommen auf Befehl nicht mit einem bestimmten Übungsplatz verbindet und an anderen Orten den Gehorsam verweigert.

Wenn sie stehenbleiben, soll der Hund sich setzen. Drücken sie sein Hinterteil nieder und ziehen sie gleichzeitig die Leine aufwärts

Mit den Fortschritten, die Ihr Hund macht, können Sie die Entfernung erweitern. Verwenden Sie ein zehn oder fünfzehn Meter langes Seil, das Sie am Halsband oder der Leine des Hundes befestigen. Beschweren Sie das andere Ende dieses Seiles mit einem Gewicht, so daß Sie es leichter auswerfen können. Lassen Sie den Hund sitzen, geben Sie ihm den Befehl »Bleib!«, und werfen Sie das Seil aus. Verlassen Sie nach dem Wurf die Seite des Hundes. Haben Sie die Länge der ausgeworfenen Leine abgeschritten, rufen Sie den Hund zu sich, wie zuvor beschrieben. Befolgt er den Befehl nur zögernd, geben Sie der Leine einen scharfen Ruck. Wenn nötig, holen Sie den Hund mit der Leine ein. Loben Sie ihn, wenn er bei Ihnen anlangt. Sobald Sie zuversichtlich sind, daß Ihr Hund den Befehl »Hierher!« völlig versteht, können Sie anfangen, Ablenkungsmanöver in die Übung einzubauen. Lassen Sie dem Hund von einem Helfer verschiedene Gegenstände in den Weg legen – etwa einen Knochen, einen Ball oder ähnliches. Läßt sich der Hund tatsächlich ablenken, korrigieren Sie ihn mit einem scharfen Ruck am langen Seil. Scheuen Sie sich nicht, das Kommando »Hierher!« mehrmals zu wiederholen, und dies mit anderen Orientierungsgeräuschen wie Händeklatschen oder Klingeln mit einem Schlüsselbund zu unterstützen. Der Nachdruck sollte stets auf der korrekten Ausführung der Kommandos liegen. Dazu ist es wichtig, daß Sie sich die Aufmerksamkeit des Hundes erhalten und ihn zwingen, gespannt auf den nächsten Befehl zu warten.

Ob Ihr Hund kommt und vor Ihnen sitzt, hängt sowohl von der Art des Blickkontaktes ab, den Sie mit dem Hund herstellen, wenn er Ihren Befehl hört, als auch vom richtigen Lob nach erfolgreicher Durchführung. Am Anfang können Sie verspieltes Scherzen erlauben, doch ermuntern Sie den Hund frühzeitig, sich vor Sie hinzusetzen, während Sie ihn streicheln. Geben Sie notfalls den Befehl zum Sitzen, aber versuchen Sie, den Hund durch leichtes Hochziehen am Halsband und Streicheln des Rückens zum Sitzen zu bewegen. Er soll sich nicht auf Kommando niedersetzen, wenn er zu Ihnen kommt, sondern aus eigenem Antrieb. Haben Sie erreicht, daß er das zuverlässig tut, so locken Sie ihn weiterhin mit ausgebreiteten Armen zu sich, erheben Sie sich aber langsam zu Ihrer vollen Höhe, wenn er näher kommt. Sitzt er vor Ihnen, geben Sie den Befehl »Bleib!« und verharren Sie eine kleine Weile in dieser Haltung. Es ist eine gute Vorbereitung für die letzte Stufe

Zum Üben des Kommens auf Befehl gebraucht man die lange Leine. Werfen sie das beschwerte Ende aus und geben sie dann den Befehl »Bleib!«

der Übung, in welcher der Hund lernen muß, sich mit einem halben Bogen an Ihre linke Seite zu begeben. Dieser Abschluß gehört zu der Gehorsamsübung, wie sie bei der Begleithundprüfung verlangt wird. Der Laie mag das übertrieben finden, aber für den Hausgebrauch kann sich diese Lektion als sehr nützlich erweisen. Dabei wird der vor dem Ausbilder sitzende Hund zunächst ausgiebig gelobt, worauf man den Befehl »Platz!« gibt und den Hund rechts um sich herumlaufen und sich links hinsetzen läßt. Hierzu ist geduldiges Führen notwendig, bis der Hund begriffen hat, daß er auf den Befehl »Platz!« um einen herumlaufen und sich zur Linken hinsetzen muß.

Sobald die Übung reibungslos klappt, kann man zum Kommen auf Befehl ohne Leine übergehen. Macht der Hund Fehler, sollte die Leine jedoch sofort wieder zu Hilfe genommen werden. Zunächst lösen Sie unmerklich die Leine mit dem anhängenden Seil vom Übungshalsband, nachdem Sie dem Hund das Sitzenbleiben befohlen und das Seil ausgeworfen haben. Wenn Sie das geschickt machen, wird der Hund denken, er sei noch angeleint. Darauf verfahren Sie wie gewöhnlich. Manche Hunde spüren sofort, wenn sie frei sind, und machen sich selbständig. Sollte dies bei Ihrem Hund der Fall sein, haben Sie mit dem Tier womöglich nicht gründlich genug an der Leine gearbeitet. Hunde, die das Weite suchen, sobald sie bemerken, daß sie frei sind, sollten eingefangen und sofort zum selben Übungsplatz zurückgebracht werden. Sollte Ihr Hund jedoch wirklich weglaufen, ignorieren Sie ihn vollständig, wenn er zurückkehrt. Nachdem Sie ihm ungefähr eine halbe Stunde die kalte Schulter gezeigt haben, geben Sie ihm in freundlichem Ton den Befehl »Hierher!«. Das ist eine wirksame Art und Weise, den Hund zu belehren, ohne unsere Grundregel zu durchbrechen, niemals einen Hund zu bestrafen, wenn er zu uns kommt.

Wenn Sie den Ausreißer einfangen und zum Übungsplatz zurückbringen können, setzen Sie den Hund zwischen sich und einen Helfer und rufen Sie ihn abwechselnd hin und her, wobei die Distanz zwischen beiden Beteiligten und dem Hund jeweils nur zwei Meter betragen sollte. Gehorcht der Hund zufriedenstellend, so können Sie die Distanz vergrößern. Gebrauchen Sie das lange Seil, wenn nötig, und werfen Sie es einander zu. Bei dieser Methode fühlt der Hund sich eingeschlossen, und zusammen können beide Ausbilder Fluchtversuche leichter verhindern als einer allein. Sie sollten die Methode aber nicht zur Regel machen, sonst erziehen Sie einen Hund, der auf Befehl »Hierher!« nicht nur zu Ihnen, sondern auch zu jeder beliebigen anderen Person kommt.

33. Liegen auf Befehl

Wir verwenden zwei Methoden, wenn wir das Liegen auf Befehl lehren. Bei beiden wird der Hund sanft in die liegende Position gebracht und nicht zu Boden gezwungen, aber Körperkontakt ist in beiden Fällen notwendig. Viele Leute haben große Schwierigkeiten, ihrem Hund das Liegen auf Befehl beizubringen, das tatsächlich eine einfache Übung ist. Oft wird sie als Strafaktion durchgeführt, wenn zornige Besitzer ihre Hunde niederzuzwingen suchen, indem sie auf die Leine treten oder das Tier herunterzerren, bis es sich hinlegt. Dies ist eine äußerst brutale Methode, die wir unter allen Umständen meiden sollten.

Das Verfahren des Ausbilders Milo Pearsall zum Einüben des Liegens auf Befehl ist human und einfach – und vor allem wirksam. Unsere Methoden sind eine Abwandlung der Pearsall-Methode. Wir haben festgestellt, daß die kleinen Unterschiede in unseren Methoden zweckmäßig sind, besonders im Umgang mit größeren Rassen. Beginnen Sie, indem Sie den Hund eine Weile bei Fuß gehen lassen und dann plötzlich stehenbleiben, den Hund in sitzender Position neben sich. Stellen Sie Blickkontakt her, indem Sie die rechte Seite des Hundegesichts streicheln. Das wird den Hund ermutigen, zu Ihnen aufzublicken. Sprechen Sie in aufmunterndem Ton, etwa so: »Recht so, wie wär's mit etwas Neuem?« Viele Eigentümer sind nervös und angespannt, wenn sie anfangen, ihren Hunden das Liegen auf Befehl beizubringen, weil sie Schwierigkeiten voraussehen, die sie mit ihrer Nervosität dann erst heraufbeschwören. Knien Sie neben dem Hund nieder und legen Sie eine kleine Weile beruhigend den Arm um ihn. Darauf umfassen Sie mit der rechten Hand ein Vorderbein unter dem Ellbogen und legen Ihre linke Hand auf den vorderen Rücken des Hundes. Geben Sie mit fester, aber munterer Stimme den Befehl: »Leg dich!« (für Deutsche Schäferhunde gilt in diesem Fall der Befehl »Platz!«) und ziehen Sie das Bein nach vorn, während Sie gleichzeitig mit der anderen Hand Druck auf den Rücken ausüben. Das Ganze soll nicht derb und abrupt geschehen, sondern langsam und fließend. Liegt der Hund, bleiben Sie bei ihm auf den Knien, streicheln und loben ihn. Sprechen Sie leise aber zärtlich, sonst wird der Hund versuchen aufzustehen. Lassen Sie eine Hand auf seinem Rücken, wo sie leichten Druck ausübt. Im Anfangsstadium sollten Sie die Übung nach dreißig Sekunden oder spätestens einer Minute beenden und den Hund loben, wenn er aufsteht. Wählen Sie ein Schlüsselwort wie »Gut so!« oder »Schön!«, das dem Hund als Signal zum Aufstehen dient. Sobald sie den Eindruck haben, daß der Hund gehorsam liegenbleibt, können Sie selbst behutsam aufstehen, aber lassen Sie eine Hand auf dem Rücken des Hundes. Korrigieren Sie Versuche, aufzustehen, durch Druck auf den Rücken des Hundes und mit dem Befehl »Nein, bleib!«. Reagiert Ihr Hund schnell und gelingt es ihm, sich dem Druck Ihrer Hand zu entwinden und aufzuspringen, muß der ganze Vorgang wiederholt werden. Beim nächsten Mal empfiehlt es sich, langsamer aufzustehen und dabei den Druck auf den Hunderücken ein wenig zu verstärken. Sucht Ihr Hund nach rückwärts auszuweichen, wenn Sie seine Vorderpartie herunterdrücken, blockieren Sie diese Bewegung mit Ihrem linken Bein oder Knie.

Größere Rassen (Deutsche Schäferhunde, Dänische Doggen, Bernhardiner) müssen selbstverständlich körperlich stärker diszipliniert werden als kleinere. Sie können Ihrer Ausbildungsmethode beispielsweise Nachdruck verleihen, indem Sie beide Vorderbeine des Hundes unterhalb der Ellbogen umfassen, sie gleichzeitig anheben und sanft mit einer nach vorwärts ziehenden Bewegung herunterlassen. Zur gleichen Zeit beugt man sich über den Hund und setzt ihm das linke Knie in den Rücken. Bei den ersten Versuchen mögen Sie diese Bewegung unkoordiniert finden, aber im Laufe der Wiederholungen wird sie geschmeidiger vonstatten gehen. Da Ihr Gesicht demjenigen des Hundes ganz nahe ist, können Sie ihm während der Übung gut zureden und sogar das Kinn einsetzen, um Druck auf den Kopf des Hundes auszuüben. Haben Sie den Hund auf diese Weise zum Liegen gebracht, fahren Sie wie oben angegeben fort. Bei besonders eigensinnigen Individuen, die sich weigern, freiwillig liegenzubleiben, kann man auf Händen und Knien gleichsam rittlings über dem Hund ausharren, bis man zuversichtlich ist, daß er liegenbleiben wird.

Wenn es Ihnen gelingt, für drei Minuten aufzustehen, während der

So lehrt man das Liegen auf Befehl. Ein Bein wird mit der rechten Hand vorwärts geführt, während die linke den oberen Rücken niederdrückt

Hund liegenbleibt, dürfen Sie die Übung als zumindest teilweise erlernt betrachten. Der Hund lernt nun, daß die »Liegelektion« beendet ist: Um das Ende der Übung anzuzeigen, sagen Sie das Schlüsselwort, das Sie mit einem Schlag auf Ihren Oberschenkel bekräftigen können, um den Hund zum Aufsitzen zu ermutigen. Da Sie rechts neben dem Hund stehen, können Sie jeden Versuch, sich ganz und gar zu erheben, mit der über sein Hinterteil gehaltenen linken Hand blockieren.

Hat der Hund eine Liegeübung, gleich von welcher Dauer, erfolgreich beendet, so versäumen Sie nicht, ihn gebührend zu loben. Streicheln Sie besonders die Ihnen zugewandte Seite seines Gesichts, weil das den Hund ermutigt, zu Ihnen aufzublicken. Suchen Sie auch während des Lobes Blickkontakt. Sie sollten sich jedoch nicht mit einigen glücklich verlaufenen Übungen zufrieden geben. Der Befehl wird nur dann fehlerfrei ausgeführt, wenn man den Hund diese Übung immer wieder, und zwar unter verschiedenen Bedingungen absolvieren läßt, dabei unbedingten Gehorsam fordert und auf absolut korrekte Ausführung achtet.

34. Das Liegenbleiben

Wenn Ihr Hund das Hinlegen auf Befehl sicher beherrscht, dann sollte das Liegenbleiben für längere Dauer daraus folgen. Die meisten Hunde legen sich nur gern nieder, wenn sie einige Zeit in dieser Stellung verharren dürfen. Die Gewohnheit, sich vor dem Niederlegen einige Male im Kreis zu drehen, ist vielen Rassen eigen, besonders Deutschen Schäferhunden, und entspringt natürlichem Instinktverhalten. Der Hund scheint bestrebt, seinen Ruheplatz sorgfältig auszuwählen und zu untersuchen, ehe er sich niedertut. Wenn Sie die Begleithundprüfung anstreben oder an Gehorsamswettbewerben teilnehmen wollen, werden Sie diese Gewohnheit eliminieren müssen und auf sofortigem Gehorsam bestehen. Ein zögerndes Hinlegen oder unruhiges Liegen kostet Strafpunkte. Wenn Sie indessen nur einen folgsamen Hund und angenehmen Hausgenossen haben wollen, können Sie Eigenheiten wie das Im-Kreis-Laufen vor dem Hinlegen, das Herumwälzen, Sichräkeln oder ausgiebiges Gähnen erlauben. Der Hund ist nicht etwa gelangweilt. Er befindet sich in einer Stellung, die naturgemäß zum Ausruhen einlädt.

Eine andere Methode zur Einübung des Liegens auf Befehl: Man hebt beide Vorderbeine, beugt sich über den Hund und läßt ihn behutsam zu Boden

Man beginnt die Übung des Liegenbleibens mit dem schon bekannten Befehl »Bleib!«, der durch das gleichfalls vom Sitzen auf Befehl bekannte Handzeichen unterstützt werden kann. Darauf umkreisen Sie den Hund, wobei eine Hand sicherheitshalber auf seiner Rückenfläche Kontakt hält. Gehen Sie zweimal um den Hund herum und nehmen Sie dann die Hand von seinem Rücken, gestatten Sie ihm aber nicht, aufzustehen. Wiederholen Sie dieses Umkreisen und lassen Sie diesmal nur die Spitze Ihres Zeigefingers auf dem Rücken des Hundes. Sie werden beim Umkreisen des Hundes gebückt gehen müssen, und er mag versuchen, sich nach Ihnen umzusehen, wenn Sie hinter ihm sind. Erlauben Sie ihm dies, aber gestatten Sie keine Versuche, aufzustehen. Begegnen Sie diesen sofort, indem Sie die ganze Hand auf den Rücken des Hundes legen und ihn mit den Worten »Nein, bleib!« niederdrükken. Sind Sie zuversichtlich, daß der Hund gehorchen wird, gehen Sie um ihn herum, ohne sich zu bücken oder die Hand auf ihn zu legen. Scheuen Sie sich nicht, das Kommando »Bleib!« mehrmals zu wiederholen, sollten Sie den Eindruck haben, daß der Hund aufstehen will.

Es bedarf zwar – wie bereits erwähnt – keiner Korrektur, wenn der Hund sich nach Ihnen umsieht, während Sie ihn umkreisen und dabei momentan aus seinem Blickfeld geraten. Aber unterstützen Sie dieses Verhalten nicht etwa, indem Sie den Hund von hinten ansprechen. Haben sie erst verstanden, was vorgeht und was von ihnen erwartet wird, so werden die meisten Hunde einfach geradeaus blicken und warten, während der Ausbilder herumgeht. Sobald Ihr Hund diese Reaktion zeigt und nicht länger besorgt oder unruhig erscheint, weil er an einem Platz liegenbleiben muß, können Sie wiederum anfangen, Ablenkungsmanöver in die Übung einzubauen. Als erstes steigen Sie beispielsweise mehrere Male über den Hund hinweg. Dann werfen Sie einen Ball oder Zweig vor ihn, während Sie gleichzeitig den Befehl »Bleib!« wiederholen. Wenn Sie in einer Gruppe arbeiten, kann ein geschickter Helfer über alle Hunde hinwegspringen. In der Gruppe lernen die Hunde voneinander, daß sie sich nicht von der Stelle bewegen. Die meisten unserer Hunde in New Skete lernen in frühem Alter das Liegen und Liegenbleiben ohne irgendeine besondere Ausbildung, einfach weil sie ihre Mütter und andere ausgewachsene Hunde während der Mahlzeiten im Kloster ebenfalls liegen sehen. Hunde, die diese Übung bereits beherrschen,

Bleiben sie in Sicht, während ihr Hund liegt. Vermeiden sie jetzt Blickkontakt – oder der Hund wird denken, sie fordern ihn auf, zu ihnen zu kommen

strahlen soviel Ruhe aus, daß der Neuling sich schnell anpassen wird.

Wenn der Hund die Übung eigenmächtig unterbricht, wird dies immer auf ein und dieselbe Weise korrigiert: Gehen Sie und holen Sie den Hund. Führen Sie ihn zurück zu derselben Stelle und wiederholen Sie die Befehle »Leg dich!« und »Bleib!«. Manchmal gelingt es, einen ungehorsamen Hund mit einem energischen »Nein!« zurückzuhalten, bevor er sich einen oder zwei Schritte von seinem Liegeplatz entfernt hat. Legt er sich darauf aus eigenem Antrieb wieder hin, ist es nicht notwendig, ihn zu exakt derselben Stelle zurückzuführen, von der er aufgestanden ist.

Nach dem Kommen auf Befehl ist das Liegenbleiben auf Befehl wahrscheinlich die nützlichste Übung der formalen Gehorsamsschulung. Integrieren Sie diese Übung in das Alltagsleben des Hundes. Lassen Sie den Hund in Ihrer Nähe liegen, während Sie essen, lesen, fernsehen oder einer anderen längerfristigen Beschäftigung nachgehen. Wenn Besuch kommt, erlauben Sie dem Hund, Ihre Freunde zu begrüßen, und befehlen dann, daß er sich in der Nähe niederlegt. Erwarten Sie nicht gleich, daß der Hund gehorsam liegenbleiben wird, wenn Sie sich aus seinem Blickfeld entfernen. Diese Disziplin erfordert viel Übung.

Gerade bei Hunden, die im Haus und Hof gegenüber Besuchern zu aggressivem oder aufdringlichem Verhalten neigen, ist eine einwandfreie Beherrschung der Übung Liegenbleiben auf Befehl wichtig. Aber auch bei anderen Anlässen werden Sie merken, wie sehr Ihnen diese Lektion das Zusammenleben mit Ihrem vierbeinigen Hausgenossen erleichtert.

35. Über Gehorsamsprüfungen

Haben Sie und Ihr Hund es in der Gehorsamsschule zu meisterhafter Tüchtigkeit gebracht, mögen Sie daran denken, die Begleithundprüfung abzulegen oder gar eine weitergehende Ausbildung Ihres Hundes anzustreben, um ein Schutzhundzertifikat oder Fährtenhundzertifikat zu erwerben. Wenn Sie ernstlich interessiert sind, Ihren Hund weiter auszubilden oder an Leistungsprüfungen, Ausstellungen, Zuchtschauen und dergleichen teilnehmen zu lassen, sollten Sie eine der am Schluß dieses Buches angeführten kynologischen Zeitschriften abonnieren. Da die Begleithundprüfung sowie die Vergabe entsprechender Urkunden in der Bundesrepublik zum Aufgabenbereich der örtlichen Vereine und Klubs für Gebrauchshunderassen gehört, sollten Sie dem nächsten, jeweils entsprechenden Rassehundclub beitreten. Diese Vereine bieten in der Regel auch die Möglichkeit einer Schutzhundausbildung. Viele Vereine, vor allem die im Jagdgebrauchshund-Verband zusammengeschlossenen Zuchtvereine für die verschiedenen Jagdhundrassen, bieten die Ausbildung für Fährtenhunde bis zur Erlangung des Fährtenhundzertifikats. Fährtenhundeprüfungen können nur von den Landesverbänden der Gebrauchshundevereinigungen oder von den Landesgruppen der Rassezuchtvereine durchgeführt werden. Leistungsprüfungen veranstalten auf örtlicher Ebene die Gebrauchshundevereine oder Ortsgruppen der Gebrauchshunderasse-Zuchtvereine (SchH. I, II und III). Weitergehende Wettbewerbe, wie etwa die Ausscheidungskämpfe zur Siegerprüfung, werden bei den Gebrauchshundeverbänden von den Landesverbänden, bei den Rassehundzuchtvereinen von deren Landesgruppen veranstaltet; doch setzt die Teilnahme daran im allgemeinen die bestandene Schutzhund-Prüfung III voraus.

Eine gründliche Gehorsamsschulung ist nicht nur notwendige Grundlage jeder weiterführenden Hundeausbildung, sie fördert auch eine harmonische Beziehung zwischen Halter und Hund. Als Züchter und Ausbilder vieler prämierter Hunde glauben wir, daß Ihnen die Teilnahme an Wettbewerben und Leistungsprüfungen ebensoviel Freude und Befriedigung verschaffen wird wie uns. Es gibt nur einen Haken dabei: Sie und Ihr Hund müssen wirklich sehr hohen Anforderungen entsprechen, um auf dieser Ebene etwas zu erreichen.

Die neben perfekter Gehorsamsschulung vielleicht wichtigste Voraussetzung für die Teilnahme an Leistungswettbewerben heißt Team-Arbeit zwischen Ihnen und Ihrem Hund. Gründliche Vorbereitung ist immer notwendig, und niemand sollte in einen Wettbewerb gehen, ohne die geforderten Übungen zu kennen und vollständig zu beherrschen. Lassen Sie sich nicht von falschem Ehrgeiz zu einer Teilnahme verleiten, wenn Ihr Hund das verlangte Leistungsniveau noch nicht erreicht hat: Sie werden wahrscheinlich erfolglos bleiben, die Zeit der Prüfungskommission und der anderen Teilnehmer verschwenden und Ihrem Hund nur schaden. Vor allem sollten Fehlschläge niemals Anlaß zu Enttäuschung oder Bitterkeit sein. Das könnte zu einer gefährlichen Verbissenheit führen. Ihr Hund wird auf derartige Verhaltensänderungen sofort reagieren, und Ihre gesamte Arbeit wird davon negativ beeinflußt. Zu einer auch psychologisch erfolgreichen Hundeausbildung gehört eine Portion Humor, der Sie in die Lage versetzt, gelegentlich über Mißerfolge einfach zu lachen. Die erste Erfahrung, die Sie machen werden – und sie ist bisweilen schmerzlich –, ist die, daß Ihr Hund einige Fehler hat und daß er nicht der Mittelpunkt des Universums und das Idol aller anderen Menschen ist.

Dieses Buch wendet sich nicht an Hundehalter, die ihrem Tier eine über die Ebene der grundlegenden Gehorsamsschulung hinausgehende Ausbildung angedeihen lassen wollen. Hingegen soll es Ihnen helfen, Ihren Hund besser zu verstehen. Vielleicht kann es Ihnen darüber hinaus dabei helfen, die für den Erfolg der Ausbildung wichtigen Übungen zu vervollkommnen.

Der American Kennel Club hat diese Voraussetzung in seiner Einleitung zu den Wettbewerbsbestimmungen auf einen Nenner gebracht: »Zweck von Gehorsamsprüfungen ist es, die Brauchbarkeit des reinrassigen Hundes als Gefährte des Menschen zu demonstrieren, nicht nur die Fähigkeit des Hundes, die Routine bestimmter Gehorsamsübungen einzuhalten.« Behalten Sie dieses Ziel im Auge, wenn Sie beschließen, mit Ihrem Hund an Leistungsprüfungen teilzunehmen.

Probleme

36. Stubenreinheit

Auf kaum einem Gebiet der Hundeerziehung gedeihen mehr Legenden als auf dem der Sauberkeit im Haus. Einen Hund stubenrein zu machen sollte ein einfaches Verfahren sein, für viele Hundehalter aber ist es eine Plackerei, die zuweilen kein Ende nimmt. Es ist überraschend, wie häufig Kunden zu uns kommen, die seit Jahren Hunde haben, die trotz intensiver Bemühungen nicht stubenrein werden. Hätten sie die Erziehung zur Sauberkeit von Anfang an korrekt und konsequent betrieben, hätte das Problem nach kurzer Zeit überwunden sein können.

Legende Nummer eins: »Wenn Sie entdecken, daß der Hund an verbotener Stelle ein Geschäft verrichtet hat, dann stoßen Sie ihn mit der Nase hinein.« Gerade das dürfen Sie unter gar keinen Umständen tun. Sie würden Ihrem eigenen Ziel entgegenarbeiten, eine Infektion des Hundes riskieren und ihn zum Kotfressen anregen.

Legende Nummer zwei: »Wenn Sie entdecken, daß der Hund an verbotener Stelle ein Geschäft verrichtet hat, dann sollten Sie ihn mit Schlägen bestrafen und eine Zeit lang nicht mehr anschauen.« Das ist Unsinn und psychologisch nicht nur unwirksam, sondern schädlich.

Legende Nummer drei: »Wenn Sie entdecken, daß der Hund an verbotener Stelle ein Geschäft verrichtet hat, dann führen Sie ihn dorthin, wo er sich zu entleeren hat, zeigen ihm den Platz und schelten ihn.« Das ist ganz und gar verkehrt; der Hund braucht gerade an diesem Ort Lob und Ermutigung, nicht Strafe.

Legende Nummer vier: »Sie können einen Hund dazu erziehen, daß er sich auf Zeitungen entleert oder im Freien oder gar beides.« Dieses Fehlurteil verursacht mehr Verwirrung als jedes andere. Hunde haben eine konsequente Erziehung zu Sauberkeit nötig. Wir empfehlen niemals die Erziehung zum Entleeren auf Papier, sofern keine wirklich extreme Situation vorliegt und der Hund keinerlei Möglichkeit hat, ins Freie zu gelangen. (Beispielsweise, wenn Sie im sechsten Stock wohnen, und es gibt keinen Aufzug,

oder Sie sind durch Erkrankung oder hohes Alter behindert.)
Nach unseren Erfahrungen entspringt die Erziehung zum Entleeren auf Papier gewöhnlich einer Bequemlichkeit des Hundehalters, die sich später rächt. Wenn irgend möglich, erziehen Sie
Ihren Hund dazu, daß er sich im Freien an einer bestimmten Stelle
entleert.

Hier ist unsere Methode zur Sauberkeitserziehung:

1. Eine Grundregel heißt, daß man sich das natürliche Verlangen
des Hundes, sein »Nest« sauberzuhalten, nutzbar macht. Dieses
Bedürfnis ist ererbt. Es gibt Anzeichen dafür, wann der junge
Hund hinaus möchte: Beschnüffeln des Bodens, verräterische
Hockstellung, Herumlungern bei der Tür, ständige unruhige
Bewegung. Dies geschieht bei Welpen im Rhythmus von zwei
Stunden (bis zum Alter von 12 Wochen), direkt nach dem
Erwachen, fünfzehn Minuten bis eine halbe Stunde nach einer
Mahlzeit, nach dem Schlabbern einer großen Menge Wasser.

2. Im allgemeinen empfehlen wir regelmäßige Fütterungszeiten
für junge und ausgewachsene Hunde, je nach tierärztlichem Rat.
Wir haben festgestellt, daß das ganztägige Bereitstellen von Futter
für den Hund häufig die Hausbeschmutzung fördert. Welpen
sollte Wasser in regelmäßigen Abständen geboten, aber nicht die
ganze Zeit zur Verfügung gestellt werden. Es ist zweckmäßig,
Wasser und Futter bei Nacht zu entfernen und dem Hund vor dem
Schlafenlegen genug Zeit zur Entleerung zu geben. Lassen Sie
niemals Wasser für den Hund stehen, solange Sie nicht sicher sind,
daß er sich schon beherrschen kann.

3. Respektieren Sie die biologische Uhr Ihres Hundes. Seien Sie
konsequent in der Festsetzung der Zeitpunkte, zu denen Sie ihn
hinauslassen. Machen Sie sich klar, daß viele Aktivitäten bis zu
einem gewissen Grad mit der biologischen Uhr des Hundes
koordiniert werden müssen, zumindest bis er ausgewachsen ist.
Das Bedürfnis des Hundes, in gewissen Abständen zur Entleerung
hinausgehen zu müssen, wird sich auf viele Aktivitäten auswirken
und muß bei der Einteilung des Nachtschlafes ebenso berücksichtigt werden wie bei der Planung von Urlaubsreisen oder Einkaufsfahrten.

4. Entdecken Sie Urin oder Fäkalien als Folgen eines »Unglücks«,
so holen Sie den Hund. Rufen Sie ihn nicht zu sich, wenn Sie eine
unliebsame Entdeckung gemacht haben, sondern holen Sie ihn.
Wir sind nicht der Meinung, daß man den Hund auf frischer Tat

ertappen muß, wichtig ist, daß die Aufmerksamkeit des Hundes auf seine Hinterlassenschaft gerichtet wird. Führen Sie den Hund so bald wie möglich zum Schauplatz des Malheurs. Wenn Sie zufällig beobachten, wie der Hund sich anschickt, ein Geschäft zu verrichten, kreischen Sie nicht und verlieren Sie nicht die Nerven – schaffen Sie ihn schwungvoll und ohne Federlesen hinaus, selbst wenn damit eine Fahrt im Aufzug verbunden sein sollte. Die meisten Hunde werden an sich halten, bis sie ins Freie kommen.

5. Ist es dafür zu spät, führen Sie den Hund am Halsband zum Schauplatz seines »Vergehens«. Setzen Sie ihn daneben. Zwingen Sie ihn, die Bescherung anzuschauen, indem Sie seinen Blick darauf lenken. Sorgen Sie dafür, daß der Hund an Ort und Stelle sitzen bleibt.

6. Wenn Sie gerade erst mit der Sauberkeitserziehung beginnen, machen Sie aus der Strafe keine große Affäre, aber schelten Sie den Hund, grollen Sie und lassen ihn Ihr Mißvergnügen spüren. Ausgewachsene Hunde, die auch unter größtem Müheaufwand nicht stubenrein werden, dürfen auch körperlich bestraft werden.

7. Führen Sie den Hund – notfalls mit Gewalt – zu der richtigen Stelle und lassen Sie ihn dort sitzen. Das ist wichtig, weil der Hund lernen muß, wo er sich zu entleeren hat. Bleiben Sie bei ihm, wenn es nicht möglich ist, ihn allein zu lassen.

8. Nach Ihrer Rückkehr ins Haus können Sie den Schmutz mit Papiertüchern oder anderen saugfähigen Materialien entfernen. Entzweigeschnittene Papierteller sind im Notfall ein geeignetes Werkzeug. Waschen Sie die Stelle anschließend mit einer Lösung aus weißem Essig und heißem Wasser, und zwar im Verhältnis eins zu vier. Nach der Behandlung mit Essig kann Lysol oder ein anderes geruchsneutralisierendes Mittel verwendet werden. Es ist wichtig, daß der Geruch nicht nur Ihrer Wahrnehmung entzogen wird, sondern auch derjenigen des Hundes. Blockieren Sie die Stelle nach Möglichkeit, bis sie getrocknet ist. Ein umgedrehter Stuhl leistet dafür gute Dienste. Lassen Sie den Hund nicht sehen, wie Sie seinen Schmutz entfernen. Es würde in Alpha-Tieren eine Art »Dienstbotensyndrom« auslösen, das häufig die Ursache für Probleme mit der Stubenreinheit ist. Sie sind nicht die Hausmagd, die dazu da ist, hinter dem Hund herzuputzen. Auch sind Sie nicht der Portier ihres Hundes, der nichts anderes zu tun hat, als den Hund hinauszulassen, wann immer dieser es verlangt. Erziehung

zur Sauberkeit bedeutet wohl, daß Sie die Bedürfnisse ihres Hundes rechtzeitig erkennen und berücksichtigen, sie bedeutet aber auch, daß der Hund lernen muß, sich zu beherrschen. Nach einem Malheur sollten Sie den Hund nicht isolieren oder fortwährend schelten. Vermeiden Sie zu dieser Zeit aber auch alle überschwenglichen Liebkosungen, es sei denn zur Belohnung eines prompt ausgeführten Befehls. Sollten Sie trotz gewissenhafter Befolgung dieser Ratschläge Schwierigkeiten mit der Sauberkeitserziehung eines Welpen haben, suchen Sie Rat bei einem qualifizierten Ausbilder, der sich mit Ihnen zusammensetzen und eine Erziehungsmethode für Ihren Hund entwerfen wird. Vermeiden Sie grobe körperliche Strafen für Hausbeschmutzung und stützen Sie sich statt dessen auf vorbeugende Maßnahmen.

37. Kauen, Graben und Hochspringen

Kauen

Wenn die Züchter sich mehr darum bemühen würden, ihren Welpen das fortwährende Ankauen aller erdenklicher Gegenstände rechtzeitig abzugewöhnen, hätten Sie später weniger Probleme damit. Wie es bei den meisten Verhaltensproblemen des Hundes der Fall ist, reicht auch dieses Fehlverhalten ins Junghundalter zurück. Manche Züchter geben den Welpen kein Kauspielzeug, sondern lassen sie einfach am Holz der Zwingereinfassung oder der Kiste kauen, die dem Wurf als erste Heimstatt dient. Dabei kann solches Verhalten mit einem lauten »Nein!« und dem Ersatz des angekauten Gegenstandes durch einen Kauknochen oder ähnliches wirksam korrigiert werden. Auch aufgehängtes Spielzeug ist geeignet, den Welpen durch die Phasen des Zahnwechsels zu helfen. Wenn der junge Hund ein neues Heim bekommt, sollte der Züchter den Käufern jedoch raten, den Hund auf ein bestimmtes Spielzeug zu fixieren. (Siehe auch Kapitel 27 über Welpenerziehung.)

Die Dauer derartiger destruktiver Verhaltensweisen, das heißt die Gewöhnungszeiten, sind bestimmend für den raschen oder weniger raschen Erfolg der Korrektur. Bei älteren Hunden ist es deshalb schwieriger als bei jungen Tieren. Das Benagen und Zerkauen von Gegenständen findet gewöhnlich während der Abwesenheit der Besitzer statt. Zu den am häufigsten wiederkehrenden Geschichten, die wir in unseren Gesprächen mit Ausbildungskunden hören, gehört die Schilderung des schrecklichen Anblicks, der sie bei ihrer Rückkehr von ihrer Arbeit daheim erwartete. Wir haben Horrorgeschichten von herabgerissenen Vorhängen und zerfetzten Kissen gehört, deren Inhalt im Zimmer verstreut lag, von ausgehöhlten Matratzen, gebrochenen Fensterscheiben und herausgerissenen Auslegeteppichen. Die vielleicht verblüffendste Geschichte, die uns zu Ohren kam, betraf einen zweijährigen Mischling zwischen Bernhardiner und Neufundländer, der den Kühlschrank umwarf, fünf PVC-Fliesen zerkaute und den Telefonanschluß aus der Wand riß. Als seine Besitzer nach Hause kamen, hatte der Hund sogar die Kühnheit, sie anzuknurren!

Die Reaktionen der Halter auf Entdeckungen dieser Art sind einander sehr ähnlich. Zuerst sind sie überrascht, selbst dann, wenn der Hund schon häufiger Schaden angerichtet hat. Dann werden sie zornig und veranstalten eine wilde Jagd, die manchmal mit körperlicher Bestrafung des Hundes endet, häufiger aber damit, daß er sich erfolgreich entzieht. Zumindest ebenso verbreitet ist es, den sich in einer Ecke niederduckenden Hund auszuschelten. Viele Hundehalter erklären sich das Verhalten ihres Hundes mit einem Satz wie diesem: »Er haßt mich, weil ich ihn allein lasse.« Damit haben sie zum Teil sogar recht.

Tatsache ist jedoch, daß der Hund gewöhnlich nicht aus Haß gegen seine Besitzer eine solche Zerstörungswut entfaltet, vielmehr ist sie Ausdruck einer allgemeinen Frustration. Die dem destruktiven Verhalten zugrunde liegenden Faktoren haben ihren Ursprung häufig in der Umgebung und nicht im Hund. Hat man diese Faktoren erkannt, ist es einfacher, das Problem zu lösen. Das Kauen des Hundes kann dann auf einen geeigneten Gegenstand gelenkt werden, und das destruktive Verhalten hört auf.

Als erstes müssen die Besitzer übertrieben emotionale Begrüßungs- und Abschiedsszenen abbauen und sich statt dessen angewöhnen, ruhig und zärtlich vom Hund Abschied zu nehmen bzw. ihn zu begrüßen, aber nicht dramatisch und gefühlsbetont. Sie sollten dem Hund ein Gefühl von Verantwortlichkeit einflößen, indem sie ihn beim Abschied beauftragen, »gut aufzupassen« oder »das Haus zu bewachen«, und ihn freundlich loben, wenn sie zurückkehren. Nützlich ist die Aufstellung eines Programms, nach dem die Besitzer am ersten Tag nur fünf oder zehn Minuten fortgehen, am nächsten zwanzig Minuten, und so weiter. Jedesmal, wenn der Hund ohne Schwierigkeiten auch nur für eine kurze Zeitspanne allein bleibt, ist dies schon ein Erfolg, der später härteren Prüfungen unterzogen werden kann. Manchmal hilft es, das Radio einzuschalten, um den Hund abzulenken. Wenn Ihr Hund Kauprobleme hat, nützt es weder, ihn um »anständiges Benehmen« zu bitten, noch ihn mit Leckerbissen zu bestechen. Beginnen Sie statt dessen eine Gehorsamsschulung, wenigstens bis zur Ebene des Kommens, Sitzens und Liegens auf Befehl. Körperliche Strafen für Zerstörungswut verschlimmern das Problem häufig nur noch. Im Regelfall ist das dauerhafte Fehlverhalten auf eine Störung in der Beziehung zwischen Mensch und Tier zurückzuführen und sollte entsprechend korrigiert werden.

Eine, wenngleich ziemlich harte, Methode besteht darin, die dem Hund verbotenen Bereiche mit Mausefallen zu verstellen.

Gehen Sie das Problem aber auch positiv an. Geben Sie dem Hund einen Kauknochen aus Kunststoff, einen Kauball aus Büffelhaut oder ein glatt abgesägtes Stück Röhrenknochen von Pferd oder Rind, das, gut ausgekocht, lange Zeit überdauert, ohne zu riechen. Der Hund soll diesen Gegenstand als Spielzeug akzeptieren. Spielen Sie deshalb einladend damit und lassen Sie den Hund danach jagen. Und halten Sie diesen Kaugegenstand wenigstens zwei Stunden, bevor Sie das Haus verlassen, vom Hund fern. Dann, kurz bevor Sie gehen, reiben Sie ihn zwei Minuten zwischen den Handflächen. Damit wird Ihr Geruch auf den Gegenstand übertragen, den Sie dann zum Abschied Ihrem Hund überlassen. Vergewissern Sie sich, daß der Hund es sieht, wenn Sie ihm den Knochen oder Kauball an seinen Platz legen. Nimmt er Ihnen das Spielzeug aus der Hand, um so besser. Geben Sie dem Hund nicht etwa alte Schuhe, Socken oder andere persönliche Dinge.

Auf jeden Fall ist es falsch, den Hund auf eine Weise zu bestrafen, die er nicht verstehen kann: beispielsweise den angekauten Gegenstand im Maul festzubinden, den Hund mit dem betreffenden Gegenstand zu schlagen oder ihm denselben um den Hals zu binden.

Auch hier gilt, daß Sie dem Hund eindeutig Ihren Führungsanspruch demonstrieren müssen. Alle anderen Techniken können die Korrektur nur als Ergänzung unterstützen.

Hochspringen

Warum springen Hunde an Menschen hoch? Gemeinhin suchen sie Zuwendung und haben gelernt, daß sie diese erhalten, wenn sie ihren Besitzern von Angesicht zu Angesicht begegnen. Es gibt viele Korrekturen für dieses verbreitete Fehlverhalten. Die beliebteste – jedenfalls für die größeren Rassen – ist der Stoß mit dem Knie gegen die Brust. Die Schwierigkeit mit dieser Korrektur ist zweifacher Natur: eine erste Maßnahme sollte nicht derart grob sein, und zweitens wird sie meistens so ungeschickt ausgeführt, daß ihr eigentlicher Sinn dem Hund verborgen bleibt.

Weit besser ist es, mit der Korrektur dieses Problems schon in der Jugendzeit des Hundes zu beginnen, indem man ihm das Sitzen auf Befehl beibringt. Führen Sie für die ganze Familie die Regel ein, daß Hochspringen nicht erlaubt ist, gleich ob Sie einen Arbeitskittel tragen oder einen weißen Anzug. Wenn Sie merken, daß der junge Hund sich anschickt, an Ihnen hochzuspringen, geben Sie das Kommando zum Sitzen und halten Sie ihm die Hände mit offenen Handflächen vor das Gesicht, um jeden diesbezüglichen Versuch zu blockieren. Wenn der Hund dann sitzt, muß er gelobt werden.

Ältere Hunde mögen einer körperlich stärker betonten Korrektur bedürfen, aber beginnen Sie damit, daß Sie den Hund, wenn er sich an Ihnen aufgerichtet hat, bei den Pfoten nehmen und sie fest zusammendrücken. Dann lassen Sie los und sagen dem Hund: »Nein!« Er wird bald begreifen, daß sein Hochspringen unangenehme Folgen für ihn hat. Bedenken Sie, eine wirksame Korrektur wird Ihnen fünfzig unwirksame ersparen. Wenn Sie dem Hund also das Hochspringen verwehren, dann tun Sie es schon bei seinem ersten Versuch, nicht erst beim zweiten oder dritten.

Ein warnendes Wort zu der beliebten Korrektur mit dem Knie gegen die Brust: Sie sollten chronischen Fällen vorbehalten bleiben, niemals aber bei Junghunden angewandt werden oder bei Tieren, die diese Unart nur gelegentlich zeigen. Springt der Hund an Ihnen hoch, ergreifen Sie sofort seine Pfoten und halten sie fest. Dann stoßen Sie mit dem Knie aufwärts gegen den Brustkorb des Hundes, bis Sie festen Körperkontakt spüren. Gleichzeitig stoßen Sie die Arme von sich und werfen den Hund mit einem kräftigen Schwung und einem entschiedenen »Nein!« von sich. Es ist nicht so sehr die körperliche Gewalt, die dabei wichtig ist, als vielmehr der dramatische Überraschungseffekt und die Machtentfaltung.

Aber wir warnen nochmals: Diese Korrektur ist nichts für junge Hunde oder sporadische Springer. Versuchen Sie es deshalb zunächst mit den anderen Präventivmethoden. Herrschsüchtige Hundehalter mögen in dieser Korrektur ein probates Mittel sehen, dessen Anwendung dem Hund »ein für allemal« beibringt, daß er nicht hochzuspringen hat. Das Ergebnis solcher Hemdsärmeligkeit kann indessen anders als erwartet ausfallen und dem gesamten Verhältnis zwischen Halter und Hund bleibenden Schaden zufügen. Versuchen Sie nicht, Ihrem Hund das Hochspringen abzugewöhnen, ohne ihn gleichzeitig das Sitzen auf Befehl zu lehren.

38. Abrichtung zu Schutzzwecken

Wenn Sie daran denken, Ihren Hund zu Schutzzwecken abzurichten, mag es lohnend sein, sich die folgenden Fragen vorzulegen. Vor allem: Warum wünschen Sie diese Art von Ausbildung? Was wissen Sie darüber? Wie viele andere Hunde mit dieser Ausbildung kennen Sie? Gibt es einen Unterschied zwischen Abrichtung für den »Angriff«, für die »Verteidigung« und der Schutzhundausbildung, oder bezeichnen sie alle den gleichen Ausbildungsgang? Werden Sie imstande sein, Ihren Hund zu beherrschen, wenn Sie ihn zum Angriff abgerichtet haben? Sind Sie gegen Schäden versichert, die Ihr dergestalt abgerichteter Hund anrichten mag? Und schließlich sollten Sie sich fragen: Braucht Ihr Hund diese Art von Ausbildung wirklich?
Es gibt mehrere Methoden, einen Hund zum Angriff abzurichten. Die meisten, aber nicht alle, beruhen auf einem System fortschreitender Belastung des Hundes mit Reizen, »Tropfen« vergleichbar, die das Faß schließlich zum Überlaufen bringen. Sie verlangen, daß der Hund unter Streß gesetzt wird, bis er den Punkt erreicht, wo er es nicht länger hinnehmen kann, was sich zunächst durch Knurren, Bellen und schließlich in einem wütenden Angriff äußert. Die Erlösung von diesem Erregungszustand wird dann an verbale Kommandos oder Handzeichen gebunden – Schlüsselworte wie »Faß!« und Gebärden wie ein erhobener Arm (in Schutzkleidung). Um den Hund vom Angriff zurückzubefehlen, lehrt man ihn auch das Kommando »Zurück!«.
Es liegt auf der Hand, daß Sie Ihren Hund beträchtlichem Streß

aussetzen, wenn Sie sich für diese Art von Ausbildung entscheiden. Überlegen Sie, ob Ihr Hund diesen Streß auch ertragen kann. Wenn nicht, könnte die Abrichtung für den Angriff sehr negative Nebenwirkungen haben. Unterlassen Sie es nicht, Ihren Hund einer persönlichen Einschätzung und Bewertung zu unterziehen, bevor Sie zu einem privaten Ausbilder gehen, um sich sein Urteil über die Eignung Ihres Hundes für diese Ausbildung anzuhören. Es gibt Ausbilder, die bereit sind, beinahe jeden Hund abzurichten, wenn sie nur einen zahlenden Kunden bekommen. Andere werden aufrichtig mit Ihnen sein und frei heraus sagen, wenn Ihr Hund für diese Art von Training ungeeignet ist oder wenn Sie den Eindruck erwecken, daß Sie einen sogenannten »scharfen« Hund mißbrauchen würden.

Viele Halter möchten, daß ihr Hund »scharf« ist, weil sie sich bedroht fühlen. In einer Zeit wachsender Kriminalität kann das Leben in bestimmten Regionen schon beängstigend sein, und alleinlebende Männer und Frauen brauchen Schutz. Dennoch hängt eine Abrichtung zum Angriff davon ab, ob der Hundebesitzer genug Verantwortungsgefühl hat, mit einem auf Verteidigung dressierten Hund auch richtig umzugehen. Ein ehrlicher Ausbilder wird Ihnen sagen, daß ein Hund, der seinen Herrn verteidigt, in erster Linie durch Zuchtauswahl und erst in zweiter Linie durch seine Bindung an den Besitzer geformt wird, viel weniger aber durch die Abrichtung, die den Hund oft eher verdirbt. Ein guter Hund wird seinen Herrn aus eigenem Antrieb verteidigen, auch ohne spezielle Dressur. Häufig genügt auch die bloße Anwesenheit eines Hundes, kriminellen Absichten den Wind aus den Segeln zu nehmen.

Eine Abrichtung zur Verteidigung von Haus und Hof hat oft unerwartete Folgen. Ein Beispiel dafür ist der Hund, der schon beim leisesten fremden Geräusch anfängt zu bellen. Wenn Einbrecher ein Haus »auskundschaften«, und der Hund bellt konsequent bei jedem Geräusch, brauchen sie nur ein paar diskrete Erkundigungen einzuziehen, um zu erfahren, wie es in Wirklichkeit um den Schutz des Hauses bestellt ist. Eine uns bekannte Frau hatte ihren Dobermann dazu abrichten lassen, bei jedem Geräusch im Umkreis ihres Hauses anzuschlagen. Nach drei Einbrüchen kam sie verzweifelt zu uns. Die Nachbarn hatten sich beschwert, weil sie das ständige Bellen nicht länger aushielten. Ein Nachbar informierte die Einbrecher nichtsahnend über das Bellen des Hundes. Die Einbrecher gaben sich nämlich als zukünftige Nachbarn aus und fragten nach den Eigenschaften des Hundes. »Ach der«, erwiderte der Nachbar, »der bellt die ganze Zeit über, sie hat ihn in irgendeiner Schule darauf abrichten lassen. Aber wenn man ihn zum Schweigen bringen will, braucht man ihn nur anzuschreien. Ich hoffe, das Haus, in das Sie einziehen wollen, ist nicht hier in der Nähe – wir müssen uns die Ohren verstopfen!« Die sauberen Herren zogen ein – und zwar schon am nächsten Tag und in das Haus des Dobermanns, während seine Herrin fort war. Ein strenges »Halt's Maul, dummer Köter!« brachte den Hund zum Verstummen, der – widersinnig aber wahr –, nachdem die Einbrecher sich bedient hatten, erneut anfing zu bellen. Die Nachbarn dachten sich nichts dabei.

»Angelernte Aggression« ist häufig ein Problem bei Hunden, die für Verteidigung abgerichtet sind (siehe Kapitel 40 über Aggression). Zuweilen bekommen wir Hunde, deren Angriffslust von ihren Besitzern nicht mehr zu kontrollieren ist, zur »Entprogrammierung«. Diese Art von Umerziehung ist oft schwierig, in hartnäckigen Fällen nahezu unmöglich.

Ein für den Angriff abgerichteter Hund gleicht einer geladenen Waffe. Wir empfehlen den Gebrauch Deutscher Schäferhunde und anderer vergleichbarer Rassen zu Schutzhundzwecken bei der Polizei, beim Zoll und in ähnlichen Aufgabenbereichen. Defensiv eingesetzt, können sie von großem Wert sein. Diese Hunde gehören in die Hände erfahrener Hundeführer und haben eine Ausbildung von hohem Niveau. Demgegenüber sollten Laien keine für den Angriff abgerichteten Hunde haben. Sie sind in den seltensten Fällen dafür qualifiziert, mit einem »scharfen« Hund umzugehen.

Aus alldem geht hervor, daß wir eine Ausbildung für Angriff oder Verteidigung nicht empfehlen. Anders verhält es sich mit einer anderen Art der Schutzhundausbildung. Sie bietet die Möglichkeit zu einer durchdachten Verteidigungsschulung, in welcher Halter und Hund gleichermaßen lernen. Diese Schutzausbildung ist für die eigentlichen Schutzfunktionen Gehorsamsschulung, Arbeit an Hindernissen und auf der Fährte. Übertriebene Scharfmacherei ist hier nicht am Platz.

Dennoch dürfen Sie die Arbeit nur mit einem gesunden, von Charakterfehlern freien, intelligenten Tier beginnen, das zu einer der Gebrauchshunderassen gehört. Auch müssen Sie sich darüber im klaren sein, daß diese Ausbildung sehr viel Zeit in Anspruch nimmt und ein hohes Maß an Einsicht in die Psyche des Hundes verlangt, wenn man die nötige Qualifikation erwerben will. Wenn Sie für Ihr Tier eine Schutzhundausbildung anstreben, sollten Sie sich an einen der örtlichen Gebrauchshundevereine wenden. Die Schutzhundausbildung ist Hauptfunktion dieser Vereine, die über alle einschlägigen Fragen im einzelnen Auskunft geben können. Sie werden mitunter Anzeigen finden, in denen die Abrichtung von Hunden für »Angriff und Verteidigung« angeboten wird und die an tiefsitzende Ängste und Unsicherheiten der Menschen appellieren, indem sie ihnen »Befreiung von Sorge« und »vollständige Sicherheit« versprechen. Ausbildungsmethoden, die nicht den Hund in seiner psychologischen Gesamtheit einbeziehen und gleichzeitig dem Halter Verantwortungsbewußtsein vermitteln, erweisen weder der Gesellschaft noch Hund und Hundehalter einen Dienst. Sie zeugen dagegen von Leichtsinn und übertriebenem Machtbewußtsein.

39. Anschlagen bei Gefahr

Im voraufgegangenen Kapitel haben wir uns eindeutig gegen jede einseitige Abrichtung von Angriff oder Verteidigung ausgesprochen. Dies besagt jedoch nicht, daß wir die Nützlichkeit von Hunden verleugnen wollen, die Fremde melden und ihre Besitzer notfalls gegen körperliche Angriffe schützen. Wir sind Züchter Deutscher Schäferhunde und bemüht, unseren Teil dazu beizutragen, daß die natürlichen Anlagen und Wesensmerkmale dieser Rasse erhalten bleiben. Wir ziehen es vor, daß unsere Hunde *instinktiv* bei Gefahr anschlagen und ihre Halter verteidigen. Das reicht im allgemeinen aus, um Eindringlinge abzuwehren.
Hundehalter, die von ihren Tieren Schutz erwarten, müssen lernen, ihre Hunde psychologisch richtig einzusetzen. Der wichtigste Faktor in manch prekärer Situation wie etwa einem Einbruch oder Überfall ist die Fähigkeit des Opfers, den oder die Angreifer zu bluffen. Mit dem Hund bluffen heißt den Hund als einen wahren Freund und Verteidiger darstellen, und nicht als die schwache, ängstliche Kreatur die er vielleicht in Wirklichkeit ist. Werden Sie verfolgt oder bedroht, ist es immer eine gute Taktik, sich dramatisch über den Hund zu beugen und ihm etwas zuzuflü-

stern. Bei direkter Bedrohung halten Sie den Hund am Halsband und sagen Sie: »Noch nicht, noch nicht«, um Störenfriede einzuschüchtern. Der Durchschnittsverbrecher kann einen Hund kaum richtig beurteilen und nicht erkennen, daß der Hundebesitzer nur blufft.

Wollen Sie, daß Ihr Hund auf Befehl bellt, so bringen Sie es ihm am besten schon im Welpenalter bei. Halten Sie ihm einen Leckerbissen über den Kopf, und wenn er sitzt, sagen Sie ihm: »Sprich!« Ermuntern Sie den Hund, seinen Gefühlen stimmhaft Ausdruck zu geben, und selbst wenn er nur ein Winseln hervorbringt, sollten Sie ihm den Leckerbissen geben. Viele Welpen gehen von sich aus auf das Spiel ein, während die Ausbildung älterer Hunde mehr Zeit erfordert.

Wenn Sie dann mit einer gefährlichen Situation konfrontiert sind, können Sie – angenommen, Ihr Hund bellt nicht von sich aus – das Halten eines Leckerbissens nachahmen und ihn auf diese Weise zum Bellen bringen.

Um Ihren Hund zu lehren, daß er einen Eindringling aggressiv verbellt, lassen Sie sich am besten von einem Freund helfen, der sich möglichst gespenstisch verkleiden sollte, etwa mit einem Nylonstrumpf über dem Kopf, einem dicken Mantel und einem auffallenden Hut. Der so herausgeputzte Helfer macht sich dann außerhalb des Hauses auf bedrohliche Weise zu schaffen – indem er im Türschloß herumstochert oder an einer Klinke rüttelt. Sie sollten unterdessen ruhig dasitzen und lesen, während der Hund bei Ihnen ist, etwa zu ihren Füßen liegt. Sobald Sie das Geräusch hören, merken Sie auf und blicken Ihren Hund an. Reagiert der nur gelangweilt, können Sie die Übung für diesen Tag als beendet betrachten. Reagiert der Hund überhaupt nicht, können Sie mit ihm zur Tür gehen und ihn auffordern, der Sache nachzugehen. Wenn der Hund den Fremden sieht, wird er vielleicht knurren oder bellen. Der Fremde muß daraufhin zurückweichen und dann davonlaufen, so als flüchte er vor dem Hund. Nun knien Sie neben dem Hund nieder und loben ihn, weil er Sie vor dem bösen Einbrecher »gerettet« hat. Wiederholen Sie diese Aufführung einmal wöchentlich, aber übertreiben Sie nicht. Bedenken Sie, es geht hier nicht darum, Ihren Hund für die Mannarbeit abzurichten, wovor nicht genug gewarnt werden kann, solange er nicht völlig unter Appell steht, d. h. absolut gehorsam ist, sondern lediglich darum, ihn zu warnendem Knurren oder Anschlagen zu animieren.

40. Aggressives Verhalten und wie man damit fertig wird

Aggression bei Hunden ist einer der häufigsten Gründe, aus dem Hundehalter ihre Tiere zu uns bringen. Nachdem wir Hunderte von aggressiven Hunden beobachtet haben, sind wir zu dem Schluß gekommen, daß ihre Reaktionen oft scheinbar unmotiviert, unberechenbar und unerklärlich sind. Auch scheint die zur Schau gestellte Angriffslust oft nur ein Akt der Demonstration zu sein. Einer wirklichen Konfrontation weichen gerade aggressive Hunde oft aus. Andere wiederum explodieren ebenso plötzlich wie heftig, wenn sie in die Enge getrieben werden.

Aggressives Verhalten findet sich besonders bei herrenlosen Hunden, die sich an die Freiheit gewöhnt haben und jedem Widerstand leisten, der sie einfangen möchte. Nicht selten schließen solche Hunde sich zu Rudeln zusammen und entwickeln richtige Kampftechniken. Aber auch gewissermaßen »bürgerlich« lebende Hunde zeigen mitunter aggressives Verhalten, das dann oft in der ganzen Nachbarschaft gefürchtet ist. Zwar werden Menschen in der Mehrzahl der Fälle von einem fremden Hund, der darüber hinaus zum Zeitpunkt des Zwischenfalls unbeaufsichtigt war, angegriffen, oft jedoch hat sich der Hund – warum auch immer – von der Person bedroht gefühlt.

Auch die sorgfältigste Erziehung versagt mitunter, wenn es gilt Aggressionen zu überwinden. Dennoch kann eine gute Ausbildung und Beratung aggressives Verhalten analysieren und eine Gegenkonditionierung einleiten. Wenn Sie Probleme mit aggressivem Verhalten haben, suchen Sie sobald wie möglich einen Hundeausbilder auf. Versuchen Sie einen zu finden, der in Einzelstunden individuell mit Ihrem Hund arbeiten kann. Der Versuch, aggressives Verhalten durch einfache Teilnahme am Gruppenunterricht einer Gehorsamsschule zu »heilen«, wird kaum zum gewünschten Erfolg führen. Gehen Sie zu einem Ausbilder, der sich auf individuelle Charakterzüge einstellen kann und will. Eines allerdings hilft mit Sicherheit nicht: darauf zu warten, daß sich die aggressiven Verhaltensstörungen Ihres Hundes von selbst geben.

Es ist wichtig, daß der Ausbilder alle Einzelheiten der aggressiven Vorfälle erfährt. Voraussetzung dafür ist, daß Sie die Zwischenfälle ihrem Ablauf entsprechend im Gedächtnis behalten haben und bewerten können. Nehmen Sie ein Notizbuch und verfassen Sie eine möglichst objektive und emotionsfreie Beschreibung jedes einzelnen Zwischenfalls. Beschreiben Sie die beteiligten Personen, die Tageszeit, den offensichtlichen oder auch nur vermuteten Anlaß, den tatsächlichen Ablauf des Geschehens, und wie Sie, wenn überhaupt, den Hund bestraft haben. Notieren Sie schließlich, wo der Zwischenfall stattfand und welche Folgen bzw. Schäden entstanden. Es ist wichtig zu wissen, ob der Hund das Opfer so verletzte, daß es blutete, und ob die Verletzungen mit dem Gebiß oder durch Kratzen mit den Pfoten zugefügt wurden. Oft haben wir erlebt, daß Kunden von Bißverletzungen sprachen, bis wir bei genauerer Nachforschung feststellten, daß die Verletzung von den Krallen oder Pfoten des Hundes herrührte. Versuchen Sie sich genau zu erinnern, prüfen Sie nach, was nur irgend nachprüfbar ist. Versuchen Sie, die Handlungsweise des Hundes weder zu rechtfertigen noch zu verurteilen; zeichnen Sie einfach die Tatsachen auf. Das ist der erste Schritt, Ursache und Ausmaß der Aggression näher zu bestimmen. Nach einer Analyse der einzelnen Zwischenfälle und ihres jeweiligen Hergangs kann das aggressive Verhalten dann einer bestimmten Kategorie zugeordnet werden. Es gibt nämlich verschiedene Arten von Aggression, deren Darstellung Ihnen helfen mag, zu bestimmen, welche auf Ihren Hund zutrifft. Dabei muß freilich berücksichtigt werden, daß ein Hund zu gleicher Zeit aus unterschiedlichen Gründen aggressiv werden kann.

Aggression aus Angst
Die bei weitem verbreiteteste Ursache für Aggression ist Angst. Sie tritt bei Rüden und Hündinnen etwa gleich oft auf und wird in der Regel durch Streß und Lärm ausgelöst, denen das Tier entfliehen würde, wenn es könnte. Statt dessen sieht es sich zu einer Konfrontation mit einem anderen Hund oder einem Menschen gezwungen. So gibt es Hundehalter, die ihren widerstrebenden Vierbeiner an der Leine vorwärtszerren, damit er Fremde »begrüße«, statt den Hund nach und nach zu konditionieren, damit er den Fremden langsam akzeptieren lernt. Uneinsichtige Hundehalter, die wie beschrieben verfahren, fordern einen Zwischenfall aus Angstaggression heraus. Übrigens ereignen sich die meisten Zwischenfälle in Streßsituationen, wenn Drohgebärden nicht beachtet werden. Eine Gehorsamsausbildung ist notwendig, da der Halter seinen Führungsanspruch oft nicht konsequent genug durchge-

setzt hat. Wir haben diese Art von Aggression erfolgreich mit Diätwechsel (zu einer stark proteinhaltigen, kohlehydratarmen Nahrung) und Gehorsamsausbildung behandelt. Der Rundum-Rückruf ist häufig eine sehr gute Hilfe. Viele Tierärzte haben bei dieser Art von Aggression mit Chemotherapie experimentiert, mit allerdings recht unterschiedlichem Ergebnis. Therapien dieser Art stützen sich meist auf Librium und Valium oder andere Psychopharmaka. Verabreichen Sie Ihrem Hund ohne tierärztliche Verschreibung und Aufsicht keinesfalls Drogen. Eine medikamentöse Behandlung von Verhaltensstörungen doktert nur zu oft an Symptomen herum und verdeckt die tieferliegenden Probleme in der Beziehung von Halter und Hund zueinander.

Territoriale Aggression
Die zweithäufigste Form der Aggression entspringt der übertriebenen Verteidigung des eigenen Territoriums. Bis zu einem gewissen Grad ist dieser Verteidigungstrieb natürlich. Oft bringen Hundehalter ihre Vierbeiner nichtsahnend in eine Konfliktsituation, wenn sie territoriale Aggression einerseits fördern, andererseits aber verbieten oder gar bestrafen, wenn sie ihnen zu gefährlich erscheint. Man muß sich klarmachen, daß Anschlagen bei Gefahr keineswegs bedeutet, daß der Hund jeden beliebigen Besucher verbellen sollte. Man muß dem Hund die Grenzen mit beruhigenden Worten wie »Nicht mehr!« oder »Gut, das reicht!« deutlich machen. Das beste Verfahren ist, territoriale Aggression schon bei Junghunden mit einem strengen »Nein!« und durch freundlichen Umgang mit Fremden zu bremsen. Der Territorialtrieb mit seinem Bedürfnis, einen eigenen Bereich abzugrenzen und zu verteidigen, bildet sich gewöhnlich zwischen dem vierten und sechsten Monat aus. Achten Sie auf aggressive Reaktionen dieser Art und treten Sie dem sofort energisch entgegen. Man kann Postboten, Stromableser und andere »Eindringlinge« bitten, sich nach dem jungen Hund zu bücken und sein ablehnendes Verhalten mit ein paar freundlichen Worten und wohlwollendem Benehmen zu neutralisieren. Kein Hundehalter sollte territoriales Verteidigungsverhalten in Form von übermäßigem Bellen beim jungen oder älteren Hund dulden, geschweige denn fördern.
Begrüßen Sie Besucher in freundlicher, herzlicher Art. Unterziehen Sie den Hund einer Gehorsamsausbildung. Warnen Sie den aggressiven Hund mit strenger Stimme, *bevor* Sie Fremde ins

Haus lassen. Läßt der Hund sich dennoch Übergriffe zuschulden kommen, bestrafen Sie ihn, wie in Kapitel 10 beschrieben, eventuell einschließlich des Rückenwurfs. Alles übermäßige Knurren, Bellen oder andere Drohgebärden sollten zunächst verbal bestraft werden. Jegliches Beißen, Anfallen, Jagen und Schnappen ist dagegen als ernstes Vergehen zu werten und sowohl verbal als auch körperlich zu bestrafen.

Aggression zwischen Rüden
Im allgemeinen kämpfen Rüden gegen andere Rüden. Das Problem ist unausweichlich und als Rangordnungsstreit ein naturgemäßes Verhalten, das von der Testosteronsekretion und der Umgebung, in welcher die Rüden aufgewachsen sind, bestimmt wird. Grund zur Klage haben viele Hundehalter, deren Rüden mit freilaufenden Rüden aus der Nachbarschaft zusammentreffen. Um das Problem unter Kontrolle zu bringen, müßte das Defäkieren und Urinieren eines Rüden auf den unmittelbaren Lebensraum des Hundes begrenzt werden, damit er nicht die gesamte Nachbarschaft als seine private Domäne markiert, was sehr leicht zu Konfrontationen mit anderen Rüden führt, die sich in »seinem« Revier ebenfalls zu Hause fühlen.

Aggressive Reaktion auf Necken
Diese Art von Aggression tritt auf, wenn Kinder und zuweilen auch Erwachsene einen Hund necken und reizen, bis er sich schließlich rächt. Aggressiv reagieren Hunde aber auch darauf, wenn Gruppen von Kindern und Jugendlichen aus der Nachbarschaft sich zusammentun, um einen bestimmten Hund zu ärgern und zu reizen, gewöhnlich über den Gartenzaun hinweg und während die Besitzer abwesend sind. Kinder sollten davor gewarnt werden, in der Nähe von Hunden zu schreien und zu toben. Sie sollten niemals einen Hund jagen, selbst dann nicht, wenn sie ihn kennen. Kinder sollten niemals einen fremden Hund streicheln. Erwachsene, die Hunde necken oder sich auf »Mutproben« bei fremden Hunden einlassen, fordern geradezu heraus, daß sie gebissen werden.

Aggression aus Schmerz
Aggression aus Schmerz ist eine häufige Erscheinung im Behandlungszimmer des Tierarztes, wenn der Hund eine Spritze be-

kommt, herumfährt und nach der Hand schnappt, die ihm den Schmerz zugefügt hat. Schon das Heraufheben auf den Behandlungstisch genügt Hunden, die einschlägige Erfahrungen gesammelt haben und ahnen, was ihnen bevorsteht, um nach dem Tierarzt oder dem Assistenten zu beißen. Obgleich viele Tierärzte darauf bestehen, daß der Hund auf den Behandlungstisch kommt, könnten die meisten derartiger Fälle von Aggression vermieden werden, wenn der Hund am Boden untersucht und behandelt würde. Sollten Sie Schwierigkeiten mit dieser Form von Aggression haben, sagen Sie es dem Tierarzt im voraus und bitten Sie ihn, Ihren Hund am Boden zu behandeln, es sei denn, die Behandlung muß aus zwingenden Gründen auf dem Tisch durchgeführt werden. Häufig ruft auch die Hüftgelenksdysplasie chronische und äußerst heftige Schmerzen hervor. Dasselbe gilt für nicht ausgeheilte Verletzungen anderer Art, etwa nach Autounfällen und ähnlichem.

Davon betroffene Tiere reagieren bisweilen aggressiv beim Aufstehen, insbesondere dann, wenn sie dazu gezwungen werden. Wir haben oft beobachtet, daß Hunde der großen Rassen plötzlich zubissen, wenn Kinder sich im Spiel auf ihre Rücken oder Hinterteile setzten. Der unter HD oder an den Folgen eines Unfalls leidende Hund reagiert auf den unerwarteten Schmerz mit einem Reflex, man kann also streng genommen nicht von aggressivem Verhalten sprechen. Hüftgelenkdysplasie, arthritische Veränderungen und Nachfolgeschäden von Unfällen können nur vom Tierarzt mit Hilfe einer Röntgenaufnahme festgestellt werden. Die Behandlung kann in einer einfachen täglichen Medikamentation, aber auch in einer komplizierten Operation bestehen.

Angelernte Aggression durch falsche Ausbildung
Im Kapitel 38 beschäftigten wir uns mit den Fallgruben einer einseitigen Abrichtung für Angriff oder Verteidigung. Eine davon – und nicht die geringste – ist die Gefahr eines Mißbrauchs der erworbenen aggressiven Fertigkeiten durch den Hund. Hundehalter, die ihr Tier möglichst ohne eigenen Aufwand an Zeit und Mühe für Angriff und Verteidigung abrichten lassen möchten, weil sie das Engagement und den Zeitaufwand einer soliden Schutzhundausbildung scheuen, sollten sich die Sache noch einmal sehr gründlich überlegen. Eine »Deprogrammierung« ist zwar möglich, aber mit mancherlei Schwierigkeiten verbunden. Die

Rehabilitation dieser Hundesoldaten zieht gewöhnlich eine Trennung vom Besitzer nach sich und erfordert neben betont unbeschwertem, fröhlichem Umgang die strikte Vermeidung all jener Schlüsselworte und Handsignale, auf die mit aggressivem Verhalten zu reagieren der Hund konditioniert wurde.

Genetisch bedingte Aggression
Als berufsmäßige Züchter haben wir einen Einblick in die Möglichkeiten genetisch bedingter Aggression, den viele Ausbilder nicht haben. Dies ist ein für eine Diagnose extrem schwieriges Gebiet. So wirkt genetisch bedingte Aggression beispielsweise sehr oft wie eine Aggression aus Angst. Ein guter Ausbilder wird die Möglichkeit in Betracht ziehen, daß das aggressive Verhalten genetische Wurzeln hat. Er wird sich die Zeit nehmen, den Abstammungslinien des Hundes nachzugehen, wenn er vom Besitzer die Ahnentafel bekommen kann. Beinahe jede Rasse hat neben Abstammungslinien, die unter den Gesichtspunkten der Zuchtauslese unerwünschte körperliche Varianten vererben, auch solche, aus denen Hunde mit einem Hang zu aggressiven Reaktionen hervorgehen. Mehr Erfahrung kann einen Ausbilder hinreichend dazu befähigen, genetisch bedingte Aggression auch als solche zu erkennen, nichtsdestoweniger ist es sehr wichtig, daß der Besitzer dem Ausbilder alle verfügbaren Informationen über die Elterntiere und weitere Vorfahren des Hundes zukommen läßt, wenn mit dieser Möglichkeit gerechnet werden muß.
Mütterliche Aggression, die entsteht, wenn eine Hündin geworfen hat und ihre Welpen mit übertriebener Heftigkeit gegen alle verteidigt, die sich ihr nähern wollen, scheint sich beispielsweise gelegentlich auf die Tochtertiere zu vererben. Wenn die Mutter Ihrer Hündin mit diesem Charakterzug behaftet war, sollten Sie die Absicht aufgeben, mit der Tochter zu züchten.
Erwägen Sie den Kauf eines Welpen oder Junghundes, dann kaufen Sie nur von einem angesehenen Züchter. Versuchen Sie, die Elterntiere Ihres Welpen kennenzulernen – nicht durch den Maschendraht eines Zwingers, sondern wenn irgend möglich in normaler häuslicher Umgebung. Viele Hunde bellen und sehen aggressiv aus, wenn sie »hinter Gittern« sind. Zögert der Züchter, das Tier aus dem Zwinger zu nehmen, oder zeigen die Elterntiere aggressive Reaktionen, erwerben Sie lieber keinen Welpen aus diesem Wurf. Denken Sie nicht, ein aggressiver Vater habe Ihrem

Welpen Mut vererbt. Kaufen Sie einen auch psychisch gesunden Welpen von gesunden Eltern und einem gewissenhaften Züchter. Lassen Sie sich eine Charaktergarantie geben. Das ist der einzige sichere Weg, um dem Risiko genetisch bedingter Aggression zu entgehen.

41. Autofahren und neurotisches Verfolgen von Autos

Der Hund fährt mit

Wir hören häufig von Hunden, die »das Autofahren nicht vertragen«. Hunde, die sich erbrechen, unruhig herumspringen, unaufhörlich bellen oder scharren und winseln, um aus einem fahrenden Fahrzeug herauszukommen, werden mit zunehmender Häufigkeit zu einem Problem für die Ausbilder. Mit steigender Anzahl der Pkw in den vergangenen Dekaden ist auch die Zahl der Hunde gestiegen, die unfähig sind, den Streß des Fahrens in einem Wagen zu ertragen. Meistens wurden diese Hunde als Jungtiere nicht ans Autofahren gewöhnt. Der schlecht oder überhaupt nicht konditionierte Junghund entwickelt leicht Furcht vor Kraftfahrzeugen und fügt sich bestenfalls teilnahmslos und resigniert in sein Geschick, wenn er im Auto mitgenommen wird.

Um diesen Reaktionen vorzubeugen, ist es zweckmäßig, den Welpen oder Junghund so frühzeitig wie möglich zu einer Autofahrt mitzunehmen. Achten Sie darauf, daß er mindestens die letzten drei Stunden vorher nichts gefressen hat. Wenn Sie Kinder haben, erklären Sie ihnen, daß der junge Hund während seiner ersten Fahrt Ruhe braucht und keine Zärtlichkeitsbezeugungen verträgt. Setzen Sie den Hund auf eine dicke Unterlage ausgebreiteter Zeitungen entweder auf den Beifahrersitz oder den Boden des Wagens. Reagieren Sie auf Winseln nicht mit Streicheln oder Tätscheln, was vom Hund als Lob mißverstanden werden könnte. Allerdings dürfen Sie den Hund auch nicht bestrafen, wenn er sich erbricht – denn das ist eine unfreiwillige Reaktion. Wenn Sie das Tier beschimpfen und strafen, wird das seine Nervosität im Auto nur verstärken. Haben Sie eine längere Strecke zu fahren, legen Sie auf halbem Weg fünf Minuten Rast ein, um dem Magen des jungen Hundes eine Ruhepause zu gewähren. Es ist wichtig, daß er diese erste Fahrt möglichst ohne Erbrechen übersteht.

Wählen Sie für die ersten Ausfahrten ebene, nicht allzu kurvenreiche Straßen. Entziehen Sie dem Hund mindestens drei Stunden vorher Futter und Wasser. Lassen Sie ihn vor der Abfahrt fünf Minuten im geparkten Wagen sitzen, und unternehmen Sie zunächst möglichst nur kurze Ausfahrten, die mit einer Spielstunde enden. Nach und nach können Sie die Fahrten verlängern, bis Ihr Hund fünfzig oder sechzig Kilometer durchhält, ohne durch starkes Speicheln oder andere Anzeichen zu erkennen zu geben, daß er sich erbrechen muß.

Ob Sie einen jungen oder einen ausgewachsenen Hund haben, Ihre Einstellung zu den gemeinsamen Fahrten im Wagen beeinflußt Ihren Vierbeiner. Halter, die ihren Hund unablässig mit Zärtlichkeiten überschütten, ihm zuviel Beruhigungsmittel geben oder auf Streßwinseln mit Streicheln und Mitleid reagieren, das der Hund für Lob hält, verstärken das Problem nicht unwesentlich.

Hunde, die im Auto zu aktiv sind, müssen lernen, sich hinzulegen und auch liegenzubleiben, ehe längere Fahrten mit ihnen unternommen werden können. Übermäßig unruhige Hunde sollten während der Fahrt grundsätzlich angeleint bleiben. Sie gehören nicht auf den Beifahrersitz, und bei den ersten Ausfahrten sollte jemand mitgenommen werden, der das Liegenbleiben des Hundes überwacht, notfalls sogar erzwingt. Dulden Sie von Anfang an keinesfalls, daß der Hund bellt. Halten Sie ihm das Maul zu, sollte das nichts nützen, halten Sie an und bestrafen Sie ihn.

Erwachsene Hunde, die ihre Mitfahrer mit chronischem Bellen tyrannisieren, lassen sich häufig mit folgender Methode zum Schweigen bringen. Man unternimmt eine Ausfahrt, den angeleinten Hund bei sich im Wagen, und fährt bewußt durch Straßen und an Reizpunkten vorbei, die beim Hund erfahrungsgemäß Gebell auslösen. Fängt der Hund wie erwartet an zu bellen, sagt man laut »Nein!« und hält den Wagen an. Am besten plant man im voraus ein scharfes Abbremsen (nachdem man sich vergewissert hat, daß kein anderer Wagen folgt). Fällt der Hund während dieses Manövers vorwärts gegen die Lehnen der Vordersitze, hat man es richtig gemacht. Aber damit ist es noch nicht getan. Als nächstes wird der Hund an der Leine aus dem Wagen genommen und mit einem Klaps unter die Kinnlade und Scheltworten diszipliniert. Der gesamte Ablauf, vom lauten »Nein!« über das dramatische Bremsmanöver bis zur Bestrafung des Hundes neben dem Wagen, muß möglichst rasch und glatt vonstatten gehen. Hat man den

Hund wieder verladen, stößt man ihn nach der in Kapitel 10 beschriebenen Art des Alpha-Wolfs auf den Rücken, stellt Blickkontakt her, und redet, während er in dieser Position gehalten wird, streng auf ihn ein. Nach dieser Prozedur wird der Hund verwirrt und benommen sein. Nun fährt man um den Block an derselben Ablenkung vorüber, die den Hund zuvor zum Bellen verleitete. Es kommt jetzt darauf an, im Rückspiegel die Reaktion des Hundes zu beobachten. Wirkt er unruhig und scheint bellen zu wollen, sollte man die Fahrt verlangsamen und ihn warnen. Beim ersten Anzeichen eines Winselns oder Bellens muß sofort angehalten und das oben beschriebene Verfahren wiederholt werden.

Es stellt sich die Frage, ob der geschilderte Vorgang nicht wirksamer gestaltet werden könnte, wenn man die »Arbeit« auf zwei Personen verteilt, von denen die eine den Wagen zu fahren und die andere die Disziplinierung zu besorgen hätte. Diese Frage ist durchaus berechtigt, doch gerade viele hartnäckige Krachmacher bellen nur dann, wenn sie mit dem Fahrer allein sind.

Viele von der Autohysterie ihrer Vierbeiner geplagte Hundehalter haben eigene Korrekturmethoden entwickelt, um sich unterwegs Ruhe zu verschaffen. Zu solchen Methoden gehört das Rasseln mit einer Büchse voll Pfennigen oder Steinen, der Gebrauch von Trillerpfeifen oder, bei von Technik begeisterten Bastlern, die Verwendung von Ultraschallgeräten. Abgesehen davon, daß die Herrschaft über den Hund dann vom Vorhandensein des betreffenden Gegenstandes abhängt, sind diese Methoden nach unserer Erfahrung lediglich Notbehelfe. Dazu kommt, daß ein hysterisch bellender Hund Ablenkungsgeräusche kaum wahrnehmen wird.

Da übermäßiges Bellen in Kraftfahrzeugen oft von mangelnder oder fehlender Konditionierung in früher Jugend des Hundes herrührt und ebenso oft mit einer fehlerhaften Halter-Hund-Beziehung einhergeht, sollte die Disziplinierung in jedem Fall durch den Besitzer selbst erfolgen.

Verbellen und Verfolgen von Autos
Hunde, die fremden Fahrzeugen nachjagen, leiden gewöhnlich unter Hyperaktivität oder auch nur schierer Langeweile. Manchmal verteidigen diese Hunde ihr eigenes Territorium. Dieses Verhalten wird jedesmal verstärkt, wenn sie einen Wagen verfol-

gen und der »wegläuft«. Je nachdem, in welchem Zeitraum sich dieses Verhalten stärker oder schwächer verfestigt hat, kann die Korrektur mehrere Wochen in Anspruch nehmen oder vergleichsweise schnell Erfolg haben. Am besten unterdrückt man diesen Verfolgungszwang, sobald er beim Welpen oder Junghund erkennbar wird. Junge Hunde verbellen sehr häufig vorbeifahrende Wagen oder andere bewegliche Objekte wie Fahrräder, weil sie sie als bedrohlich empfinden. Darum sollten sie schon im Welpenalter an der Leine lebhaftem Verkehr mit vielen Kraftfahrzeugen, Radfahrern und Fußgängern ausgesetzt werden. Gehen Sie mit dem jungen Hund an Ihrer Seite durch eine verkehrsreiche Straße. Bleiben Sie stehen und muntern Sie das Tier auf, wenn es Angst zeigt und nicht weiter will. Versuchen Sie zu vermeiden, daß der Hund von Personen in einem Wagen oder auf einem Fahrrad angerufen wird.

In hartnäckigen Fällen (dies gilt auch für das Verfolgen von anderen Tieren) ist eine Korrekturmethode erforderlich, die auf mehreren Ebenen arbeitet. Radfahrer, die oft noch Gefahr laufen, daß der mit hitzigem Gebell hinter ihnen herjagende Hund nach ihren Beinen schnappt, suchen sich der nicht ungefährlichen Plage manchmal durch Fußtritte oder Schläge mit einem Stock zu erwehren, was den Hund natürlich noch mehr erregt, es sei denn, der glückliche Zufall will, daß das Tier einen Volltreffer auf die Nase erhält. Solche und andere Abwehrmethoden der Betroffenen sind immer nur ein Notbehelf; die Korrektur muß von dem Hundebesitzer kommen, und zwar in Form einer Doppelstrategie. Erstens muß wieder einmal eindeutig demonstriert werden, daß der Halter die Rolle des Alpha-Tieres spielt, nicht der Hund. Der Hund muß zumindest bis zur Ebene des Sitzens, Bleibens und Kommens auf Befehl erzogen werden. Besser noch wäre es, wenn er außerdem Folgen und Hinlegen auf Befehl lernen würde. Zweitens ist eine bewußt provozierte Konfrontation zwischen Hund und Besitzer notwendig, wenn der Hund einen Wagen verfolgt.

Um diese Konfrontation zu erreichen, lassen Sie Ihren Hund zwei Tage an der Leine. Er kann umherlaufen, aber nur an der hängenden Leine. Beginnen Sie mit täglichen Gehorsamsübungen, wobei auf das Sitzen, Sitzenbleiben und Kommen auf Befehl besonderer Nachdruck gelegt werden muß. Lassen Sie die Leine nach den Übungsstunden am Halsband; Sie werden sie später noch brauchen. Bitten Sie einen Bekannten um Hilfe, der über ausreichende Fahrkenntnisse verfügt, um einen Wagen rasch und dramatisch, aber sicher zum Stillstand zu bringen. Wichtig ist, daß dieser Helfer einen Wagen fährt, der dem Hund fremd ist. Wenn Sie das Verhalten Ihres Hundes beobachtet haben, wissen Sie vielleicht, ob es bestimmte Arten von Fahrzeugen gibt, die seinen Jagdreflex stärker als andere stimulieren. Wir kannten einmal einen Schäferhund, dessen besondere Vorliebe Lieferfahrzeugen und Kombiwagen galt. Versuchen Sie das Arrangement so zu gestalten, daß Sie für Ihre Konfrontation ein solch bevorzugtes Fahrzeug zur Verfügung haben. Sprechen Sie mit Ihrem Helfer über das Verhalten des Hundes, ehe Sie beginnen. Manche Hunde sind sprunghaft. Sie jagen zur Verfolgung eines Wagens erst los, wenn er einen Block weiter in eine Querstraße einbiegt, während andere erst in Erregung geraten, wenn ein Wagen unmittelbar vor ihrem Haus angelangt ist. Wieder andere Hunde greifen immer dann an, wenn der betreffende Wagen in einer bestimmten Position ist. Welcher Art die Gewohnheiten Ihres Hundes auch sein mögen, bereiten Sie Ihren Helfer darauf vor, damit er weiß, wann er zu bremsen hat.

Sind Sie für Ihre Konfrontation bereit, wählen Sie einen zweiten Helfer, am besten ein Familienmitglied, das dem Hund vertraut ist und im Haus bleibt. Öffnen Sie die Tür, die der Hund gewöhnlich benutzt, gerade so weit, daß er leicht ins Haus gelangen kann. Gehen Sie zu Ihrem Helfer, der außer Sichtweite und in sicherer Entfernung vom Haus in seinem Wagen wartet. Steigen Sie zu ihm ein und kauern Sie sich auf den Rücksitzen nieder, wenn Sie in die Nähe Ihres Hauses kommen. Legen Sie eine Hand an den Türgriff und halten Sie sich bereit, sie mit einem Ruck aufzustoßen und wie der Teufel aus dem Wagen zu springen, sowie Ihr Helfer auf die Bremse tritt und das verabredete Wort gibt. Beides ist fällig, wenn der Hund in vollem Galopp neben dem Wagen herjagt. In diesem Augenblick bremst der Fahrer scharf ab, dann springen Sie aus der hinteren Tür und stürzen auf den Hund zu. Es muß schnell gehen; ein behäbiges oder umständliches Aussteigen nimmt der Überraschung die Wirkung. Wenn Sie schnell genug sind, sollte es Ihnen gelingen, den Hund völlig unverhofft zu überraschen. Sind sie es nicht, haben Sie immer noch eine Chance, den Hund zu erwischen, indem Sie auf die Leine treten, wenn er vom Tatort flüchten will. Es kommt darauf an, den Hund zu greifen, weil er im richtigen

Moment bestraft werden muß. Sollte es ihm gelingen, zu entkommen und ins Haus zu flüchten, so steht Ihr zweiter, im Inneren des Hauses stationierter Helfer bereit, den Hund festzuhalten und hinauszubringen, wo Sie ihn am Schauplatz des Geschehens erwarten. Dies sollte allerdings überflüsig sein – tun Sie Ihr möglichstes, den Hund zu erwischen, sobald er noch in voller Aktion ist. Viele unserer Kunden üben das Verfahren zunächst einmal ohne Hund, um im Wagenfond die richtige, sprungbereit kauernde Haltung zu finden, die Voraussetzung für ein blitzschnelles Aufstoßen der Tür und Hinausspringen ist. Ein »Probelauf« ohne Hund gibt auch dem Fahrer Gelegenheit, schnelles sicheres Bremsen zu üben.

Die Bestrafung sollte in der in Kapitel 10 beschriebenen Art und Weise erfolgen. Sie wird nahe beim Wagen vorgenommen. Wenn Sie den Hund auf den Rücken geworfen und mit Blickkontakt eine Weile in dieser Position niedergehalten haben, führen Sie ihn zum Haus zurück und befehlen Sie ihm, sich zu legen und liegenzubleiben. Hat der Hund es noch nicht gelernt, bringen Sie ihn gewaltsam zum Hinlegen und treten Sie auf die Leine. Darauf geben Sie Ihrem Helfer das Zeichen, weiterzufahren. Er sollte dann umkehren und wieder am Haus vorbeifahren, während der Hund zusieht. Dieses Verfahren braucht nur selten wiederholt zu werden, wenn es das erste Mal mit Schwung und Energie durchgeführt wird. Entscheiden Sie sich: Sind Ihnen Hunderte von wirkungslosen Korrekturen mit nutzlosem Geschrei lieber, oder ziehen Sie die Planung und richtige Ausführung einer einzigen dramatischen und wirksamen Korrektur vor?

Man muß sich vergegenwärtigen, daß die Verfolgung von Autos, Radfahrern oder Fußgängern meistens das Resultat von Frustrationen des Hundes ist. Der gelangweilte Hund, der längere Zeit aus dem Haus verbannt war, wird seine Frustration früher oder später in irgendeiner Weise Luft machen, sei es durch Zerkauen von Gegenständen, durch Graben im Garten oder, wenn er freien Auslauf hat, durch Verfolgungsjagden. Aber auch ein Hund, der an der Kette liegt oder auf engem Raum hinter einem Zaun gehalten wird und dabei freien Blick auf die vorbeiführende Straße hat, entwickelt häufig eine Barrierenfrustration, die sich gegen frei bewegliche Objekte richtet. Es läßt sich denken, daß eine Kombination von Langeweile und Barrierenfrustration für den Hund doppelt schwer zu ertragen ist. Wann immer ein solcher

Hund hinaus kann, weil jemand das Gartentor offen ließ oder der Hund gelernt hat, den Gartenzaun zu überspringen, wird er mit großer Wahrscheinlichkeit alles verfolgen, was des Weges kommt. Um diese gefährliche Unart wirksam zu unterbinden, ist es angebracht, auch die psychischen Umstände zu verändern, die das Verhalten ja schließlich hervorrufen. Die einfachste Lösung ist, den Hund ins Haus zu bringen, wohin er gehört. Ist tagsüber niemand daheim, sollten die Besitzer für eine ausbruchsichere Einzäunung sorgen und eine Hundetür installieren. Manche Hunde brauchen tagsüber keinen Zugang ins Freie und können bis auf gemeinsame Ausflüge und Spaziergänge im Haus gehalten werden. Das größte Hindernis für diese einfachen Lösungen ist der Besitzer, der dem Irrglauben anhängt, daß Hunde »ins Freie gehören«, oder, daß »Hunde den ganzen Tag Bewegung haben müssen und daher freien Auslauf brauchen«. Vertreter solcher Vorurteile werden ihre Irrtümer vom Hund mit entsprechenden Neurosen quittiert bekommen.

42. Ausbildung und Verantwortung

Der Tierschutzverein der USA schätzt die Zahl der Hunde und Katzen im Land auf achtzig bis hundert Millionen. Jede Stunde werden weitere zwei- bis dreitausend geboren. In einem einzigen Jahr mußten die Veterinäre dreizehneinhalb Millionen Hunde und Katzen einschläfern. Die Haustierpopulation ist in den USA offensichtlich außer Kontrolle geraten.
Wenn die Situation in der Bundesrepublik und den meisten europäischen Ländern vorläufig auch weitaus weniger dramatisch ist, läßt sich doch nicht übersehen, daß die Entwicklung der vergangenen Jahrzehnte in die gleiche Richtung weist. Unter diesen Umständen ist es die Verantwortung eines jeden Hundehalters, die Fortpflanzungsaktivität seines Hundes unter Kontrolle zu halten, sei es ein Rüde oder eine Hündin. Wir raten jedem Hundehalter, der nicht ernstlich an eine Weiterzucht denkt, seine Hündin sterilisieren zu lassen. Haben Sie Zuchtpläne mit Ihrem Hund, überlegen Sie es sich bitte gut. Ein Wurf junger Hunde macht eine Menge Arbeit, glauben Sie uns das; wir haben ungefähr hundert Würfe großgezogen. Die Welpen beanspruchen Zeit und Geduld. Sie müssen sozialisiert, erzogen und in geeigne-

ten Verhältnissen untergebracht werden. Das ist alles andere als eine unterhaltsame Spielerei. Lassen Sie Ihre Hündin unter keinen Umständen decken, weil Sie meinen, es würde ihr guttun, oder weil Sie Ihren Kindern das Wunder der Geburt zeigen wollen.

Wenn Sie Ihrem Hund eine Gehorsamsausbildung geben, tragen Sie dazu bei, daß die Hundepopulation hierzulande in erträglichen Grenzen gehalten werden kann. Hunde mit Gehorsamsausbildung haben ein harmonisches Verhältnis zu ihren Haltern. Diese Hunde pflegen zu kommen, wenn sie gerufen werden, was unter anderem dazu beiträgt, unerwünschte Paarungen am Straßenrand zu vermeiden. Gehorsamsausbildung fördert verantwortungsvolles Züchten. Genetisch schwache Exemplare lassen in der Ausbildung meist zu wünschen übrig, während Hunde, die hohen Maßstäben an Intelligenz und Schönheit genügen, meist auch in der Ausbildung gute Leistungen erbringen.

43. Wenn ein Hund stirbt:
Dem Tod seines Hundes ins Angesicht sehen

In der umfangreichen Literatur über die Pflege, Gesundheit und Ausbildung von Hunden steht wenig über den Tod eines Hundes geschrieben, und wie der Besitzer darauf reagiert. Gleichwohl ist der Tod des vierbeinigen Hausgenossen eine Realität, die nun einmal unvermeidlich auf den Hundebesitzer zukommt. Es gehört zur Selbsterziehung des reifen Menschen, dies hinzunehmen. Bei unseren Beratungen von Hundebesitzern hatten wir Gelegenheit, mit vielen Kunden über den Tod – auch den unmittelbar bevorstehenden – ihrer vierbeinigen Freunde zu sprechen. Ob aufgrund von natürlicher Altersschwäche, Unfällen oder durch Einschläfern verursacht, der Tod eines Hundes ist niemals leicht zu ertragen. Wir spüren, daß Menschen, die einen solchen Verlust erlitten haben, jemanden brauchen, mit dem sie sich darüber aussprechen können. Deshalb versuchen wir, ihnen das Gefühl zu geben, daß ihr Gesprächspartner um ihren Hund besorgt ist und mit ihnen fühlt, wenn das Tier tot ist, im Sterben liegt oder eingeschläfert werden muß. Wenn eine kalte, klinische Betrachtungsweise auch das letzte ist, was diese Menschen brauchen, hilft auch nicht das Gegenteil, nämlich Sentimentalität.

Zwar sind die meisten Tierärzte und Tierpfleger um den Schutz tierischen Lebens bemüht, doch ist es ein wohlbekanntes Phänomen, daß Menschen, die beruflich ständig mit dem (menschlichen oder tierischen) Tod konfrontiert sind, eine unbewußte Fühllosigkeit und Unempfindlichkeit gegen den Tod selbst und bisweilen auch gegenüber jenen entwickeln können, die dem Toten oder Sterbenden am nächsten stehen. Mitgefühl verlangt eine dauerhafte Sensibilität und ein gewisses Maß an Reife und Nachdenklichkeit.

Die meisten Hunde sterben rasch und schmerzlos, und dem Besitzer bleibt kaum Zeit, aufzunehmen, was geschehen ist. Schockiert von dieser überfallartigen Plötzlichkeit reagieren sie dann zornig oder deprimiert oder entwickeln heftige Schuldgefühle. Sie mißtrauen gleich dem gesamten Berufsstand der Tierärzte oder werfen gar dem Züchter vor, er habe einen kränkelnden Hund verkauft. Manche machen auch den Ausbilder verantwortlich, weil er es unterließ, ein Verhalten zu ändern, das später einen tödlichen Unfall auslöste. So lief, um ein Beispiel anzuführen, der Hund eines unserer früheren Kunden in einen Wagen. Der Kunde warf dem Ausbilder vor: »Wenn Sie meinem Hund beigebracht hätten, daß er kommen soll, wenn man ihn ruft, wäre er nicht überfahren worden. Sie haben ihn umgebracht.«

Andere Halter schwören, nach dem Tod ihres Weggenossen, daß sie nie wieder einen anderen Hund wollen. Da wir in einer Gesellschaft leben, zu deren Erscheinungsformen eine oft unmäßige emotionale Hinwendung zum Haustier gehört, sind ungläubige, zornige und deprimierte Reaktionen weit verbreitet. Dabei weiß jeder von uns, daß wir unsere Haustiere im allgemeinen überleben – es sei denn, wir sind selbst sehr alt.

Am traurigsten ist vielleicht wirklich der Tod eines Welpen, gefolgt von dem eines alten vierbeinigen Gefährten, der viele Jahre mit seinem Herrn gelebt hat. Wir alle sehen im Welpen ein zerbrechliches, unschuldiges, mutwilliges und entzückendes Geschöpf. Deshalb erscheint uns der Tod im Welpenalter als besonders tragisch. Das ist verständlich; weniger verständlich dagegen ist, daß manch einer dann den Züchter beschimpft oder sich selbst mit Vorwürfen zerquält. Man sollte meinen, daß ein reifer Mensch den Tod seines Hundes mit Fassung zu tragen weiß. Das ist nicht immer so. Der Entschluß, seinen Hund einschläfern zu lassen beispielsweise ist schwer und zerrt an den Nerven.

Auch der natürliche Tod eines Hundes kann im Haus eine trostlose Leere hinterlassen. Die Mönche von New Skete begannen ihre Zucht mit dem Kauf einer Hündin, nachdem ihr erster Schäferhund, Kyr, gestorben war, und zwar vorwiegend deshalb, weil Kyr so merkbar eine Lücke hinterlassen hatte.

Ein neuer Hund muß her

Viele Hundehalter reagieren auf den Tod ihres Hausgenossen, indem sie sofort und unüberlegt loslaufen, um einen neuen Hund zu kaufen. Wir haben erlebt, wie Leute in Tränen aufgelöst auf dem Rückweg vom Tierarzt zu uns kamen. Sie erklärten, daß sie gerade ihren Hund verloren hätten und einen wollten, der »genau wie er« sein sollte. Nach unserer Erfahrung sind solche Hundefreunde besser beraten, wenn sie eine gewisse Zeit verstreichen lassen, ehe sie sich einen neuen Hund zulegen. Die trauernden Besitzer projizieren alle Qualitäten und Talente des verstorbenen Hausgenossen auf den neuen Hund und vergessen darüber allzu leicht, daß jedes Tier ein Individuum ist. So ist denn oft die Folge, daß ein neuer Hund Verhaltensstörungen entwickelt und sich in der neuen Situation nicht zurechtfindet.

Besser ist es, eine Weile zu warten, bevor man sich zum Kauf eines neuen Hundes entscheidet. In der Zwischenzeit beginnen die Erinnerungen an den alten Hausgenossen zu verblassen, und die Vorfreude auf einen neuen Hund steigt. Besonders Kinder werden anfangen, um einen neuen Spielgefährten zu betteln. Vielleicht hatten die Halter in der Zwischenzeit Gelegenheit, mit einem Tierarzt über den früheren Hund zu sprechen, und der Tierarzt mag in der Lage sein, die Todesursache ausführlicher darzulegen und Ratschläge zu geben, was bei einem neuen Hund getan oder unterlassen werden sollte. Gelassenheit ist also geboten. Auch sollte sich im Interesse des neuen Hausgenossen der Geruch des alten schon weitgehend verflüchtigt haben. Ihm wird die Eingewöhnung leichter fallen, wenn er nicht überall im Hause einen Artgenossen wittert, den er nie zu sehen bekommt.

Die Entscheidung zur Euthanasie

Die Entscheidung, den Hund einschläfern zu lassen, muß vom Besitzer getroffen werden, doch sind in der Regel andere beratend daran beteiligt. Diese Menschen – Tierärzte, Ausbilder, Fremde und Familienmitglieder – benötigen viel Einfühlungsvermögen und Taktgefühl. Eine Grundregel heißt, daß man den oder die Hundebesitzer nicht zu stark in ihrer Entscheidung beeinflussen darf.

Ist Euthanasie ratsam, um dem Tier unnötige Qualen zu ersparen, so ist es Sache des Tierarztes, so rasch und human wie möglich die nötigen Vorkehrungen zu treffen. Manche Hundehalter plädieren für einen harten und unsentimentalen Abschied, andere brauchen eine richtige Zeremonie. Kein Berater sollte den Eigentümern eine emotionale Abschiedsszene aufnötigen. Die meisten Tierärzte machen heute von der Injektionsmethode Gebrauch; sie tun gut daran, auf die rasche und schmerzlose Wirkung dieser Methode hinzuweisen und den Besitzern taktvoll zu erklären, daß der Hund einfach einschläft. Dies hilft ihnen, die Wahrheit zu erkennen und später aufkommende Empfindungen zu beherrschen.

Die Entscheidung zur Euthanasie ist nicht leicht, für keinen der Beteiligten. Manche Tierärzte weigern sich sogar, wenn sie nur hören, der Hund habe Verhaltensstörungen, ohne daß man es der Mühe wert fand, dieses Problem zu lösen. In solchen Fällen ist es möglich, daß der Tierarzt den Hundehalter an einen fähigen Ausbilder verweist. Es gilt zu bedenken, daß Tierärzte ihre Arbeit der Erhaltung von Leben widmen, nicht seiner Zerstörung. Wenn Ihr Hund noch nicht bei einem bestimmten Tierarzt in Behandlung war und Ihr erster Besuch mit dem Verlangen verbunden ist, daß Ihr Hund eingeschläfert werden soll, müssen Sie mit einer Abfuhr rechnen.

Wir versuchen, Hundehaltern eine realistische Einstellung zur Euthanasie zu vermitteln. Die Entscheidung dazu kann schwer sein, aber sie ist nicht der Weltuntergang. Wer zögert, einen Hund, der leidet oder ernste Verhaltensstörungen aufweist, einzuschläfern mag auf Verständnis stoßen, verhält sich aber falsch, gerade auch angesichts der Massenvernichtung von Millionen gesunder Tiere, deren einziger Makel darin liegt, daß sie niemand haben will.

Ein Wort zum Abschied

In diesem Buch haben wir immer wieder betont, daß ein Hund ein soziales Wesen ist, genetisch beeinflußt, aber auch von seiner Umgebung prägbar. Wir haben hervorgehoben, daß Sie als Hundehalter ihren Führungsanspruch behaupten müssen, das Tier aber dennoch so weitgehend wie möglich in Ihre Aktivitäten einbeziehen sollten. Wenn Sie die Bedeutung dieser Grundsätze erkennen und danach handeln, werden Sie eine harmonische Beziehung zu Ihrem Hund aufbauen.

Das Zusammenleben mit Ihrem Hund kann Sie aber noch in anderer Weise bereichern. Der Hund kann Ihnen die Augen für unverstellte, natürliche Verhaltensweisen öffnen, Ihre Aufnahmefähigkeit für Schönheit, für kreatürliche Wärme und Daseinsfreude erweitern. Wir alle haben in gefährlicher Weise die Verbindung zur Natur verloren. Für viele Menschen sind Haustiere und Zimmerpflanzen die einzigen Berührungspunkte mit dieser Welt.

Auf einer anderen Ebene kann der Umgang mit Hunden auch Ihre geistigen Erfahrungen erweitern. Wir haben in diesem Buch Religion und religiöse Sprache vermieden, wie wir überhaupt bestrebt sind, religiöse Grundsätze aus der Hundeausbildung herauszuhalten. Nichtsdestoweniger haben viele der Ideen, die unseren Umgang mit Hunden bestimmen, eine tiefere geistige Grundlage. Was unserer Liebe zu Hunden zugrunde liegt, mag von besonderem Interesse für Sie sein, kann Ihnen helfen, Ihre Beziehung zu Ihrem Hund und zu sich selbst zu vertiefen.

Von entscheidender Bedeutung für unser Bewußtsein ist einer der bedeutendsten Tierfreunde aller Zeiten, Franziskus von Assisi. Die Tierliebe des heiligen Franziskus ist oft bis zur Sentimentalität romantisiert worden. Das volkstümlich gewordene Bild des im Wald sitzenden Heiligen, Vögel auf den Schultern und Hasen, Rehe und vielleicht einen Wolf zu seinen Füßen, ist ohne Zweifel eine romantische Übertreibung der erstaunlichen Fähigkeit des Heiligen, mit Tieren umzugehen.

In Wahrheit hat der Poverello seine Begabung, sich in Tiere hineinzufühlen, vielleicht selbst nie ganz genau erklären können, aber er war sich seiner Verwandtschaft mit ihnen durchaus bewußt. Er hinterließ keine »Technik«, die uns zur Verständigung oder zum leichteren Umgang mit Tieren verhelfen könnte, aber er verstand es offenbar, den Tieren durch seine Körpersprache freundschaftliche Gesinnung mitzuteilen. Es gibt eine Art und Weise, sich einem Tier so zu nähern, die es den Eindringling als Freund und nicht als eine Bedrohung empfinden läßt. Franziskus zähmte den wilden Wolf von Gubbio vermutlich in ähnlicher Weise, wie Daniel sich mit den Insassen der Löwengrube verständigte (wenn die überlieferte Legende einen historischen Kern hat) – durch sensible Körpersprache. Diese Geschicklichkeit läßt sich nicht in Büchern beschreiben. In gewissem Sinne ist sie nicht einmal erlernbar. Man besitzt die Gabe dafür, oder man besitzt sie nicht. Gleichwohl ist es diese Geschicklichkeit, die Männer wie Franziskus und den biblischen Daniel so herausragen ließ. Durch ihre innere Einstellung vereinten sie die Welt der Tiere und die des Menschen. Franziskus sah alle Geschöpfe als seine Brüder und Schwestern, und allein aus diesem Grunde ist er ein Vorbild für alle Tierhalter, Ökologen, Naturschützer, kurz für jeden, der diese Verwandtschaft mit allem Leben und das Bewußtsein der Zugehörigkeit zur Natur entwickeln möchte.

Obwohl Franziskus in der Tradition der römischen Kirche steht, sind seine empfängliche Persönlichkeit und seine Verwandtschaft mit allen Lebewesen zugleich in vollkommener Harmonie mit der Theologie des griechisch-orthodoxen Ostens, die keine willkürliche Trennung des Menschen von der Welt der Tiere vornimmt, sondern stets bemüht ist, die Einheit der gesamten Schöpfung zu sehen. Das Fest der Verklärung gibt diese Vorstellung deutlich wieder. Christus stieg mit drei Freunden, Petrus, Jakob und Johannes auf den Berg Tabor. Dort wurde er vor ihren Augen in strahlendem Lichterglanz verklärt, und der ganze Berg erstrahlte in diesem Licht. Christliche Denker im Osten haben dies als eine Art von Aufruf an die gesamte Schöpfung interpretiert, sich zu einer neuen Bewußtseinsebene zu erheben. Zur gleichen Zeit rief Christus jeden von uns auf, daß er sein Verhalten von Grund auf ändere, um dieser Realität unter den Umständen seines persönlichen Lebens Rechnung zu tragen.

Ein christlicher Denker unserer Zeit, der die Notwendigkeit von

Respekt und Mitgefühl im Umgang mit Tieren hervorhob, ist Teilhard de Chardin, der französische Jesuit und Paläontologe. Teilhard meinte, daß »die mystische Schwingung untrennbar von der wissenschaftlichen Schwingung« sei, und erwartete die Verklärung des Kosmos, wenn Menschen und Tiere den »Omega-Punkt« erreichen würden. Obschon seine Schriften sich nicht spezifisch mit Hunden oder Haustieren befassen, sind sie für den Tierfreund von Interesse, weil sie Ehrfurcht und Respekt vor der ganzen Schöpfung fordern.

Solange wir zur Hervorhebung unserer eigenen Einzigartigkeit an der unheilvollen künstlichen Trennung unserer Lebenssphäre von der natürlichen Welt der Tiere und Pflanzen festhalten, werden wir fortfahren, diese natürliche Welt als bloßes Ausbeutungsobjekt zugrundezurichten und damit unseren eigenen Untergang zu programmieren. Wir werden niemals imstande sein, Tiere wahrhaft zu lieben, nicht einmal unsere Hunde. Wo keine Liebe ist, kann sich kein wirkliches Verantwortungsgefühl entwickeln, keine echte Fürsorge, und beide sind unverzichtbar. Wie Michael Fox es in seinem Vorwort ausdrückte: »Liebe ist nicht genug.« Sobald ein Mensch die Welt der Tiere und des Menschen in sich selbst vereinigt, ist er bereit, ganz an der Fülle des Lebens teilzuhaben.

Das ist ein Thema, welches in der monastischen Geschichte wieder und wieder erscheint. Wir haben *einen* Heiligen erwähnt, Franziskus, aber ihrer sind viele, die sich ihrer Verwandtschaft mit den Tieren bewußt waren. Vom heiligen Antonius und den Einsiedlern der Wüste wird berichtet, daß sie Löwen und Wölfe zähmten. In Rußland standen der heilige Sergius, der heilige Serafin und andere auf sehr gutem Fuße mit den Bären des Waldes. Die Überlieferer der mönchischen Tradition sahen in diesen Legenden bildhafte Beispiele der mönchischen Aufgabe, an der Wiederherstellung der Ordnung mitzuwirken, die im Paradiese existiert hat, in der Mensch und Tier und alle Geschöpfe in Harmonie lebten.

Die Vorstellung, daß Menschen und Tiere in Frieden zusammenleben können, ist ein uraltes Thema, immer wieder in den Hintergrund gedrängt, aber niemals ganz aus dem Bewußtsein der Menschen verschwunden. Ein neues Denken, das im wachsenden Interesse an Umweltproblemen, Naturschutz, Ökologie, Erhaltung bedrohter Tierarten und in der Rückbesinnung auf unsere Abhängigkeit von der natürlichen Welt erkennbar wird und

Wenn unsere Beziehung zu unserem Hund zur vollen Entfaltung gelangen soll, müssen unsere Sensibilität und unser Bewußtheit gesteigert werden

allmählich Gestalt annimmt, könnte die Zerstörung unserer Lebensgrundlagen durch technologische Hypertrophie vielleicht noch gerade eben abwenden. Wie der Wissenschaftler Kenneth Clark es in seinem 1977 erschienenen Zeitschriftenbeitrag formulierte: »Was vonnöten ist, sind nicht nur Schutzgebiete für bedrohte Tierarten und ausgedehnte Zoos als letzte Rettungsstationen, sondern ein totaler Wandel unserer Einstellung. Wir müssen erkennen, daß der Besitz der Sprache, der uns Macht über jene Mitgeschöpfe verliehen hat, die wir einst als Brüder betrachteten, ein gebührendes Maß von Verantwortung in sich tragen muß. Wir können das goldene Zeitalter niemals wiedergewinnen, aber wir können das Bewußtsein von der Einheit der gesamten Schöpfung wiedererlangen. Dies ist ein Glaube, den wir alle miteinander teilen mögen.«

Unsere bescheidenen Bemühungen bei der Ausbildung setzen voraus, daß wir unsere Hunde lieben, aber sie verlangen viel Nachdenken und Überlegung von uns. Wenn unsere Beziehung zu unserem Hund zur vollen Blüte gelangen soll, müssen unsere Sensibilität und unser Bewußtsein gesteigert werden. Die unsichtbare, nicht definierbare Strömung, die wir Leben nennen, muß Gegenstand unserer Liebe sein. Wie wir selbst daran teilhaben, so auch andere Geschöpfe. Aber wir Menschen allein können die feinen Harmonien in der Partitur ausarbeiten. Tun wir es, werden wir unsere Welt wirklich erneuern und bereichern, wenn wir auch jenes goldene Zeitalter vollkommener Harmonie vielleicht nicht wiedergewinnen können.

Literaturhinweise

Kynologische Zeitschriften (Auswahl)
Unser Rassehund, Organ des Verbandes für das Deutsche Hunde-
wesen e. V., 4600 Dortmund, Schwanenstraße 30
Der Jagdgebrauchshund, Organ des Jagdgebrauchshundverban-
des, F. C. Mayer-Verlag, 8000 München 71, Schieggstraße 21
Die Hundewelt, Minerva-Verlag, 4040 Neuß, Rosmarinstraße 24
Der Hund, Deutscher Bauernverlag, DDR-1040 Berlin-Ost,
Reinhardtstraße 14
Wild und Hund, Verlag Paul Parey, 2000 Hamburg 1, Spitaler-
straße 12
*(Die Liste könnte durch Aufnahme der Klubzeitschriften für
bestimmte Rassen evtl. noch ergänzt werden)*

Kynologische Bücher
Freund Hund, eine Buchreihe mit Einzelbänden über Hunderas-
sen und Hundehaltung, herausgegeben unter dem Patronat des
Verbandes für das Deutsche Hundewesen e. V.

Nigel Calder

Der Zukunft eine Chance

Die biotechnische
Herausforderung

Ullstein Buch 34593

»...Ein ›sanfter‹ Pakt zwischen Mensch und Natur liegt Calder am Herzen... In den meisten Punkten ist Calders auf behutsame Balance ausgerichtetem Plädoyer beizustimmen, zumal er demonstriert, wieviel bereits heute in die Wege geleitet werden könnte und müßte. Seine Beispiele sind wissenschaftlich auf dem neuesten Stand, seine Argumente ethisch verantwortungsbewußt...«
(Frankfurter Allgemeine Zeitung)

Ullstein Sachbuch

Heinrich K. Erben

Leben heißt Sterben

Der Tod des einzelnen
und das Aussterben der Arten

Ullstein Buch 34223

Der Naturwissenschaftler Heinrich K. Erben untersucht das Todes-Phänomen: Er setzt sich aus seiner Kenntnis der Evolution der Lebewesen mit den Bedingungen für den Tod des einzelnen, aber auch mit den Ursachen für das Aussterben der biologischen Arten auseinander. Daß im Falle des Untergangs von Kulturen nicht nur Unterschiede, sondern auch Analogien zum biologischen Untergang bestehen, wird vom Autor ebenso diskutiert wie »grenzüberschreitende« Probleme natur- und geisteswissenschaftlicher Betrachtungsweisen. Schließlich zeigt er die potentielle Gefährdung auf, der der Mensch trotz seiner Sonderstellung ausgesetzt ist: Er ist vom Zugriff der natürlichen Auslese bisher nur »beurlaubt«, nicht aber endgültig ausgenommen.

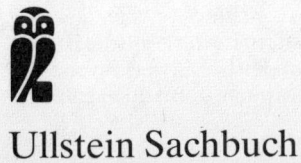

Ullstein Sachbuch

Michael Holzach

Deutschland umsonst

Zu Fuß und ohne Geld durch ein Wohlstandsland

Ohne Geld wanderte Michael Holzach durch ein Land, in dem sich alles um Mark und Pfennig dreht. Angewiesen auf seine Füße, einen „guten Riecher" und die mitleiderregenden Augen seines Hundes „Feldmann", schlug er sich sechs Monate lang durch die Welt der Seßhaften und erlebte die Bundesrepublik Deutschland aus einer ungewöhnlichen Perspektive. 2.500 Kilometer Deutschland umsonst – und doch gab es nichts geschenkt.

256 Seiten,
gebunden

Hoffmann und Campe